湛庐 CHEERS

与最聪明的人共同进化

HERE COMES EVERYBODY

**CHEERS**
湛庐

[美] 朱莉·博加特 著
Julie Bogart

刘文玲 译

RAISING
CRITICAL
THINKERS

# 教出
# 会思考的
# 孩子

浙江科学技术出版社·杭州

## 你知道如何培养孩子的批判性思维吗?

扫码加入书架
领取阅读激励

- 当孩子对某种经验或观点感到困惑或反感时,父母最好如何做?( )。
  A. 对孩子表示认同
  B. 提醒他们可能是错的
  C. 直接说出自己的个人观点
  D. 提醒他们保持尊重和好奇

扫码获取全部测试题及答案,
一起了解爱思考孩子的
培养之道

- 上学时,有助于激活孩子批判性思维的是( )。
  A. 进行单纯重复的练习
  B. 养成记课堂笔记的习惯
  C. 把学到的知识付诸实践
  D. 努力将读到的——记住

- 让大脑感知到( )是激发各种奇妙的内在反思的关键。
  A. 恐惧
  B. 新奇
  C. 喜悦
  D. 悲伤

扫描左侧二维码查看本书更多测试题

谨以此书献给

我亲爱的姨妈琼（June）

同为一种生命,
但我们如此不同。
我们要互相扶持。

——

保罗·大卫·休森(Paul David Hewson),
U2乐队,《一》(*One*)

**推荐序**
RAISING CRITICAL
THINKERS

# 柔软的批判性思维

顾 远
群岛教育创变者社区创始人
《教育 3.0》作者

我一直认为当下中国的教育中最缺失又极重要的内容之一是批判性思维。这些年里，我带过非常多的批判性思维课程，学员既包括不同行业领域的成年人，也包括各个年龄段的青少年。在和他们的教学互动中，我深切地感受到了人们对于这种能力的渴望和学习热情，也看到了他们将之应用于自己的工作生活中所带来的改变。

与此同时，我发现人们对批判性思维存在两种普遍的误解。

误解之一是认为批判性思维是用来"批判"的，是冲突性的、对抗性的。这种误解很大程度上是对中文语境中"批判"这个词的望文生义，正是因为这个，有人主张把 critical thinking 翻译成"审辨性思维"。因为这个误解，让很多人担心掌握了太多批判性思维，人会变得太强势，总是盯着别人的错，不容易相处，甚至变成了一个"杠精"。

误解之二是认为批判性思维是纯粹理性的，是纯逻辑的。的确，批判性思维需要用到逻辑，论证过程中用到的演绎法和归纳法都属于逻辑的范畴。但是，批判性思维绝不等同于逻辑思维，它还涉及对语言的运用、对情境的识别、对他人的共情、对视角的包容……因为这个误解，一些人觉得自己不擅长逻辑，所以觉得批判性思维难以学习；而另一些人则认为只要有了逻辑，就可以解决世间一切问题。

这两个误解使得批判性思维有了一种冰冷的、硬朗的气质。人们知道批判性思维很重要，同时又不免有些敬而远之。

当我读到《教出会思考的孩子》这本书时，我惊喜地发现它的内容恰好可以回应上面的两个误解。

市面上已经有很多关于批判性思维的书，而这本《教出会思考的孩子》却相当独特。它没有把重点放在如何运用演绎法、归纳法来推理出观点，也不侧重如何从逻辑的层面来辨析观点的对与错。它更强调我们如何让自己的头脑保持开放，如何对自己保持自我觉察，如何对他人报以共情。这样的内容让批判性思维呈现出了它理应具有的更加柔软的气质。

这本书开宗明义地提出了学习批判性思维的两个目的：审辨他人的观点、觉察自己的观点。瞧，我们学习批判性思维可不只是为了评判别人，也包括反观自己。而之所以觉察和审辨如此重要，是因为我们都生活在一个充满了偏见和偏差的世界里。

偏见和偏差听上去都不是什么好词，是我们不假思索地想要去避免的。在我们所受的教育里，总是告诉我们观点要避免主观，要尽量做到客观；要避免狭隘，要尽可能面面俱到。但实际上，绝对的毫无偏见和偏差是做不到的。

我们每个人从出生那一刻起，就生活在特定的情境之中，大到社会环境、文化习俗，所属的族群，生活的地区，小到家庭环境，甚至个人的身体特质，这些都会影响我们对世界的理解。在成长过程中，我们所接触到的信息、生活的经历，我们的性格特质、我们的兴趣爱好、我们归属或向往的群体，也都会影响我们对事情的判断。更不用说，我们在特定时刻的特定情绪和身体感知，也在不知不觉地影响着我们的头脑。在我的批判性思维课上，我把这些称作我们思考的"背景板"。

作为一个审辨的思考者，我们要做的是觉察自己的观点是如何形成的，依托的是怎样的情境，受到了哪些不假思索的影响。同时，我们也要努力地去发现和理解他人的观点背后存在着哪些不为我们所知的"背景板"。由此，我们才有可能超越各自的偏见与偏差，才有可能促成有意义的对话，进而丰富彼此的认知。

在这本书的第一部分中，作者提供了很多工具方法和有趣的案例，帮助我们对思考的"背景板"保持自我觉察，并能够做出有效的反思。

那么如何尽可能地丰富自己的背景板，尽可能地对世界建构起更加丰富的认知呢？作者在这本书的第二部分中详细地阐述了三种对儿童培养批判性思维有益的做法：深度阅读、深刻体验、创造偶遇。

深度阅读有别于零碎时间里进行的浅阅读，它会促使孩子们留意到文本中所描述的情境，因而对主人公的遭遇、对观点的形成都能够置于情境中加以理解、分析、辨析，并探讨出更多的可能。相反，浅阅读带给孩子们的只是孤立的观点和来历不明的结论，让思想变得简单而肤浅。

关于深刻体验，作者区分了三种经验的来源，即直接上手操作所形成的经验、从观察专业人士的行动与从近似的活动中获得的间接经验，以及依靠想象力驱动的经验。

作者对最后一类经验的分析尤其给人启发。比如在假装游戏、角色扮演和戏剧表演中，孩子们体验到了各种角色、各种视角和各种互动关系，从而丰富了对差异的理解。如同书中所说:"没有人在看完演出后,会认为一位少年演员和他扮演的角色拥有相同的信念。然而,通过表演,孩子近距离地了解了另一种视角的故事。"

"创造偶遇"是全书中我最喜欢和最有共鸣的内容之一。在我的批判性思维课上,我经常会通过层层的追问帮助学习者发现自己的观点背后那些先入为主又不假思索的深层次的前提假设。一旦发现并反思了这些前提假设,人们对问题的理解和分析往往会发生质的飞跃。

作者在这一部分中提供了很多实践上的建议,比如主动为孩子创造有深刻影响的"第一次"经历、帮助孩子和各种类型的人交往、主动打破规则去创造……在这些活动中,孩子们变得更加好奇、开放、勇敢、真诚。同时,这些实践不仅能够提升孩子们的批判性思维能力,也会有助于提升他们的创造力。事实上,批判性思维和创造力原本就是相得益彰、能够相互促进的两种重要能力。

这本书的行文特点我也很喜欢,非常友好。作者具有丰富的批判性思维教学经验,在书中却没有板起脸来说教,而是用生动活泼的方式娓娓道来。作者在书中引用了很多案例和亲身经历,便于读者理解观点。作者把很多基础知识做了高度的精简和提炼,便于读者掌握重点。比如培养批判性思维的基础是教会孩子在面对周遭的世界时,做到:注意、描述、识别、诠释。

特别值得一提的是,在每一个章节的后面,作者都分别为三个年龄段的孩子设计了一个精巧有趣、很容易上手的练习,很适合亲子活动和课堂教学。这本书是写给父母和教育者的,用来培养孩子们的批判性思维。在我看来,全书的内容对成年人一样适用,而那些练习也给成年读者提供了很好的参照,便于读者给自己设计出相应的练习来提升自己的批判性思维能力。

希望更多人可以读到这本书,感受到批判性思维柔软的一面,也让自己的内心变得更加柔软而宽容。

# 前言
RAISING CRITICAL THINKERS

## 孩子如何思考，决定了他们会创造一个怎样的未来

"他疯狂地追求我，妈妈！"

——电影《生活多美好》主角　玛　丽

我跪坐在起居室的地板上，身边散落着许多盒子，里面装的是外祖父以前收到的、已经拆封的信件。我和两位姨妈正在浏览这些信，好决定它们的去留。我亲爱的外祖父过世了，外祖母伊娃仍然健在，但她正饱受着阿尔茨海默病的折磨。

我打开了一个标签上的日期较近的盒子，盒子里的信是外祖父去年写的，上面没有邮戳。我把散发着香草味道的信纸从没有封口的信封中抽出来，发现这是一封外祖父给他相伴60余年的妻子写的情书。我的心一下子缩紧了。外祖母已经无法说出成句的话，甚至忘记了自己的名字。我想象着外祖父是如何给自己深爱了数十载的女子写下了这些话，企盼已经连单词都认不出来的她能够理解。外祖父漂亮的字迹蜿蜿蜒蜒，编织出记忆的篇章。

他写道："伊娃，还记得那座我们一起爬过的小山吗？在那里，我第一次同你 make love。"

我惊讶得张大了嘴巴，我那笃信天主教的外祖父，在谈论 20 世纪 30 年代和外祖母在结婚之前的爱情韵事！我打断了姨妈们的工作："琼、谢瓦恩，听听这个！"我把这段话念了出来。小姨谢瓦恩听了之后大声说道："他们从前还对我说教，说婚前守贞是神圣的！他们怎么能做出这种事？"

我更年长也更严肃的那位姨妈以前是一名修女，现在是一位伦理与宗教学教授，她立刻打断了我们的疯狂大笑："这不可能是你们想的那个意思！"她回避了那个字，我可不会："你是说'性'？得了吧，琼，想象一下，外祖父和外祖母在他们第一次互诉爱意的山坡上打滚，这多浪漫啊！真是令人难以置信啊！"我开了个玩笑，想让气氛变得轻松一点。

琼没有被逗乐，但谢瓦恩笑得更大声了。过了一会儿，琼露出了一个小小的微笑，显然是想到了父母有过婚前性行为也并非不可能。她语气温和地告诉我们冷静下来，说我们还有工作要做。她允许自己停下来一小会儿，考虑一下这种可能性，但不会让它扰乱自己的工作。

我很喜欢这个意外的小插曲，它让我意识到观点之间的冲突常常是很复杂的。在 20 世纪 30 年代，"make love"是指对喜欢的人展开追求，不像今天一样具有性方面的含义，但是这件事的复杂之处在于，我的外祖父不是在 1937 年，而是在 1997 年写下的这封信。在信中，他提到了 30 年代的一段经历，但是写作发生在 90 年代末，他肯定知道时代已经不同了，这个词组有了新的含义。当然，也许他是有意使用了从前的含义。他是希望用旧日的语言来触动妻子混乱的头脑，让她回忆起生命中那段甜蜜的时光吗？还是说，他使用当年的俗语，是为了表达对往昔的怀念？又或者，我们会不会在无意中发现了一个临终前的秘密，一次忏悔，一件他一直守口如瓶的丑闻——他和伊娃，这对虔诚的天主教徒在结婚前就已经尝过禁果？

我的姨妈琼希望自己的父母一生都是虔诚的天主教徒，另一位姨妈谢瓦恩则希望他们离经叛道，因为她一直隐隐地希望能够将自己的价值观置于教义之上。这反映的其实是姐妹两人的不同观点，与我的外祖父母关系不大，姨妈们自己想听到怎样的故事才是最关键的。那个周末，我拿这件事去逗我的母亲，说她的天主教徒父母很可能在结婚前就有过性行为了。她听后咔咔地笑了起来，认为这个说法完全是无稽之谈。在天主教家庭中的成长经历塑造了她的信念，任何晚年的信件都不足以改变她对父母的认知。

现在，你可能在想：到底谁是对的？这就是批判性思维的本质所在。在形成自己的观点时，我们会把数据、经验、语言、记忆和信念混合在一起，所以，在这个事件中，我的家人从未就信中"make love"的真正含义达成一致。我的外祖父已经去世，这个词组的真实意思也已经随着他永远地逝去。对我来说，这封情书仍然是一个美妙的谜，是文本解读中的一个有趣的悖论。它提醒我，批判性思维并不总是会将我们引向无懈可击的结论。

评估证据，识别刚刚冒头的偏见，深入思考各种观点，然后提出一个就目前而言你认为正确的结论，这是批判性思考的核心任务。这个任务很难，当它涉及自己的家人时就更难完成，因为童年的信念早已深植于你的内心，而且往往没有经过有意识的检验。

批判性思考不仅指能够评判别人的想法，它也需要有对自己提出质疑的能力。在出版领域，我们有一个说法："内容决定一切。"而在学术领域，我更喜欢另一句格言："语境决定一切。"我们知道什么、是如何知道的、为什么知道，我们不知道什么、为什么不知道，这些无形的因素决定了我们对世界上所有事物的理解。在这本书中，我们将探讨孩子是如何形成自己的理解的，以及我们应该如何帮助他们提高理解的质量。每一天，不管孩子自己是否意识得到，他们都会评估证据并形成信念。数年后，他们会重新思考，然后抛弃其中的一些。思维方式决定了他们能否树立起健全的世界观。事实上，我们一直在使用各种各样的批判性思维工具来做各种各样的决定。我们甚至会使用批判性思维来点菜！我们会根据个人标准来判断哪些食物最合口味。

当然，在有些情境下，批判性思维哪怕出错也不会造成什么问题。你点了一道菜，不喜欢它的味道，除有些后悔之外不会有其他任何负面后果。然而，也有很多判断不仅会造成持久的影响，还会牵涉他人。例如，参战的决定会在未来几年中对所有参与者造成巨大的影响。要做出高质量的判断，思考必须深刻、全面、清醒且目的明确，这就是为什么培养批判性思考者至关重要——孩子如何思考，决定了他们会创造一个怎样的未来。

你有没有想过，当孩子和你一起读书、学习、看电影、解数学题或者玩电子游戏时，他们的脑子里在想什么？也许你想知道为什么一个姐姐会嘲弄弟弟，却对由此造成的伤害视而不见。也许孩子提出了一个问题解决方案，但这个方案在你看来简直骇人听闻。你可能留意到一个青少年"痴迷"于电子游戏，因此得出了一个令人担忧的结论，认为这个青少年喜欢暴力——但你能确定吗？我们如何理解孩子为自己构建的意义？我们如何帮助他们更有效、更有同理心地思考？

这本书是关于如何在当今的全球数字化环境中培养批判性思考者的。今天的孩子们在断言的海洋中畅游，网络上的情绪化发言把自己装扮成某种确定的真理，在这种环境中，大多数父母都想要保护孩子免受错误信息的影响。如果一个无人监督的孩子偶然间发现了关于某个事实的解释，它合乎逻辑，但和自己的家庭观念相悖，这时会发生什么？我在养育孩子时常常想知道，是允许孩子阅读相反的观点更危险，还是阻止他们接触这些观点更危险。你可能也有同样的困惑。

在这本书中，我要移动孩子脑海中的家具。如何通过重新摆放"桌子"来启发新的见解，而不是不断重复已经教过的东西？"孩子般的好奇心"有可能持续到成年，还是必定会在成长过程中消失？如何帮助孩子更多地了解他们学习的科目，而不仅仅是标准化考试要求他们记住的东西？如何激发孩子对历史等社会科学，甚至数学和自然科学的想象力？我们该如何面对互联网上无边无际的信息海洋？孩子能够对自己喜爱的电影、小说和电子游戏进行批判性思考吗？归根结底，我们该如何引导学习者对世界上的一切事物进行更深入、更全面、更富有想象力的思考？

另外，如果把探究的工具交到孩子手上，我们就必须为可能的后果做好准备。他们会问一些难听的、具有挑衅性的问题；他们会立刻拥抱新出现的技术或社交媒体，不去思考它们的目的或来源；他们会认同一些跟我们的信念格格不入的观点。让孩子们有机会直接探索意义，这可能会充满挑战，然而，我们一定要坚持下去。一个令人振奋的事实是，**批判性思考者会成为涉猎广泛的读者、技巧高超的作者和有所成就的成年人**。他们会在课堂内外都积极参与学习；他们会创新，挑战现状，做志愿者，在工作中贡献出有价值的思考；他们会不断地探索新方法，增长技能，谋求成长；他们会组建健康的家庭，成为讨人喜欢、负责任的成年人。成为一名批判性思考者意味着成为一个谦逊，能够自我觉察，有洞察力、同情心、灵活思维和活跃思想的人。培养批判性思考者是我们作为家长和教育工作者所能做的最令人兴奋、最重要的工作。

在过去的 30 年里，我一直和年轻的思考者们待在一起。我对自己的 5 个孩子进行了长达 17 年的家庭教学。我创建了一家公司，组建了一个高水平的专业团队，辅导了数千名不同年龄的学生，帮助他们更好地思考和写作。我还在泽维尔大学辅导过刚入学的新生。在这么多年的教学中，我看到那些不可思议的高中生在有所顿悟的时候，会迸发出我所见过的最耀眼的光芒，在形成新的观点时，他们会被自己的才智所震惊。

我从这些年的研究中提炼出一些最实用的经验写成了这本书，其中既有理论，也有实践。第一部分"6 个步骤，建立自主思辨力"着重解释了人类的世界观是如何形成的。我们应如何教孩子区分偏差与信念、事实与诠释？成熟的观点从何而来，我们又为什么会持有这些观点？学校经历和网络搜索对孩子的思维方式产生了什么影响？身份在学习过程中起到了哪些作用？在大多数章节中，我都加入了一些可供全家人一起参与的思维练习。

在第二部分"三驾马车，提升思辨力：阅读、经验和相遇"中，我探讨了学习的三个关键途径。我对"读书就够了""一个博览群书的人自然会是一个受过良好教育的人"等观点提出了挑战。我们将审视数字生活如何改变了我们的大脑，如何影响了孩子们进行细致而深入的阅读的能力，我也会提供一些策略来帮助孩子找回那种深度阅读的能力。然后，我们将一起看一看实际经验和人与人的相遇会如何启发突破性的见解，如何帮助我们与研究主题或兴趣建立更深层的联系。

第三部分"多元观点共存，激发新思维"绝对是重量级的！一旦你的孩子理解了世界观是如何建立起来的，知道了如何对一个主题进行深入研究，他们就准备好了同时对多个观点进行检验，也就进入了我称为"修辞想象"的阶段，即有能力进行批判性和想象性思考的发展阶段。在这一部分中，我会提供一些工具，帮助你的孩子对文本进行诠释，对多个观点进行比较。之后，我将向你介绍如何帮助这些刚刚踏入成年大门的年轻人适应他们尚不稳定的思维习惯。我也会为家长们提供指导，告诉你如何在这片波涛汹涌的水域中安全航行，特别是当你的孩子一门心思地想要挑战你珍视的信念时。无论你信还是不信，这都是成长过程中的一个重要阶段，让我们拥抱它，学习如何做到最好。

每一章都建立在前一章的基础上，因此我建议你在第一遍阅读时先按照顺序来读。将来，你肯定还会再次翻阅这本书，书中的练习可以反复使用，而且你可能会注意到，在孩子成长的不同阶段，你需要参考不同章节的内容。

简言之，如果你曾经疑惑教育的意义是什么，觉得接受教育肯定不只是为了通过考试和进入大学，那么，这本书就是为你而写的。如果你希望自己的孩子在所有学科，乃至学科之外的各个领域中都拥有丰富、有趣、深入的学习经历，那么，这本书尤其适合你。你可以培养出优秀的人才，让他们为彼此的福祉做出贡献，可以为他们的思维带来充满活力的创造力。这是一段令人兴奋的旅程，而你将成为其中的一名旅客。我们现在就起程出发吧！

# 目录
RAISING CRITICAL THINKERS

**推荐序　柔软的批判性思维**

顾远
群岛教育创变者社区创始人
《教育 3.0》作者

**前　言　孩子如何思考，决定了他们会创造一个怎样的未来**

## PART 1
### 第一部分
### 6 个步骤，建立自主思辨力　　　001

**01　找出谁是讲故事的人　　　006**
　　所有内容背后都有一个讲故事的人　　　011
　　对自我的觉察和对他人的评判同样重要　　　012
　　◆ 思维练习：这是谁说的？　　　019

**02　区分事实和虚构　　　022**
　　保持谦逊，用亲密感代替确定性　　　028
　　掌握术语，开启批判性思维之旅　　　029
　　秉持学术态度，为不同的观点留出余地　　　037
　　◆ 思维练习：提取事实　　　039

## 03 用提问激发好奇心 **041**
学会背诵不是真正的学习 044
单选题让孩子与"深思熟虑"渐行渐远 045
用提问式教育激发孩子的思考 049
通过打破预期激发孩子的好奇心 051
◆ 思维练习:"渴望掌握"策略 053

## 04 留意自身感知,不急于判断 **064**
未经觉察的印象会对思考产生影响 068
◆ 思维练习:敏锐观察 074

## 05 检验信息及信息来源 **084**
关心教育的目的,将知识用于改善人类生活 087
设置规则,让游戏成为提升思维最有效的工具 089
错误信息泛滥是因为人们不关心准确度 093
案例分析:非医学人士如何决策去医院还是
在家分娩 101
◆ 思维练习:学会用心 103

## 06 识别身份认同如何影响人的世界观 **106**
镜头和滤镜影响人的世界观 111
引导孩子树立正确的世界观 116
从三个方面对身份进行剖析 117
尊重每一个人的独特人格 119
通过"堆肥发酵"形成自我 120
◆ 思维练习:《"我来自"之诗》 121

## PART 2

第二部分

## 三驾马车，提升思辨力：阅读、经验和相遇   125

**07 花时间扩展词汇量，让你越来越会思考**   131
    微素养和微词汇构成批判性思维的基础   136
        ◆ 思维练习：微素养和微词汇   142
        ◆ 思维练习：多样性图书馆   147

**08 告别"松鼠式"阅读方式，快速找回深度专注**   154
    平衡兴奋型专注和深度型专注   157
    修复阅读习惯，沉浸于深度阅读   161
        ◆ 思维练习：深度阅读   165

**09 把3种经验加入批判性思维工具箱，发现熟悉与神秘**   170
    经验重塑大脑，练习促成进步   174
    直接经验是通向批判性思维的捷径   178
    用间接经验调动批判性思维   181
    运用想象力，代入他人的视角看世界   183
    用魔术戏法启发孩子检验可信度   184
    通过尊重历史文化的经验塑造活动进行学习   185
    通过参观历史古迹获得经验   187
        ◆ 思维练习：反思性问题   189

**10 制造"相遇"，推翻先入为主的观念与假设**   190
    拥抱"相遇"，引入全新的观察方式   196
    应对"第一次"，主动寻求理性的冒险   198

打破规则，努力形成个人化的理解　　199
　　与他人相遇，设法结识各种各样的人　　204
　　忍耐，让相遇促成真正的转变　　205
　　◆ 思维练习：相遇的力量　　208

# PART 3

## 第三部分
## 多元观点共存，激发新思维　　213

### 11　审视不同观点，尊重差异　　220
　　小心思想饱和，注重自我觉察　　223
　　追求洞察，不要匆忙下结论　　225
　　揭露第一印象，允许洞察浮现　　229
　　认识差异，用"获得了解"代替"感同身受"　　234
　　发掘忠诚心，了解从属的社群　　237
　　◆ 思维练习：电影评论　　240

### 12　融合两种视野，走向批判性思维之旅的终点　　242
　　语境对诠释的影响不可忽视　　245
　　不同时代的语境影响对文学经典的诠释　　246
　　多次阅读有利于做出更加完善的诠释　　248
　　◆ 思维练习：诠释问卷　　249

### 13　改变自我，多元观点共存　　259

致　谢　　267

注　释　　269

# RAISING CRITICAL THINKERS

**第一部分**
# 6个步骤,建立自主思辨力

> 学生们被"教育"搞糊涂了。教和学、年级和教育、文凭和能力、熟记和创造,在他们眼中统统混为一谈。
>
> 伊万·伊利奇(Ivan Illich),
> 《去学校化社会》(*Deschooling Society*)

丢掉学校教育能够培养出思考者的想法吧！教育改革家贝尔·胡克斯（Bell Hooks）非常清楚地指出："可悲的是，孩子们对思考的热情往往在他们遇见一个只想着教会他们服从和顺从的世界时就消失了。大多数儿童从小就被告知，思考是危险的。"她的这番话说得十分犀利。

孩子们从出生那一刻起就表现出了天生的好奇心。婴儿会把所有的玩具都放到嘴边，啃一啃、舔一舔、吸一吸、嚼一嚼——这是他们认识事物的主要手段。幼儿已经成长为一名科学家：任何能发出声音的东西，他们都要让它掉到地上听个响儿；只要扔得动，不管什么东西，他们都要扔一扔；无论一个东西能不能吃，只要能放到嘴里，他们都要尝尝看；他们左看、右看、上看、下看，想要把所有事情都弄个明白。

婴幼儿正在逐步建立自己的世界观，这将成为他们诠释世界的基石，他们每天都在下意识地做着各种判断——自己喜欢什么？环境能为自己提供什么？哪些事情可以自己完成？哪些事情需要别人的帮助？再过几年，小孩子长大一点后，他们会想要搅拌、打鼓、玩锤子、骑自行车、泼水、踩脚、玩跷跷板、涂鸦、扶着脏兮兮的栏杆走路、撕纸、捏橡皮泥、滚下草坡……随着年龄的继续增长，他们开始尝试完成更加复杂的任务，例如在成百上千块乐高积木中找到正确的那一块，完成一艘海盗船的组装，他们会仔细研究二维示意图，对照着它完成三维模型的拼装。再大一点的孩子会在大脑中估算距离，尝试踩着滑板跳过最后三级楼梯，他们还会审视陌生的食物，依据以往的经验判断它是否值得尝一尝。青少年会判断电影是否忠实地还原了小说的情节，会对社会热点问题形成自己的看法，还会按照自己的标准对喜欢的乐队进行排名。此外，所有孩子都知道什么时候是向妈妈讨要一块饼干的最佳时机（当然是在她忙着和保险公司打电话的时候）。

批判性思维是一种可以帮助我们更加游刃有余地生活的工具。教育家亚瑟·科斯塔（Arthur Costa）解释说，批判性思维会在学生运用"策略性的推理能力、洞察力、毅力、创造力和技艺来解决复杂问题"时发挥作用。我是这样看待批判性思维的：它是智慧的来源、社交场合中的得力助手、危机中的适应能力。批判性思维为个人成长注入了动力。它是解决问题的途径，是洞察力的源泉，也是创造过程中的蓝图。批判性思维让我们能够做出诠释并采取行动。我们在决定采取信任或怀疑态度时会运用它，在审视自己是否心存偏见时也会运用它。它是一项技能，能够将我们与过去、宏观背景、自然和各种社群叙事联系在一起。有些时候，我们会有意识地制定策略、进行创造，但还有些时候，我们会借助一种看不见的感觉，例如直觉、预见和对社群观念的忠诚，来解决复杂的问题。

优秀的教育工作者希望孩子们能够成为批判性思考者，然而，孩子们每天面对的大量信息足以让任何一个清醒的头脑不堪重负。儿童和青少年需要应对各种各样的信息来源——网络上的视频、社交媒体上的个人分享、游戏中的实时聊天、电视节目和在线电影、喜欢的课外书和不喜欢的教科书、身边的成年人持有的不同观点、上网搜索时跳出来的准确信息和虚假信息。太多时候，家长和教师教导学生要对外界信息持批判态度，对家庭或教室里的信息全盘接受，然而，我们是否关注过这些认知的产生过程？批判性思维依赖于对自我的关注。成人和儿童都可以学着了解自己的认知，了解自己为什么会相信一个信息来源，而不相信另一个，为什么会认为一些看法是正确的，而另一些是错误的。研究者将这种自我监控称为"元认知"或"关于思考的思考"。

我更喜欢将这种思维能力称为"自我觉察的批判性思维"。在接下来的章节中，我们将探讨如何向不同年龄的儿童和青少年传授这些自我觉察的批判性思维技能。他们将学会审视自己做出的假设并提出质疑，拥有对细微差别和复杂事物的观察能力，同时形成一套具有重要意义的个人价值观。这种技能将影响孩子们的一生，让他们学会敬畏，保持好奇，善于沟通，收获成功。

如何培养具有自我觉察能力的批判性思考者呢？

让我们一起来一探究竟。

# RAISING CRITICAL THINKERS

## 01
**找出谁是讲故事的人**

**批判性思维故事汇**

　　这只倒霉的狼只是想从自己的小猪邻居那里借一杯糖，好为他的奶奶烤一个生日蛋糕。我不禁要说，这是多么善良的一只狼呀！这位可怜的狼先生得了重感冒，打的喷嚏吹翻了前面两栋房子，无意中压死了住在里面的小猪。精打细算的狼先生不舍得看着这些肉被白白扔掉，就把它们都吃进了肚子。当他来到砖头房子前时，第三只小猪报了警，无辜的狼先生就这样被定了罪，被判监禁一万年。狼先生在牢房中向读者做出最后的辩解，声称自己遭受的判罚有失公正："就是这样，这才是故事的真相，我是被冤枉的。"

　　　　　　　　　　　　——《三只小猪的真实故事》

> 就是这样,这才是故事的真相,我是被冤枉的。
> ——《三只小猪的真实故事》作者　乔恩·谢斯卡

那是诺亚3岁时的一天,我正把他的头发浸在水里,洗去上面的泡沫,这时,他突然抬起头来,清了清嗓子,迫不及待地要求道:"再给我讲一遍三只小猪的故事吧!"这样的事情已经发生了几十次,我一如既往地答应了。当我说到大灰狼的经典台词时,诺亚也跟着背了起来:"我吸气肚皮鼓又胀,我吹气就像狂风刮,吹得房子稀巴烂,捉住小猪笑哈哈。"他不只是背了出来,还深深地吸了一大口气,冲着想象中的稻草房子、木头房子和砖头房子猛地吹了过去。这股诺亚制造的能吹倒房子的大风还混着湿漉漉的口水呢!我们两人笑个不停。

几个月后,我无意中在图书馆里发现了一本新书,认为自己那沉迷三只小猪的故事的儿子应该会喜欢。这本书的名字叫《三只小猪的真实故事》,作者是乔恩·谢斯卡(Jon Scieszka)。把书借回家后,我和诺亚迫不及待地窝到了沙发上。我开口念了起来,诺亚激动地睁大了眼睛——这个故事是从狼的角度讲的!这只倒霉的狼只是想从自己的小猪邻居那里借一杯糖,好为他的奶奶烤一个生日蛋糕。我不禁要说,这是多么善良的一只狼呀!这位可怜的狼先生得了重感冒,打的喷嚏吹翻了前面两栋房子,无意中压死了住在里面的小猪。精打细算的狼先生不舍得看着这些肉被白白扔掉,就把它们都吃进了肚子。当他来到砖头房子前时，第三只小猪报了警，无辜的狼先生就这样被定了罪，被判监禁一万年。狼先生在牢房中向读者做出最后的辩解，声称自己遭受的判罚有失公正："就是这样，这才是故事的真相，我是被冤枉的。"

诺亚立刻迷上了这本书。他并不认为这个故事才是真实的，但听了狼的讲述之后，他开始意识到一个故事可以以很多个不同的视角来讲述。诺亚对狼的怀疑是一种直觉反应，这也让这次的阅读经历变得更加有趣。在此之前，诺亚在读所有的童话故事时都会自动地站在无所不知的叙事者一边。在听到狼的讲述之前，他从来没有质疑过任何故事的真实性。

诺亚无意中接触了一种被称为"不可靠叙事者"的文学手法。不可靠叙事者是缺乏自我觉察的思考者。狼在讲述自己的故事时表现出的那种防御性的、自私自利的态度清晰地体现出他没有运用自己的批判性思维，他只是做了一番以自我为中心的辩护，试图掩盖自己的罪行。他掩饰真相，扭曲事实，想让自己的无罪声明听上去无懈可击。狼这个不可靠叙事者让诺亚第一次对故事的观点加以审视。谢斯卡用自己的幽默重构了一个"我好冤枉啊"的故事，作为读者的我们可以感受到其中的荒谬，但我们是怎么发现自己实际上在阅读一个不可靠叙事者讲述的故事的呢？是什么让狼的自我中心主义在我们这些读者眼前暴露无遗的呢？

说到这里，我们便触及了学习中的根本问题。我们如何知道哪个权威信息来源是真正可信的呢？在评论某个历史事件时，哪些观点是准确的？如何区分阴谋论者和吹哨人？如何分辨官员说的是肺腑之言还是为谋取私利服务的花言巧语？哪些科学理论是可靠的，哪些是捏造的？在给定的条件下，使用哪个数学方法来解题才是正确的？哪些小说应当被称为杰作，哪些应当被踢出"经典著作"的行列？

一旦我们开始思考，问题就会变得无穷无尽。什么样的政策能够促进社会繁荣发展？哪些因素会导致人们的权益遭到侵犯？什么样的索赔标准是合理的？在阅读、聆听或对输入的信息加以思考时，我们总是会有意无意地提出各种问题。在教导孩子时，我们总是觉得自己可以找到真相，然后教给他们，但真相是什么是由谁来决定的呢？

每个学科领域中的"真相"都可以理解为一系列由叙事者讲述的故事。叙事者又被称作"讲故事的人"，包括渊博的专家、评论员、艺术家、科学家、目击证人、骗子、信徒、受害者、胜利者等。每一个讲故事的人都有自己的角度。无论一条信息是通过书籍、电影、戏剧、传说、神话、单个数据、诗歌、统计数字、实践、理论、教义还是新闻报道传递给我们的，我们都可以通过询问"讲故事的人是谁"对其进行思考。在向母亲和姨妈们询问她们父母的爱情经历时，我得到了不同版本的答案。如何判断她们的叙述是否可靠呢？这就是批判性思维之旅的精髓所在。你有没有听到过一个没有足够经验和权威的人试图讲述你的故事，而且讲得很糟糕？一个关于性别刻板印象的典型事例就是：一位男医生试图告诉一位女性如何缓解怀孕和分娩的不适。对此，大多数女性都会如情景喜剧《老友记》中的角色瑞秋一样发出批评的声音："没有子宫，就没有发言权！"这就是我想要强调的：讲故事的人很重要。每个观点都是讲述者基于其特有的数据库形成的。我们会自动评估叙事者的可靠性，通过无数的检查项目对其进行评判，这一检查过程通常处于我们的意识之外。

教育不是让学生为了通过考试而在必须掌握的客观信息中走个过场，它要培养人的能力：如何识别叙事者，如何评估来源、质疑观点、如何确定一种观点在某个特定的时间点是否适用。事实上，对历史事件、文学作品、科学发现的诠释在下一代、下一年，甚至几个月后就会改变。这可真是难办啊！那么，批判性思维是那些在理论中寻找漏洞，评估谁能信任、谁该否定的专业人士的特权吗？我们是不是只要"相信他们说的"就好了呢？如果批判性思维只事关如何评价他人的结论，我们如何能在没有适当经验或教育背景的情况下评判这些观点呢？例如，大多数人没有资质对诸如温室气体或宇宙起源等领域的科学理论做出评判。我读过支持和反对宇宙大爆炸理论的文章，在阅读这些文章时，我收获了自己的"顿悟"时刻——那一刻，我意识到自己没有能力评估这些证据。然而，我们不是一直在做各种评判吗？当我们不是领域内的专家时，怎样可以保证自己采纳的观点是正确的呢？

我想到了父母要在没有专业知识的情况下做出无数决定：要不要接种疫苗？哪种牙齿矫正方法最好？哪种分娩方式最安全？什么样的教育最适合这个孩子？父母一直在没有接受相关教育或培训的情况下独自做出各种决定，他们觉得自己有能力这样做。事实上，各行各业的人都会在没有受过相关教育的情况下，自信满满地对各种观点做出评判，这种情况在网上尤为多见。在社交网站上随手滑动一下，你就会发现有多少内容是毫无根据的断言，把逸事当作证据的做法随处可见——我们总是用个人经验来代替专业人士的专业知识。除此之外，我们还会为自己的立场收集证据，当其他人将我们收集到的"事实"证据一键删除、对它们视而不见时，我们便会陷入困惑。我们的孩子正在踏入的这个世界期望他们拥有坚定的观点（无论他们是否具有评判资质），这是检验他们是否属于一个群体的试金石。事实证明，我们通常会选择认同那些对我们珍视的社群身份做出肯定的叙事者。

## 所有内容背后都有一个讲故事的人

每一次接收信息（数据、专家意见、研究结论、个人经验）时，我们都应该问一个简单却深刻的问题："这是谁说的？"任何一个专业领域的内容，无论是历史、文学、数学、社会学、政治学、心理学，还是艺术、贸易、科学、统计学、宗教、医学领域的内容，都是经过选择和过滤之后才呈现在我们眼前的。这些学科的内容都是由讲故事的人在对信息进行诠释之后讲述出来的。有时候，讲故事的人选择隐藏在数据之后。例如，他们会将自然科学和社会科学尽可能"客观"地展示出来，研究者会在最大限度上排除个人观点。有时候，叙事者的观点明显带有个人印记，比如社论作者、写论文说服他人的学者，或者为吃掉两只小猪做出辩解的狼。还有时候，讲故事的人声称受到了神的指引。例如，某些宗教宣称自己的经文是由上帝书写的，人类不过是他的代笔而已。我们希望孩子掌握的一个批判性思维技能就是找出谁是讲故事的人。

当我们要求学生检验一位研究者的工作成果、挑战一位作者的观点或者对比专家们相互矛盾的发现时，我们期望他们能做出合理的分析。他们如何才能做到这一点呢？这就是本书要探讨的内容。在学生能够对研究提出自己的见解之前，他们需要先掌握一个更加重要的技能。

## 对自我的觉察和对他人的评判同样重要

要想进行批判性的思考，学生和我们自己都需要先意识到一个普遍存在的盲点：我们自己的思考！只有掉转相机镜头，拍一张我称之为"学术自拍"的照片，我们才有可能对事物展开深入的分析。一直以来，我们生活在自己的躯体里，在自己的头脑中思考，并不清楚自己的理解和判断是怎么来的。我们常常依赖自己那种"对"的感觉来做出判断，选择相信那些和我们在学校、网络、电视或广播中学到的东西一致的信息。我们需要将自己的想法与在社群中接受的教育进行比较，需要审视自己的生活环境和成长背景。在完成这些内部工作之前，任何对他人思想的评估都会受到个人固有思维的影响，而我们对此不会有任何察觉。

还记得我的母亲和两位姨妈是如何解释那封情书的吗？她们对"make love"的理解各不相同。她们为自己的理解寻找支持，却忘了问一个根本性的问题："我希望真相是什么样的？"掉转镜头意味着承认个人偏差会主导思维。察觉到偏差的存在并不代表判定有偏差的人得出的结论就是错误的。批判性思考者应该能在这些转瞬即逝的反应出现时毫无抵触地注意到它们，保证这些下意识出现的想法不会压制住其他可能的解释，这一点在最初的探索阶段尤为重要。由此可见，批判性思维包括两类能力——（对他人的）评判和（对自我的）觉察，二者缺一不可。在教育孩子时，我们应该首先教给他们重要性常常被低估的第二个技能——自我觉察。

那么，我们应该从哪里开始呢？如何让每个人都成为有自我觉察能力的批判性思考者呢？一个能够自我觉察的高水平思考者善于分辨经验、感知、偏差、信念、想法、忠诚心和预见在其思考过程中的影响。我要提醒你，这项教学工作并不轻松,你需要花费大量时间才能培养出真正有洞察力的思考者。

在通常情况下,我们在阅读时会产生一连串几乎察觉不到的反应。例如:

- 当需要记住一些数字时,我感到脑子里一片空白。
- 我希望这不是真的。
- 我不喜欢这段内容,我的父母(或精神领袖、好朋友、老师)会怎么看?
- 这个主角让我想起了自己那刻薄的姑姑。
- 这位作家是来自我爸爸讨厌的那个党派的吗?
- 这一事实与我的论点相悖,我能不能在写论文的时候略过它呢?
- 我希望能对这个人物有更多的了解,但作者们都忽略了他,这让我很恼火。

学生们往往意识不到自己的这些想法,所以我们需要将它们指明。在做出评估之前,学生们需要先学着接受冲突的证据、揭露理论纰漏的报告或者相互矛盾的专家意见,适应它们引发的不适感。你有没有过在社交媒体上发表怒气冲冲的帖子并故意跳过那些不利于自己的证据的经历?这个时候,你的头脑正在帮你节省形成观点、洞悉事物所必需的认知能量以及重新思考所需要的时间!大多数网络讨论都推进得过于迅速。发泄情绪让人精神振奋,对心存抗拒的观点或事实进行耐心的思考则让人感到疲惫。

即使我们这些成年人也很难掌握这项技能,因为一直以来的训练让我们觉得,思考与自己的世界观相悖的观点好像是一种背叛。下面的练习可以告诉你如何监测自己的反应。现在,想象你正在阅读一篇与自己视若圭臬的信念相矛盾的社论……

- 你可能会注意到自己的心脏在怦怦跳:

    为什么我读这篇文章时会感到紧张?我是否在一目十行地浏览,只为快点找到它的漏洞?

- 你可能会感受到一阵胜利的喜悦：

    啊哈！这个事实可以证明我是对的！
- 你可能会注意到自己觉得有些无聊或感到气愤。
- 你可能会发现自己之前深信不疑的观点发生了动摇，这让你感到不安。
- 你可能会清除浏览记录，这样你的家人就不会发现你浏览过这个网站了。
- 你可能会无法专心致志地读下去，因为你害怕接触不同的立场（无论在哪个领域里都有正统和异端之分）。
- 你可能会仅仅因为新闻媒体的声誉欠佳就否认某项证据。

人们很容易无视那些会带来情绪负担的信息，而得知有人证明自己的预期正确则会引起肾上腺素激增，让人感到兴奋。这才是我们想要的结果：证明自己站在了正确的一边。这种寻求验证的机制有一个名字——确认偏误，也就是说，我们会倾向于相信一份报告是因为它证实了我们已经树立的信念。这些身体感觉、想法和神经反应不是能够轻易摆脱的，它们是我们的基本观点得以形成的关键。

毫无疑问，儿童尚未接受完整的训练，他们也很容易受这种反应的影响。天哪，他们会在我们的餐桌边坐上将近 20 年，听着我们大吼大叫、高谈阔论。如果我们不学着控制自己的冲动，一股脑地把所谓的"真理"灌输给孩子，就会导致他们的思考机制短路。成为一个有思想的思考者需要具备自我控制能力，而这对所有人来说都不是一件易事。

心理学家丹尼尔·卡尼曼[①]认为，自我控制能力和批判性思维之间存在很强的相关性。卡尼曼在其著作《思考，快与慢》中引用了心理学家沃尔特·米歇

---

① 丹尼尔·卡尼曼（Daniel Kahneman）是普林斯顿大学尤金·希金斯心理学荣誉退休教授，曾荣获多项奖章，包括美国心理学学会颁赠的心理学终身贡献奖，并于 2002 年获诺贝尔经济学奖。其经典著作《噪声》重点关注人类的判断，关注它是如何出错的，以及如何让它变得更好。该书中文简体字版已由湛庐引进、浙江教育出版社出版。——编者注

尔①的著名实验,这一实验旨在测试 4 岁儿童的意志力,过程如下:孩子们单独进入一个房间,房间里放着一块奥利奥饼干。实验者告诉孩子们,如果他们能在 15 分钟内忍住不吃饼干,最后就能得到两块饼干作为奖励。孩子们要一个人应对这个难题,房间里也没有任何可以分散注意力的书籍或玩具。实验者通过一个单向的窗口观察房间里的情况,如果孩子吃掉了饼干或表现出了难受的迹象,则实验终止。

有半数儿童成功地坚持了 15 分钟,这个结果是不是有些令人惊讶?更令人惊讶的是,在 10～15 年后对这些儿童的学业表现进行追踪研究时,实验者发现"那些抵抗住诱惑的儿童在认知任务中表现出了更强的执行控制能力,在 4 岁时表现出更强自我控制能力的儿童在智力测试中的得分要高得多"。针对电脑游戏和解谜游戏的类似研究表明,在测试中得分较低的人"倾向于用他们脑海中冒出的第一个想法来回答问题,并且不愿意投入必要的精力来检验自己的直觉"。这种"不愿意对直觉进行检验"的心态正是我们很多人每天听新闻或浏览网站时会出现的。对额外信息保持开放的心态需要耐心和自制力。

我对这项研究很感兴趣。成为一个批判性思考者同样需要自制力。优秀的思考者不急于体验"正确"带来的满足感,而是选择不被自己的第一感觉或固有印象所左右。没有耐心搜寻更多信息的孩子往往会满足于采用最简单的方法,选择立刻"吃掉饼干",而不是权衡两个或更多的选择,希望获得更大的回报。

现在,我们暂停一下,从另一个角度回顾一下《三只小猪的真实故事》。我们试着抛开批评家的视角,以有自我觉察能力的批判性思考者的身份来分析一下这个故事。

---

① 沃尔特·米歇尔(Walter Mischel)是一位屡获殊荣的心理学家,任美国心理科学协会主席,斯坦福大学、哥伦比亚大学心理学教授,两次获得美国心理学会"杰出科学贡献奖"。其经典著作《棉花糖实验》重点关注自控力与意志力的培养,向读者讲述最真实的棉花糖实验。该书中文简体字版已由湛庐引进、北京联合出版公司出版。——编者注

我会如何对这个从狼的视角讲述的故事展开分析呢？我会问自己以下问题：

- 在读这个故事之前，我对狼有着怎样的既定印象？

  答：我知道狼在童话故事中总是被描绘成坏蛋。我记得在《小红帽》和《彼得与狼》这两个故事中，狼都是"超级大坏蛋"。

- 在分析这只狼的辩解内容时，这些印象产生了怎样的影响？

  答：我对这只看起来对猪很友善的狼持怀疑态度，猪肉可是他最喜欢的食物。他声称自己"不小心"杀死了两只小猪，因此不得不吃掉它们，我对此表示怀疑。哼，我才不相信他的鬼话呢！

- 在读这个故事之前，我对童话故事有什么看法？

  答：童话教给人们什么是善，什么是恶。故事一开始，我就会在其中寻找高尚的道德观，如果它没有出现，我就会对讲故事的人产生怀疑。在《三只小猪的真实故事》中，我没有找到什么高尚的道德观——只有对不道德行为似是而非的自我辩护。

- 读完这个童话故事，我有什么感想？

  答：《三只小猪的真实故事》这个故事我已经听过无数遍也读过无数遍了。在这个故事里，小猪是无辜的受害者，而狼是显而易见的反派。这才是真实的版本，因为它是最常见的。

- 我对作者乔恩·谢斯卡有什么了解？

  答：我知道他的作品都很诙谐幽默。

鉴于最后一点，我在翻开书之前就猜想他可能会把这个常见的故事颠倒过来，把狼从大反派变成受害者，不过，我知道"狼是坏蛋"才是这个童话"最真实"的版本，所以我看穿了他的把戏！我觉得自己很快就理解了谢斯卡的写作意图。

接下来，我们从诺亚的视角来看一看这个问题。是什么让3岁的诺亚这么快就不再相信狼的辩解呢？是什么让他对这个故事产生了不同的看法呢（在我们一起读其他故事时，他都毫无怀疑地接受了书中的说法）？我想到了两个可能的原因。

首先，这个故事是我读给诺亚听的，所以我的态度对他的理解产生了影响。在读到荒谬之处时，我会忍不住发笑，我朗读时的语气也让狼的辩解失去了可信度。简言之，诺亚会透过我的观点对故事做出解释和反应。

其次，诺亚对这个童话的原始版本非常熟悉，在听了无数次之后，他已经完全认可了那个版本。如果诺亚第一次听到的故事就是从狼的角度讲的会怎么样呢？如果他在听到同情小猪的版本之前已经在图书和电影中看过无数次狼的故事，情况会发生变化吗？你认为诺亚（或者任何一个孩子）能够在那时立刻识破狼的诡计吗？这是个有趣的问题。谢斯卡的叙述中藏有一些线索，这些线索告诉我们狼是自私的，总在找借口，而孩子们也会找借口，这就是为什么这本书一直深受孩子们的喜爱，它引起了孩子们的共鸣，因为他们也会试图掩饰一些事情！但是，如果一个孩子还非常幼小，既不熟悉故事的原本面貌，也不知道人们对狼的刻板印象，那这个孩子还会怀疑狼吗？他会不会得出结论，认为狼的行为是正当的呢？这个问题将我们引向了批判性思维的核心挑战。

我和诺亚的身上出现了研究者们所说的"单纯曝光效应"。卡尼曼解释说，仅仅是对一个事物进行重复，就足以让人们为它赋予积极的意义。研究者在美国一所大学的校报上做了一项实验，每天在一个广告版块中展示一些土耳其语单词（或看起来像土耳其语单词的单词），没有任何上下文或对单词含义的解释。几周后，校报的读者们应邀对这些单词以及其他出现频率较低的单词进行评价，猜测它们"代表好的事物"还是"代表坏的事物"。

结果让卡尼曼大吃一惊，"结果非常惊人，相比那些只出现过一两次的单词，频繁展示的单词得到的评价要高得多"。重复会让人产生"好"或者"可靠"的印象，这就是为什么在选举季，到处都是写着候选人名字的标语，在这种情况下，熟悉催生了信任。卡尼曼进一步解释说，这种无意识的偏差有其生物学根源，良性或积极的刺激在大脑中被编码为"好"，我们会认为它是"真实"的。这样一来，我们的认知过程变得更加轻松，而我们的大脑非常乐于看到这样的结果。回过头来看，我和诺亚对三只小猪的原始故事和他们的不幸遭遇听得越多、讲得越多，就越会相信小猪的说法，把他们看成正面角色，那只大灰狼在我们面前没有任何胜算！

在阅读任何一本书之前就意识到这些问题当然是最理想的，不过，即使是事后才注意到，也有助于我们成为有自我觉察能力的批判性思考者。对成年人来说，这个故事显然是对原版童话的滑稽改编，但对经验不足的孩子来说，这是一个很好的练习。提出能够引发自我觉察的问题是分析任何文本的关键，从美国的建国文件到科学研究，从宗教文学到小说和诗歌都是如此。

自从我们来到这个世界上，自我就成了过滤批判性思维的一个漏斗。我们的大脑仿佛是一台患有强迫症的意义制造机器，会动用我们有限的洞察力对我们遇到的所有事情做出阐释，下定决心要把所有信息转化成我们爱听的故事。下面，我们就来帮助孩子们找出讲故事的人。

我在本书许多章节的结尾处设置了一些思维练习，你可以和孩子一起参与（有时，我也会单独为你安排一些练习）。在大多数时候，我会按以下分段为不同年龄的孩子安排适合的练习。

- 活泼好奇：5～9岁。
- 反应迅速：10～12岁。
- 思维敏捷：13～18岁。

**批判性思维工具箱**

- **确认偏误**：证明自己站在了正确的一边。
- **单纯曝光效应**：重复会让人产生"好"或者"可靠"的印象，熟悉催生了信任。
- **批判性思维的两类能力**：（对他人的）评判和（对自我的）觉察。

## 思维练习：这是谁说的？

通过提出下面的问题，你可以了解到孩子是如何理解一个故事的，这里的"理解"既包括过程，也包括结果。

提示：不要像考官一样提问题，要在和孩子互动时，以对话的方式进行提问。你可以先读一读这些题目，在洗澡的时候向自己提问，理解之后，再在和孩子对话时自然而然地问出来！

### 童话侦探所 5~9岁

为孩子挑选一个故事，以下类别的故事都可以：

- 童话故事。
- 传奇故事。
- 民间故事。
- 寓言故事。

提前读一读，熟悉一下这个故事。

接下来，和孩子一起大声朗读。

从下面的问题中选几个你认为有用或有帮助的问题进行提问：

1. 讲故事的人是谁？
2. 你认为讲故事的人知道所有人物的想法吗？他是故事中的一个人物，

还是故事之外的某个人？你为什么会这么认为？

3. 你认为讲故事的人说的是真话吗？为什么？

4. 你喜欢故事里的哪个人物？不喜欢哪个人物？这些人物中有讲故事的人吗？

5. 你听过这个故事的其他版本吗？你更喜欢哪个版本？为什么？

你也可以针对电子游戏、角色扮演游戏、电视节目和歌曲提出这些问题。如果你知道一个故事有多个版本，这些版本表达了不同的观点，那就和孩子一起读一读，然后提出同一组问题，比较一下答案。

## 小说茶话会 10~12岁

这个年龄段的孩子拥有更强的内省能力。针对这一群体，我们可以在叙事和视角上做文章。选择一个著名的故事，甚至可以是《星球大战》这样的系列电影，或者《红城王国》这样的系列小说。

1. 讲故事的人是谁？你是怎么知道的？

2. 你相信讲故事的人吗？为什么？

3. 谁的故事没有得到讲述？你信任那个人物吗？为什么？

4. 试着从另一个角度讲述这个故事。这样做的难度大吗？你做了哪些调整？

5. 如果从反派的角度讲述，故事的寓意会不会发生改变？如果会，那变成了什么？说一说你的看法。

## 经典放映室 13~18岁

青少年在阅读时已经能够进行更深入的思考。挑选一个经典的故事（可以是电影或图书），然后提出以下问题。你们可以边喝茶边交谈，放轻松，

## 01  找出谁是讲故事的人

这不是一场考试。

1. 讲故事的人是谁？他是以第一人称视角，还是以无所不知的第三人称视角讲述的？你是怎么知道的？
2. 你相信这个叙事者吗？为什么？
3. 谁的故事没有得到讲述？你能猜到这是为什么吗？
4. 试着从另一个人物的角度讲述这个故事。你需要做哪些调整？这个人物的背景对故事的讲述方式有什么影响？你对这个人物有足够多的了解吗？他的视角足够可信吗？
5. 试着从一个无意识物品（如背景中的树、花或者房子）的角度重新讲述这个故事。故事的讲述方式发生了哪些变化？
6. 关注自身的感受。当听到几个不同版本的故事时，你的感受有什么不一样吗？你会对某个版本更感兴趣，对某个版本更为怀疑，觉得某个版本更为幽默吗？展开讲一讲。

现在，你的孩子已经体会到了讲故事的人（无论他是反派、受害者还是无辜的旁观者）及其观点具有何等强大的力量。接下来，我们来盘点一下在谈论观点时使用的词汇。讲故事的人有没有表露出自己的观点呢？我们如何才能将他们的偏差和事实区分开呢？世界观和视角在思考过程中起到了什么作用？在第 2 章中，我们将一起来了解一下在本书中以及在培养批判性思考者的过程中反复出现的专业术语。

# RAISING CRITICAL THINKERS

## 02

**区分事实和虚构**

RAISING
CRITICAL
THINKERS

**批判性思维故事汇**

1998年上映的迪士尼动画电影《花木兰》讲述了一位女子为了让年迈体弱的父亲不用冒着生命危险上战场，女扮男装替父从军的故事。迪士尼版《花木兰》中的一些歌曲描述了木兰如何冲破父权社会中刻板印象的束缚，寻找和展示真正的自我。这部电影颂扬了重视独立和个性的美国世界观，在美国人中深受欢迎。然而，当它引进中国时，中国观众深感困惑，这个源于中国本土故事的电影在中国反响平平，这种现象格外引人深思。

> 在喜欢追求确定性的人眼中，生活处处让人震惊。
>
> ——我的姨妈、伦理与宗教学教授　琼·奥康纳

"她怎么还相信那些？我都把事实摆在她眼前了！"

"这不是真的。她心存偏见。"

"每个人都有权坚持自己的看法。"

"如果一个人是这样，那么所有人都应该是这样。"

"我有证据！"

"老天是这么说的。"

"他别有用心。"

"客观地说，那根本就是条假消息。"

"我当然知道，因为我就在现场。"

"你心怀成见！"

这样的例子实在是不胜枚举。你肯定用过社交媒体吧？人们总是会在上面抛出一些类似的句子，想要一举终结对话。为什么我们会想要阻止对方讲话？为什么我们会期待得到他人的赞同？阻止立场不同的人发表意见，希望自己才是对的，这种对正确的本能需求究竟从何而来？

渴望掌握正确观点，这背后的动机是对一致性的追求。我们偏爱相同带来的确定感，厌恶差异导致的不适感。老实说，我们有充分的理由去追求一致性，但现在，它已经给我们造成了难以摆脱的困扰。这一切都始于一个小小的实验。接下来，我将简略地向你讲述以课堂教学为基础的全球公共教育发展史（请注意，这并非完备的历史），告诉你有史以来最成功的人类项目之一——全民教育引发了哪些意料之外的后果。

随着社会的发展，人们提出了一个光明灿烂的愿景：把所有人都送进学校，从头戴王冠、手持权杖的皇室贵胄，到拥有大片土地的地主，再到普通人，无一例外。这个愿景不是一朝一夕就可以实现的，它无法获得所有人的支持。殖民者和奴隶主们不惜气力，阻挠被他们压迫剥削的人接受教育。许多当权者认为教女孩读书、写字不过是浪费时间，残疾人也同样被学校拒之门外。

1635 年，美洲殖民地上开设了第一所由税收资助的免费公立学校。又过了一个多世纪，托马斯·杰斐逊提出了在独立战争结束后建立一个广泛的公立学校体系的主张。1837 年，第一个州教育委员会在马萨诸塞州成立。大约同一时间，为了减少对童工的使用和压榨，欧洲的儿童权益倡导者奔走呼吁，希望建立一个由税收支持的覆盖广泛的教育体系。从 19 世纪中叶到 20 世纪中叶，现代公共教育逐渐扩展到了南美洲、亚洲和非洲大陆。虽然如此，但要真正保证每个人（无论种族、性别、能力和阶级）都享有平等的接受公共教育的权利，我们仍然需要付出大量的努力。直到今天，争取教育公平的斗争仍在继续。

让学习阅读、写作、算术不再是精英阶层的特权，这曾经是对完美的公立教育体制的畅想，而到了 20 世纪末，这已经成了全球社会的共识。人们普遍认为，每一个孩子，无论他生活在世界上的哪个地方，无论他的出身背景如何、宗教信仰是什么，都应该具备基本的语言和数学素养，对历史和科学领域也应当有所了解。面向大众的公共教育体系是基于一套教育模式建立起来的，这套模式旨在为蓬勃发展的工业革命输送称职的工人，发展到现代，学校的使命就是教授儿童知识，让他们能够投身到今天的科技革命之中。

为此，政府将教育变成了一个机械化的过程，创造了一个有稳定预期和可靠产出的系统。现在，这种改变的结果已经显而易见，看看我们生活的这个世界是多么令人惊讶吧！从各个领域的标准化部件到医疗护理的标准化操作，从覆盖各大洲的物流系统到养活了几十亿人的农业产业，从通用计算机技术到太空旅行和全球通信，无论你身处英国伯明翰还是印度孟买，都能看到人类已经将早期全民教育倡导者最为疯狂的幻想变为现实，他们的目标在今天看来甚至有些保守了。简言之，我们成功地为数十亿人提供了公共教育，借助知识的力量，我们共同建造了一个全民共享的现实世界。历史上有过比这更成功的人类项目吗？我认为没有。

要从这种世界性的教育实践中获益，保持一致至关重要。我们对研究进行了整合，以便实现共同进步和规模扩大。我们擅长创造工具，化异为同——从变压器到测量单位，都是这样的工具。各国之间的差异被纳入精心设计的等价体系，以实现最大限度上的互换。我们用批量生产的商品和标准化的服务取代了手工技艺，又把生产出来的海量产品有条不紊地输送到各地，这的确是 20 世纪最具里程碑意义的成就之一。如果你仔细思考一下，就会发现这非常了不起，无论你走到世界的哪个角落，都能看到教育的力量在发挥作用。为了达到这种结果和目标的高度一致，全球的学校在教学设计上都非常相似，传统的基础教育课堂都是为一致性教育而服务的。我们相信，如果所有人都能接受良好的教育，人类将最终实现相互理解，并共同致力于推动全球的和平与繁荣发展。

但是，唉，这个希望很快就幻灭了。20 世纪给我们上了一课，告诉我们人类的认识是有局限的。爱因斯坦揭示了如果从不同的角度进行观察，甚至连时间的流逝速度都不是恒定的，这着实让我们大吃一惊，打破了我们对物理定律不变的信念。我们开始怀疑，那些我们曾经坚信不疑的事实究竟有多少是完全可靠的。我们意识到，知晓如何做某事并不意味着应该去做，知识的增加并不一定带来道德或伦理方面的进步，没有根据的偏见妨碍了我们对所学知识的应用，知道思考什么和知道如何思考是不同的。美国民权领袖马丁·路德·金因其预言性的社会评论而遭到暗杀，他曾这样说过："教育的功用是教会一个人如何深入地思考，如何批判性地思考。真正的教育当以培养智慧和品格为目标。"因此，学校教育的目标应该包括引导孩子们明辨是非，让他们认识到知识对道德的影响，而不仅仅是背诵一大堆事实来应付考试。

每个研究领域都如同一条湍急的小溪，你不可能两次踏入同一个地方。当然，有些核心实践和基础原则在研究中扮演着基石的角色，但你只要稍加分析就可以发现，几个世纪以来，这些实践和原则也在不断地发生变化。曾经有一段时间，人类连代表"零"的数字都没有！所有的理解都只是暂时的，再切实有用的理解也是如此。任何被你当作事实接受的事物，都很可能受过他人从不同角度出发做出的审视。我们要质疑对事实的运用，我们还要质疑事实本身！哪怕我们就某件事情的真实性达成了共识，我们对它的感受也可能截然不同。我们一致认为外面正在下雨，但有人因此感到开心，有人为此烦恼。

博士生们仍在孜孜不倦地撰写论文，探讨已经有许多人研究过的主题，探寻被忽略的缺陷、潜藏的细微差别或可能存在的突破性见解。一个宗教包含数不清的派别，它们之间的差别可能就在于对某条教义的解释。政党分裂成大大小小的派系，这些派系推行同一套理念，但具体定义千差万别。科学研究一再证明，每一次发现都会引出一个值得探索终生的新谜团，或者引发某种意料之外的危险后果（比如核裂变）。

当你认为自己对某事很有把握时，这个世界上肯定还有其他人用同样的概念来表示完全不同的意思，甚至国家、学校、爱、重力、健康这样的基本概念也有着各种各样的阐释和定义。这并不是说我们没有任何确定的事物可作依凭，而是说，要进行有洞察力的思考，我们需要认识到所有事实都存在于特定的背景之中。教育应该与俄罗斯套娃类似，让孩子们认识到每一个事实都嵌套在其他事实中，其大小和形状都会受到后者的影响，仅仅学会一套正确答案是没有用的。

## 保持谦逊，用亲密感代替确定性

确定性可以用亲密感来代替，也就是随着学习的深入，我们会与知识建立起更具深度的情感连接，就像是对一个研究领域越来越有亲切感，渴望接近它，渴望了解它令人着迷的结构和不可避免的缺陷。这意味着我们要广泛听取各种意见，无论是热情的支持还是严厉的批评。亲密感让人对学科的内在价值产生迷恋，想要努力维护这种内在价值。每一门学问中都有难以理解和神秘莫测的东西，学习中的亲密感意味着与学科建立持续的关系，允许其发展变化，而这就要求我们保持谦逊。知晓一切只是一种妄想。

什么？你不相信？那我就用一个简单的例子来说明这一点。你或许认为自己能够流畅地阅读，但如果我把一种陌生的语言文字放在你面前，你就会突然感觉自己的阅读能力消失了。即使在使用母语时，你也可能发现不认识的词语会阻碍自己的阅读。你可能看不懂学术期刊上的医学文章，因为里面有许多你不熟悉的专业术语。在阅读莎士比亚的作品时，大多数使用现代英语的人都会感到有些困难。通晓任何学科都是不可能的，终身学习所追求的应该是不断建立更深入的联系，而非达到某个确定的程度。

当然，事实的确存在，但它并非存在于真空之中。事实要经人讲述，而人必定处于某个背景之中，正是这些背景构成的不同参照系，最终导致我们都陷入过令人疲惫的争论中。我们认为自己在分享事实，而事实上我们分享的只是对事实的诠释。不确定性会让人感到危险或兴奋。在刚开始学习滑雪时，你会选择坡度平缓的初学者滑道。随着水平的提高，你会开始尝试难度更高的滑道，然后学会新的平衡技巧、更高效率的腿部发力方式和快速的摆臀动作。当你试图用不够纯熟的技术去应付太过陡峭的坡道时，危险就会降临。

在探索一个新领域时，学生们也应该从初学者滑道开始：

- 确定自己目前与该领域的关系。

- 了解该领域的事实性知识。
- 学习使用该领域的工具。
- 结识在该领域中倾注了毕生精力的专家。
- 了解当今世界上关于该领域的最广泛共识。

接下来,学生们已经准备好尝试更陡峭的滑道,运用批判性思维了:

- 收集对该领域发展的反对意见。
- 收集与现有的解释不完全相符的证据。
- 认识到该领域发展对道德和伦理的挑战。
- 了解该领域对相邻学科的影响。
- 了解该领域对当前现实的影响。

如今,考虑到互联网传播信息(图表、数据、图像和引语)的速度之快,人们操纵信息的能力之强,任何人都可能被引上一条陡峭而崎岖的道路,最终滑向阴谋论和错误结论。在引导孩子们踏上批判性思维的初学者滑道之前,我们先来认识一些重要的术语。在接下来的章节中,这些术语将在思维的山坡上反复出现,就像你在滑雪场上总会听到有人说"猫跳"、"冰面"和"粉雪"一样。

## 掌握术语,开启批判性思维之旅

下面的这 10 个术语每一个都有着丰富的含义,因此很有可能造成误解。在阅读本章的剩余内容之前,我想请你先在每个术语身上花费两分钟,写下你对它们的看法(如果没有足够的时间,你也可以挑选其中一部分术语来做这个练习)。拿出一张纸,横放在面前,用它折出 8 个同样大小的格子,在每个格子的顶端写一个术语,剩下的两个可以写在背面。用计时器计时,一个术语两分钟。在这两分钟里,写下你对术语的定义和疑问,想到什么就写什么。你是怎么理解这些术语的呢?在大学授课时,我会要求学生做同样的练习。这些术语会在后续的讨论中反复出现,因此,在使用它们之前,最好先了解一下每个人对它们的原始印象。这个练习可以让你意识到自己对这些术语有哪些先入为主的理解。

现在就来做一下这个练习吧！你可以让你的孩子和爱人也来试一试，还可以通过电话或短信与兄弟姐妹或好友一起对这些术语进行讨论，尽可能地收集各种看法。你对这些术语的思考越深入，收获就会越多！

- 事实
- 证据
- 观点
- 偏差
- 故事
- 诠释
- 视角
- 偏见
- 信念
- 世界观

接下来，我们一起来看看我对这些术语的定义吧！在阅读本书接下来的内容时，你可以继续把纸、笔放在手边，随时写下自己的想法。

## 事实

"事实是不容改变的东西。"这句广为人知的谚语通常被认为出自美国开国元勋约翰·亚当斯（John Adams）之口。他的确说过这句话，但事实上他是引用了法国人阿兰-勒内·勒萨日（Alain-René Lesage）的一句名言。我们对这句话出处的判断不能算错，但还需要在事实层面进行进一步的审视，这是不是出乎你的意料？那么"事实是不容改变的东西"这句话到底是什么意思呢？我们口中的"事实"就是那些无法改变、无可争议的信息。

例如：

- 水在212华氏度或100摄氏度时沸腾。
- 弗雷德里克·道格拉斯（Frederick Douglass）于1838年9月3日乘火车逃离了奴隶制。
- 1945年8月6日，美国在日本广岛投下了世界上第一颗原子弹。
- 英语单词"business"可以用作量词，用来描述一群雪貂。（我打赌你不知道这一点！）

- 人体循环系统的血管总长度可达约 100 000 千米，是地球周长的约 2.5 倍。（令人震惊！）
- 印度有 19 569 种语言和方言，其中 22 种是官方语言。（难以置信！）
- 7 世纪到 13 世纪，加纳是非洲大陆上的一个庞大帝国。

事实是真实发生的事情，而非可能性或诠释，事实可以被反复验证。科学和数学领域尤其注重事实，研究者会收集数据、使用测量工具或采用经过验证的研究方法来确定事实。事实不讲故事，不提供道德或伦理指导，也无关乎你的宗教信仰、政治立场、教育背景，然而，大多数人都想将事实和自己联系起来。我们很少满足于只是陈述事实而不提出观点，我们总是想要对事实加以解释！

**诠释**

下面，我们来看看"诠释"。哲学、历史学、文学和政治学倾向于对事实加以提炼和诠释，这就是为什么孩子们在试着从我们给出的诠释中找出事实时常常会感到困惑。以下是两条关于轰炸广岛的评论：

  1945 年 8 月 6 日在日本广岛投下原子弹是美国的一项不正当的战争行为。

  1945 年 8 月 6 日在日本广岛投下原子弹是美国的一项必要的战争行为。

其中的信息都是真实的（原子弹是使用的炸弹种类，1945 年 8 月 6 日是投下炸弹的时间，广岛是被摧毁的城市）。第一条评论断言，投下炸弹是一种"不正当"的行为，这就是对事实的诠释，是由讲故事的人讲述的故事（参见第 1 章内容）。第二条评论对同样的事实做出了不同的诠释，用"必要"的行为来描述这次轰炸。教科书中的不同观点会让孩子们对这一事实产生截然不同的印象，但是，任何一种评论都不会改变事实的真实性。你可以满足于事实本身，也可以对它做出诠释，但在阅读和学习时，把事实和诠释区分开是很重要的。（做一做本章末尾的练习，帮助你的孩子将二者区分开来。）

　　教科书中写满了权威结论，但缺乏论证过程，这是它难以避免的一大缺陷。在对一个章节的内容进行总结或回答论述题时，学生们会将教科书中的诠释（有时不易察觉，有时则显而易见）视为事实，这就是为什么需要训练他们将二者区分开来。学会从多个视角审视同一信息也可以避免将事实与诠释混为一谈。

## 证据

　　证据不仅在律政题材的电视剧里扮演着重要的角色，在自然科学、历史、政治、法律，甚至文学等领域的研究中也同样不可或缺。证据是一种原材料，学生们可以从中提取事实，用于支持相关的诠释。哪些信息能被视作证据？资料和研究数据是两种最常见的证据类型。一手的原始资料包括各种各样的实物和文字记录，例如器物、绘画、考古现场、文件（信件、条约、记录、日记、手稿、演讲稿、报纸）、电影和直接目击者的叙述。二手资料是指那些对原始资料的评论，比如引用了研究报告的报纸文章、讲述某个历史时代事件的教科书，以及对文学作品的评论。我们可以根据资料的可靠性，多个版本间的一致性，作者、创建者、证人的可信度等对其进行评估。证据也可以来自研究数据。以原始形式发布的研究没有经过诠释，研究者对研究做出解释也就是在诠释数据。这同样适用于司法领域，在法庭上，法官会对被用作审判证据的数据做出诠释。由此可见，证据就是我们认为能够对一个主张或论断提供支持的事实。

## 视角

　　采取一种视角是指我们在集齐了目前能够找到的所有事实、证据和诠释之后，开始在某个特定的参考系中审视问题。我们会从自己的角度出发来看待问题。"我是谁""我知道什么""我读过哪些书，做过哪些研究"——这些都是会对我们的思考产生影响的因素。关于视角，格伦·帕里（Glenn Parry）在其作品《原始思维》（*Original Thinking*）中提出了一个极具说服力的观点，对我有很大的启发。帕里认为，对个人观察角度（视角）的重视始于数百年前的艺术领域，文艺复兴时期发生了一次颠覆性的变革，他解释说："任何一名学艺术的学生都知道，透视法是一种绘画手法，视线从眼睛这个单点出发向远处发散。离观察者越近的物体看起来越大，显得越重要；越远的物体看上去越小，显得越不重要。"在这种绘画手法中，个人的感知被置于核心位置。

帕里进一步指出，这场艺术革命使人类的思维方式发生了重大转变："在透视法出现之后，人类的视角和意识从其他事物中分离了出来，人类成了这个世界的超然观察者，世界在人类眼中不再梦幻神秘，不再难以捉摸；在透视法出现之前，人类只是世界的一部分，无法与其分离。"自此，人类扮演起了分析师的角色，使用各种方法探索、检验、了解这个世界，而不仅仅是在其中生活。在这个过程中，视角——这种在绘画中被称为"透视"的工具改变了我们所关注的重点。

视角赋予了我们"超然观察者"的自我认知。随着时间的推移，我们越来越自信地将自己视作看待问题的权威，而不去考虑这个世界在别人眼中可能是什么样子的。在其开创性著作《总观效应》（*The Overview Effect*）中，弗兰克·怀特（Frank White）阐述了随着观察位置的改变，视角是如何发生变化或彻底改变的。在踏上太空旅行之前，我们对地球的观察仅限于眼见的地面是平坦的，脚踩的大地是坚实的。尽管科学家们已经告诉我们地球是圆的，但在地球上的生活经验无法直接传达给我们这一信息。宇航员逃离大气层，从太空中将地球作为一个整体进行观察，拍摄下如蓝色弹珠一样的人类家园，证实了科学家们的推断。这时，宇航员的视角（观察和认知地球的角度）发生了变化。执行阿波罗 11 号飞行任务的宇航员迈克尔·柯林斯（Michael Collins）对这种变化进行了描述："真正让我惊讶的是，它（地球）看上去那么脆弱。为什么会这样呢？我不知道，我至今也不知道，我只是有一种感觉，它很小，很明亮，很美丽，它是我们的家园，它很脆弱。"从另一个角度来看，这颗壮丽的行星便会显得脆弱不堪，由此可见，视角只是在某一时刻拍下的快照，它容纳的信息有限，并且会让近处的东西看起来比远处或视野中没有出现的东西大得多。视角与"看"这个动作密不可分——

"你看到了什么""你是如何看到的""你为什么会这样看",以及"你还没有看到什么"全都与视角有关。

## 观点、偏见和偏差

观点和偏差是不一样的。经过反复斟酌的观点是你在参考了不同的视角、核查了相关研究之后得出的暂时性结论,是你对数据进行诠释之后做出的声明,是基于事实的判断。许多人只表达了偏见和偏差,却称其为观点,事实上,这些都不是观点。

偏见不是建立在数据之上的,它是基于错误的假设(通常是某种刻板印象)得出的,例如"男孩喜欢玩泥巴,女孩不喜欢"。要形成一个合理的观点,需要将多名儿童置于多种环境中,研究他们对玩泥巴的态度,并根据收集到的数据和对事实的诠释得出结论。

偏差出现在我们用自己的经验作为观点的参照点时。例如,如果你问我玩泥巴和儿童性别之间的关系,我会马上开始给你讲我那 5 个孩子的情况。我的儿子和女儿都喜欢把自己弄得脏兮兮的,我没少为这件事烦心,所以我倾向于认为不管哪个性别的小孩都会像我的孩子一样喜欢玩泥巴——这就是我的偏差。每个人都会受偏差的影响,只要你是血肉之躯,偏差就是不可避免的。意识到自己存在偏差是迈向自我觉察的批判性思维的重要一步。如果能够意识到偏见和偏差的存在,我们就可以在摆脱自己的偏见、抛开自己的偏差之后对面前的信息加以思考。教育的一大目标就是让孩子们学会如何在存在偏见和偏差的情况下形成良好的观点,这也正是这本书的目标之一。

下次有人对你说"这只是我的观点"时,记得询问他们的依据是什么,确定他们提出的到底是一种观点,还是偏见或偏差。如果他们提到了刻板印象或个人经历,那他们提出的就不是一个观点,明白了吗?我知道你现在要去做什么!你正准备打开社交媒体评论区,敲击键盘,我猜得没错吧?

## 信念

　　信念不同于观点、偏见或偏差,信念是一种由宗教、身份和文化塑造的认知。信念不依赖于证据,而是源自我们自己的一系列想法。1857年印度民族大起义爆发之前发生的一件事就是一个关于信念冲突的例子。这场冲突始于新型恩菲尔德步枪子弹的引进。在使用这种子弹时,英国军队中信仰伊斯兰教和印度教的印度士兵需要用牙齿咬开包装纸,将火药倒进步枪,但有传言说,这种子弹的包装纸里涂的润滑油是猪油和牛油。结果,穆斯林拒绝给他们的枪上膛,因为他们认为吃猪肉制品是一种禁忌;印度教徒也拒绝使用这种子弹,他们认为牛是神圣的,因此不能吃牛肉制品。英国人不能理解印度士兵的想法,他们有自己的信念——士兵不能违抗上级军官的命令,于是,军事法庭以不服从命令为由对印度士兵进行审判,士兵们被判处监禁并服苦役。尽管这并非导致印度民族大起义爆发的唯一原因,但这次信念冲突依然被许多人认为是起义的导火索。

　　在某种程度上,我们会感觉相比观点,信念与自我的关系更为密切。信念也更为敏感,信仰、理性、文化、个人观念和群体身份都会对其造成影响。常见的信念包括我们如何看待宗教文本,吃东西时遵循什么准则,推崇什么样的道德标准,以及对盟友和对手的看法是什么。许多最激烈的争论都源于信念的不同。信念根深蒂固,往往处于支配地位。我们会收集事实来支持自己的信念,回避与自己的信念相悖的证据。要推翻一个信念,通常需要足够令人信服的理由(详见第二部分)。信念可以抵抗与之相矛盾的事实。

## 故事

　　在涉及批判性思维的语境中,"故事"指的并不是小说或图画书。人们会把事实和经验、理性和逻辑结合在一起创造出故事,以确立自身的地位。故事是一种虚构或叙事,人们创造故事,是为了将相互交织的数据、观点、信念和视角整合在一起,对眼前的现实加以解释。在传统文化中,叙事是各个群体用来捕捉真理的最有力工具。在现代文化中,人们经常盲目地认为科学和数据是绝对客观的，而忘记了专家们总是会将研究置于故事当中。即使在历史等社会科学领域，理解信息的方式也是由整个文化认可的更为宏观的"故事"决定的。许多现代的非虚构类作品（例如马尔科姆·格拉德威尔、吉姆·柯林斯、布琳·布朗和伊莎贝尔·威尔克森的作品）都有着更为宏观的故事背景，这本书也不例外。

要想了解故事是如何在我们的文化中发挥作用的，我们可以看一看各种减肥方法的宣传。在宣传每一种减肥方法时，人们都会举出一些研究，展示特定的饮食搭配如何有利于减轻体重，话虽如此，但他们不会仅仅计算摄入和消耗的热量，还常常会通过关于健康和美丽的故事来说明某种饮食方案的好处。找出诠释中的"故事情节"可以帮助我们看清故事讲述者的目的。在本书的后续章节中，我们将继续探讨故事在批判性思维中起到的作用。

## 世界观

批判性思维词汇表中的最后一个术语是"世界观"。顾名思义，"世界观"指的就是你"看待世界"的方式。世界观比单纯的视角范围更广，视角是某个时间点拍的一张快照，而世界观包含了你知道和不知道的全部内容。当你接收新的信息时，世界观常常充当着一个无意识的过滤器，它难以被察觉，因为它就像皮肤一样，是一层存在感很弱的保护层，让你的思想能够在与其他人的思想进行碰撞时保持独立。世界观决定了你如何理解每一次互动、每一个数据以及每一个不符合预期的小插曲。

关于世界观的冲突，我最常举的一个例子就是1998年上映的迪士尼动画电影《花木兰》。这部电影讲述了一位女子为了让年迈体弱的父亲不用冒着生命危险上战场，女扮男装替父从军的故事。迪士尼版《花木兰》中的一些歌曲描述了木兰如何冲破父权社会中刻板印象的束缚，寻找和展示真正的自我。这部电影颂扬了重视独立和个性的美国世界观，在美国人中深受欢迎。然而，当它引进中国时，中国观众深感困惑，因为《花木兰》是中国的故事，描绘的是一个孝顺父母、勇担家国重任的巾帼英雄的形象。鉴于这个故事起源于中国，电影在中国的反响平平格外引人深思，但失败的原因并不神秘：这个改编的版本迎合了美国人的世界观。

## 秉持学术态度，为不同的观点留出余地

现在，这些术语看起来都清晰易懂，但假如有一天，你与自己身边的人对同一个问题有了不同的看法，继而陷入争论，你就会开始疑惑对方只是单纯地表现出了偏差，还是在阐述一种观点，又或者说出了一些你不想听到的事实。

然而，在教育中，我们需要保持冷静和好奇。我们需要告诉孩子和自己，要保持好奇，不要有防御心理。好消息是，在参与学术活动时，孩子可以放心大胆地探索和思考。只要秉持着学术性的态度，孩子就不会受到任何伤害。学习者的任务不是在每次遇到新观点时都做出判断，换句话说，在书中读到相反的观点不会对任何人的忠诚构成挑战。阅读不是投票，你唯一要做的就是让视线在纸张或屏幕上移动，仅此而已。

学术态度是指：

- 做一名旁观者。
- 了解作者有自己的观点，了解作者为什么会有这样的观点。
- 允许这个观点与你目前的观点共存。
- 泡一杯茶，耐心地坐着，继续阅读，保持好奇，冷静思考。
- 先深入理解，再动用你的批判性思维。

为不同的观点留出余地可以让我们的理解得到扩展，就好像我们可以从更多的角度来重新绘制文艺复兴时期的风景画，而不是仅采取单一的视角。先去理解其他人的观点，然后才能培养出自己的洞察力。

**批判性思维工具箱**

- **事实**：真实发生的事情，不讲故事，不提供道德或伦理指导。
- **诠释**：由讲故事的人讲述的故事。
- **证据**：可以从中提取事实的原材料，用于支持相关的诠释。
- **视角**：在某一时刻拍下的快照。
- **观点**：参考不同的视角、核查相关研究之后得出的暂时性结论。
- **偏见**：基于错误的假设，不是建立在数据之上的结论。
- **偏差**：用自己的经验作为观点的参照点时出现，每个人都受偏差的影响。
- **信念**：由宗教、身份和文化塑造的认知。
- **故事**：一种虚构或叙事。
- **世界观**：看待世界的方式。

## 思维练习：提取事实

这是一个很棒的练习，你可以先自己尝试一次，然后邀请家中年龄较大的孩子一起参与。对整个流程足够熟悉之后，你还可以把其中的原理应用到和较小孩子的对话中。要把事实从人们的讲述中提取出来，我们首先要确定什么是不可简化的。现在，我们用一条新闻来进行练习，找到事件中涉及的人物、日期、真实发生的行为或行动、地点和对象。

1. 选择一条时事新闻。
2. 搜寻多家媒体对这条新闻的报道，挑选几篇报道（3~4篇）打印出来。
3. 拿出一篇报道，把其中出现的所有事实都标记出来。
4. 重复步骤3，标记出其他报道中的事实内容。
5. 将所有报道进行对比，看看这些故事中是否遗漏了某些事实。如果确实有遗漏的情况，记录哪个故事遗漏了哪些事实。记住：事实是不可简化的。
6. 观察事实在每篇报道中出现的位置（开头、中间、结尾，或分散多处）。
7. 拿出一张空白的纸，把这些事实写下来。按照它们在文中出现的顺序写，不要做任何诠释。把每篇报道中的事实内容都写下来。

8. 思考一下事实的排列顺序与文章的主旨和重点是否有关系。
9. 在读了多个关于同一事件的故事之后，判断一下你找出的这些事实中是否掺杂着诠释。例如，如果你读的是关于某个枪击案的报道，那么凶手的动机是作为事实还是可能的猜测出现的？如果你读的文章报道了一场森林大火，那么起火原因是作为事实还是推测出现的？

首先确定事实有助于消除作者的诠释造成的影响，阅读多个版本的故事有助于将事实和诠释区分开。

小贴士：有时，故意带着你原本没有的偏差去阅读，会更容易提取出事实。你清楚地知道偏差在哪里，就可以更加轻松地找出诠释。

接下来，我们就带着这些批判性思维的术语进入第 3 章，看一看传统学校是如何对待事实、偏差和诠释的。

# RAISING CRITICAL THINKERS

## 03

用提问激发好奇心

**RAISING
CRITICAL
THINKERS**

**批判性思维
故事汇**

我的一个朋友告诉我，她的儿子在单选题测验中的表现特别糟糕。有一次，他的答案特别不可思议，甚至惊动了校长，导致校长亲自打电话和她讨论这个问题。朋友的儿子犯的"错误"能够很好地说明我的观点：他可能"答错了"那道题目，但客观地说，他是正确的，题目本身就有两个正确答案。

## 03　用提问激发好奇心

> 从女儿特丽克丝身上，我学会了去提问，而不是追求给出答案。
> ——童书作家、插画家　莫·威廉斯

与问题和谐共处是很难的——那种感觉就像你敲了门，却没得到回应，然而，最有效的学习恰恰源于不断提问。你知道谁最擅长审讯般没完没了地追问吗？猜对了，3 岁的宝宝！哦，5 岁的小家伙也是。其实，10 岁以下的孩子都是如此。到孩子 10 岁的时候，学校教育开始把质疑的天性从他们身上抹除。等到了 6 年级，多数学生已经失去了"孩子般的好奇心"，要么成了顺从的应试者，要么被划入了"差生"的行列。到 16 岁的时候，大多数孩子都掉进了自鸣得意、自以为是、自认为无所不知的深坑，对自己给出的答案充满自信。这一切到底是怎么发生的？

咄咄逼人、固执己见的青春期是成长过程中一个不可避免又令人讨厌的阶段。青春期之前的 10 年中，我们的教育体系一直在消除孩子的好奇心，代之以毫不迟疑的作答。通常，当孩子们升入 3 年级的时候，初入幼儿园时的好奇心，那种让真正的思考得以萌发的好奇心就已经开始减退。到了 6 年级，好奇心几乎消失了，孩子们只会按照老师的期望进行思考。导致好奇心减退的主要原因是孩子们真实的声音没有得到正确的引导。"真实的声音"，是那些吵吵闹闹、一刻不停、哪怕在厕所里也不会中断的十万个"为什么"吗？没错，就是那些声音！

不客气点说，传统教育完全是为了让学生掌握正确的方法和答案而存在的。它不是一个论坛，不会允许好奇心持续发展；也不是一个兔子洞，无法让孩子们一头扎进对他们来说很重要的各种纷繁事物。真实情况是，学生应该关心哪些问题是由教师决定的，孩子天生的好奇心只有在课外时间才能派上用场。

然而，提出问题，提出值得剖析、引人深思、能够激发好奇心的问题才是使教育保持活力的关键。这一提问的过程往往能引出突破性的见解，同时也能带来快乐，创新意识、创造性思维和冷静的思考都会成为受过良好教育的人的财富和快乐源泉。我们这些受过教育的人是如何失去了持续探索的渴望，转而追求无所不知的呢？

## 学会背诵不是真正的学习

大多数教师把考试和论文作为检验学习成果的手段。这种背诵形式（考试、口头报告、说明文写作）体现的是教育改革家保罗·弗莱雷（Paulo Freire）所说的"银行储蓄式教育"。手握答案的教师把自己认为合适的信息"存"到学生看似空白的头脑中。接下来，学生通过写作、考试或口头报告对信息进行复述。最后，教师根据自己的教学计划对学生进行评估，而不考虑学生的理解和意图。这并不是说复述信息对学生完全没有价值，事实上，弗莱雷要我们考虑的是，当背诵成为主要的教学方法时，我们失去了什么。

这种教育方式的前提假设是有些信息是正确的、必须掌握的（其必要性由教科书、教师或学校领导决定）。历史教师们已经意识到了这一点："学生们已经习惯了对着一本教科书用功，把历史看作正确答案的集合。"对此，弗莱雷是这样描述的："教育正饱受记诵病困扰。"他进一步解释道："教师们谈论现实的时候，好像它是不变的、静止的、分离的、完全在预料之中的。"

当我们还在奇怪为什么学校教育让人提不起劲时，弗莱雷提醒我们，在孩子们进入课堂之前，他们的头脑中已经装满了经验和信念，这些经验和信念活跃在他们的生活中，指导着他们与教学内容的互动。除了活跃的思想，他们的身体也跃跃欲试，想要加入学习，他们的文化、家庭和传统都会对他们的理解产生影响。

很多时候，孩子们对学习缺乏兴趣就是这种"记诵病"带来的后果，他们需要无休止地证明老师的讲解内容是正确的，讲授方法是正确的，是适合目前的情况的。还记得乘法表是怎么背的吗？三七二十一。我们记住了口诀铿锵有力的韵律（背诵的节奏），但很多时候没有领会其含义。数学专家、教育家玛茜·库克（Marcy Cook）也同意这一观点："如果只是要求学生记住老师教导的事实和规则，那我们就是在把他们当成装知识的空容器看待，而不是会思考、能决策、能解决各种新问题的人。"

我在学数学时就经历过这种危机。当我开始学习高阶的数学课程时，背诵和重复就起不了作用了。还记得做分数除法的口诀吗？"上下颠倒取乘积，照做无须问原理。"当时的我被"填喂"了一堆自己并不理解的规则和口诀，但我想要知道"原理"，这是思维运作的方式。如果不理解意义，想要牢牢记住运算过程是不可能的。几十年后，准备教大儿子学习分数时，我不得不躲在车库里，一个人拿着数学书重新自学，因为以前学过的知识没能得到"固化"。

## 单选题让孩子与"深思熟虑"渐行渐远

单项选择题（填答在答题卡上，没有地方添加任何解释）是学校最喜欢的测验方法之一，我们很容易在其中找到弗莱雷所说的这种"记诵病"。我的一个朋友告诉我，她的儿子在单选题测验中的表现特别糟糕。有一次，他的答案特别不可思议，甚至惊动了校长，导致校长亲自打电话和她讨论这个问题。

朋友的儿子犯的"错误"能够很好地说明我的观点。下面是他"答错了"的那道题目（见图3-1），但客观地说，他是正确的，题目本身就有两个正确答案。你知不知道这是怎么回事呢？

测量这棵树的高度时应该使用什么单位？

(a) 米

(b) 厘米

(c) 千米

(d) 升

图 3-1　单选题中的树

朋友的儿子选择了"(b) 厘米"，而"正确答案"是"(a) 米"。出题者假定学生们都知道这幅图代表了森林里一棵真正的树，而朋友的儿子看到试卷上的插图，以为题目问的是图中这棵树的高度应该用什么单位来测量。他的想法完全符合逻辑！按照这种理解，"厘米"是一个比"米"更合适的答案，完全正确。

我们再深入地思考一下这个问题。如果朋友的儿子知道这幅插图代表的是一棵活生生的、会呼吸的树，他就一定能"答对"吗？严格来说，在这种情况下"米"和"厘米"都是正确的答案，它们都是长度单位，有人喜欢用"米"来丈量一棵大树，但在某些情况下，选择"厘米"也是可以的，用"厘米"来测量一棵树不能算"错"。事实上，单凭一幅插图，我们就能够确定它代表的是森林里的一棵大树还是桌子上的一个小盆栽吗？如果一名学生住在森林里，另一名学生的家里养盆栽，这幅图在这两名学生的头脑中唤起的图像可能是完全不同的，这就会导致他们做出不同的回答，但二者都是正确的。就这道题目而言，学生实际上需要猜测哪个答案更符合出题者的意图。这是一种很多孩子都没能充分掌握的读心术，他们也因此被踢出了"聪明的学生"的行列。

单选题的"正确答案"式思维跟深思熟虑根本不沾边，深思熟虑意味着关心问题本身，而不是找到出题者心中预设的答案。要求学生猜测出题者的意图——"出题者的目的是看我知不知道测量一棵真正的大树时应该使用什么单位",在我看来,这是非常荒谬的。事实上,如果这就是思考的过程,那我们不就是在承认,所谓的教育就是让学生抛弃自己的感知,学会越来越熟练地猜测专家和权威的想法吗?

时间压力加上对单一答案的追求,使得学生不可能对问题的所有变量做出耐心的思考,他们需要尽快找到出题者心中预设的正确答案。更糟糕的是,这个答案可能是最缺乏想象力、最老套的答案,因为在铃声响起之前,它必须能被迅速地、不假思索地识别出来。

不知道是不是正因为这类测验,对话才在今天变成了一件高风险的事情,每个参与者都觉得必须迅速地、无一例外地达成一致,在网上尤其如此。我们默认存在一个由我们视作权威的人给出的正确答案,相信这个答案可以被很快地找到并付诸实践,而且会得到所有人的赞同!这种做法在教育中是如此常见,以至于我们离开学校时,已经忘记了可以从无数的角度来切入一个问题。我们感到一种压力,催促着我们选择一个立场,维护这个立场,证明自己才是正确的。我们被训练着忽略个人诠释和过往经历的影响,单选题测验关注的是时间效率、快速判断、无形权威和标准答案。为什么现代教育更重视速度而非深思?这是一个值得思考的问题。

现在请你试着做一下下面这道单选题(见图 3-2)。

选出最适合用来描述该物品的形容词:

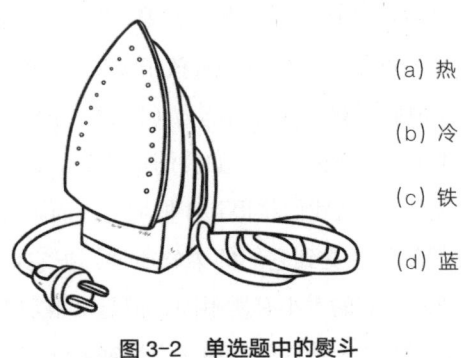

(a) 热

(b) 冷

(c) 铁

(d) 蓝

图 3-2 单选题中的熨斗

大多数聪明的考生会排除"铁",因为它是一个名词;忽略"蓝",因为这是一幅黑白线条画。那么,你会选择"热"还是"冷"?大多数人选了"热",因为熨斗通常与高温有关,但如果你是一个细致入微的思考者,你可能会注意到图中熨斗的特殊之处:它的插头没有接入电源插座!因此,它真的是热的吗?如果你耐心地、全面地思考了这个问题,你很可能会选择"冷"作为答案——因为它描述了熨斗当前的真实状态。这个回答完全符合逻辑,然而,它很可能被判作"错"。大多数出题者希望考生把熨斗和"热"联系在一起,这是最常见的联想。面对这道单选题,你没有任何机会解释为什么"冷"是更合理的答案,只会因为选择了这个"错误"选项而丢掉分数,被贴上"不聪明"的标签,可你其实是一个更谨慎、更敏捷的思考者。

艺术家、教育家贝蒂·艾德华(Betty Edwards)在《画出你心中的艺术家》(*Drawing on the Artist Within*)一书中也提到了这一问题。艾德华毫不留情地揭露了这种测验会引导我们走向何方:"其僵化程度令人抓狂,我相信,它最终会让脑子没有问题的学生选择忽视眼前的东西,努力得出抽象的、概念化的答案,就算这些答案实际上与他们的视觉感知相矛盾也没有关系。"换句话说,当学生训练自己"不去看"的时候,反而会获得更好的分数,这么一来,他们当然会扭曲自己的直接感知,去迎合刻板印象和大众认知——熨斗是热的。

这是一种多大的损失啊!艾德华解释说,我们的教育很多时候都在努力消除视觉变量。的确,抽象概念,如数学运算,更容易通过考试来评估。艾德华进一步说明:"无论物体的外观如何变化,2加2总是等于4。"换言之,数字是表示物体数量的固定符号,而不是物体本身。对孩子来说,"将符号加在一起"这样的抽象概念可能会削弱他们对数学的领悟能力(回想一下弗莱雷所说的只记住了乘法表的节奏,但没有真正地理解)。假如我们把抽象的数字赋予两组物品,例如2根羽毛加上2根羽毛,那么我们将得到4根羽毛,而不仅仅是抽象的数字4。把羽毛拿在手里,我们就能感受到它们的柔软质地,把它们叠在一起或并排摆放,我们可能就会注意到它们的大小有所不同,但是2根羽毛加上2根羽毛,肯定会得到4根羽毛。如果把2个铸铁煎锅和2个铸铁煎锅相加呢?毫无疑问,我们会得到4个铸铁煎锅。这些铸铁煎锅很重，很难叠在一起，和羽毛给人的"感觉"很不一样，但它们相加的结果同样是4。

这两组"4"在重量和外形上非常不同，而对这些特征的感知必然会影响我们对这一运算过程的看法。在上述两个例子中，2加2的得数都是4，但如果要计算它们的重量，我们会得到完全不同的结果。我们会通过感官和直觉察觉到这种差异的存在，因此，向孩子们说明这一点非常重要，要让他们知道数量加和与重量加和是不同的。一旦我们开始思考为什么要把2根羽毛和另外2根羽毛相加，或者把2个铸铁煎锅和另外2个铸铁煎锅相加，我们就会自然而然地开始思考自己是否需要4根羽毛或4个铸铁煎锅。假如题目是把2根羽毛和2个铸铁煎锅加在一起，我们会更加困惑——这种加法运算的意义是什么？

当然，数学并不总是能用我们手边的东西来表示，但培养批判性思维的关键就在于尽可能地将抽象与实际联系起来，频率越高、时间越早越好，在孩子刚刚开始学习的时候尤其重要。通过这种方式，我们可以为复杂技能的学习铺平道路。我们需要让学生知道，即使是在运用正确的步骤或方法解题时，也总有更多的因素需要考虑。合理的决策依赖于寻根究底的求知欲望，这种欲望驱使我们去了解每一步数学运算的含义、每一个科学原理或历史事件的意义、每一种见解的实际用途。现在你可能会问：如果练习册和测验不是应当关注的重点，那么什么才是呢？

## 用提问式教育激发孩子的思考

幸运的是，弗莱雷提出了一种不同的教育方法——提问式教育。在这种教育模式中，孩子们不再是被动的接受者，由指导者决定该思考什么，而是值得信赖的参与者，在成年人的帮助下解决有意义的问题。教育家贝尔·胡克斯认为："作为教师，我们的任务是带领学生展开批判性思维的冒险。我们要和学生一起学习、一起讨论，打破'获取知识的过程是私人的、个人化的、互相竞争的'这个观念。"

玛茜·库克得出了同样的结论:"提问的艺术应当成为思维教育的关键。教师提出问题不是为了引导学生遵循他们的思路,而是为了激发学生自己的思考,了解学生的掌握和理解情况。"要想培养学生的批判性思维,我们需要打造一个鼓励教师和学生一起探讨真正问题的稳定环境。

在数学这样的学科中,培养批判性思维技能的最佳方式是"提出问题,指出难点,通过激发思考对学生提出挑战,甚至让他们感到挫败"。我有幸在一所公立学校的数学课上见到了这种培养方式。我的大儿子在家中学习,但他的代数课是在当地高中上的。在家长会上见到他的老师时,我了解到她每天的授课是从白板上的一道数学题开始的,她会让学生自己提出解题的方法。她告诉我,要让学生去冒险,去猜测如何解决这个问题,这需要付出一些努力。她的目标是培养数学思维,而不仅仅是应试技能,然而,学生们已经习惯了等着老师告诉他们该做什么,该怎么做,所以在学年开始的时候,需要用些手段才能把他们调动起来,但到了年末的时候,他们全都变得跃跃欲试。今天的教育专家一致认为,这种教学方法,特别是当它成为一种教学惯例,并搭配对解题过程的明确讲解时,会在学生身上产生最好的效果,他们能够学会像问题解决者一样思考,而不是仅仅给出答案。聪明的教师和家长会这样提问:

- 有没有其他方法能够解决这个问题?你能演示给我看吗?
- 在实际生活中,你可能会在什么时候用到这种数学运算方法呢?
- 你认为这个步骤有什么作用?

这类问题能够不断提醒学生学习是有"为什么"的,帮助他们在实践和思考之间建立联系。我记得在学习 0 和 1 作乘数的乘法时,我完全糊涂了,口诀只起到了反作用,我认为 $0 \times 3=3$,$1 \times 3=1$。显然,我没有理解乘法的真正含义,完全依赖于解题的步骤说明,但把过程都记错了。打个不及格的成绩并不能帮我渡过难关,没人问我是怎么想的,为什么会犯这么离谱的错误;相反,我不得不再次尝试记住更多毫无意义的数字序列。库克解释说:"我们不希望求知的课堂变成备考的训练场。"传统的数学教学误导了很多人,让我们对两种荒诞的说法深信不疑：数学是通向正确答案的一系列步骤和方法；教科书和教师是掌握这些答案的权威。

我们可以通过抛出有意义的问题来激发学生的好奇心。很长一段时间以来，我一直在尝试揭示"营养的谈话"中蕴含的价值，这是一种闲谈式的讨论，为自由地交换思想奠定了基础。正如贝尔·胡克斯宣称的那样："对话的维度不是单一的；在对话中，我们会不断地遇到各式各样的认识和理解。"培养批判性思考者意味着给予孩子们机会去发现他们熟悉的知识和理解上的障碍，两者都至关重要。

## 通过打破预期激发孩子的好奇心

好消息是，我们可以将教育的天平向问题一侧倾斜。在《勇敢的学习者》（*The Brave Learners*）一书中，我建议家长们设置一面"问题墙"，把孩子一周内提出的所有问题都写在便利贴上，然后贴在这面墙上，周末的时候把便利贴一张张地撕下来，在晚餐时对这些问题进行讨论。通过关注问题本身而不是立刻给出答案，我们可以鼓励孩子保持耐心和好奇，让他们不要急于得出正确答案。下一步是设法提高问题的质量。

我们应该怎么做呢？最新的脑功能磁共振成像（fMRI）研究证实了卡内基梅隆大学心理学教授乔治·勒文施泰因（George Loewenstein）在20世纪90年代提出的好奇心的"缺口理论"。研究者发现，好奇心的强度变化呈倒U形曲线。"当我们对某个主题知道一点（好奇心被激活）但又不完全了解（不知道确切答案）时，好奇心是最强的。"勒文施泰因解释说，"如果我们感到已经知道的和想要知道的之间存在缺口，就会产生情绪上的后果，那是一种精神上的瘙痒，好像大脑被蚊子叮了一口。我们会去寻求新的知识，因为这就是我们抓痒的方式。"

现代教育之父约翰·杜威（John Dewey）在他的"问题解决"教育模式中强调了好奇心的作用。英国教育家迈克尔·伦特利（Michael Luntley）指出，在杜威看来，问题是那些让你感觉心痒欲挠的东西，当原本的预期被打破时，孩子就会产生抓痒的"渴望"，试图将新信息变成自己已经"掌握"的知识，因此，伦特利将杜威的这种构想称为"渴望掌握"。教师的主要任务就是打破预期，从而激发瘙痒，即"掌握知识的渴望"。学会激发这种"渴望"，你就能看到好奇心绽放。痒吗？那就挠挠吧！正如伦特利解释的那样："学习要适时而行，而不是一劳永逸。"我们所学到的知识解决的就是当前的问题。

**批判性思维工具箱**

- **银行储蓄式教育**：教师把自己认为合适的信息"存"到学生看似空白的头脑中，学生对信息进行复述。教师根据自己的教学计划对学生进行评估，不考虑学生的理解和意图。
- **提问式教育**：孩子们不再由指导者决定该思考什么，而是在成年人的帮助下解决有意义的问题。
- **好奇心缺口理论**：好奇心的强度变化呈倒 U 形曲线。当我们对某个主题知道一点但又不完全了解时，好奇心最强。

## 思维练习:"渴望掌握"策略

和孩子一起参与下面的思维练习,了解提出问题和解决问题式教育中的"渴望掌握"策略。

我们就从所有人都讨厌学习的语法知识开始吧!孩子们都不喜欢上语法课,认为它是最难懂、最无趣的课程,充斥着单调乏味的术语和定义。在语法课上,大多数教师会先介绍一系列抽象的术语,然后教学生用这些术语去称呼其他词语,同时给他们布置大量的练习题。问题是,母语使用者无须充分理解语法便可以造出有意义的句子,他们用耳朵来造句——只要听起来没错就行。这种"听起来没错"的语感机制几乎已经可以保证语言的流畅性。

学习语法可以成为与语言结构的一次激动人心的相遇,也可以让我们发现语法蕴含的内在力量,从而让我们的写作变得更加生动、有趣。如果我们以批判性思考者的眼光来看待语法,那么这两点都可能成为现实。下面的练习旨在向你展示如何使用"渴望掌握"技巧来激发兴趣,学习传统意义上的枯燥知识。这些原则同样适用于学校中的其他科目。

准备好了吗?相信我,这些思维练习绝对有趣!

## 感受文字趣味 5~9岁

你有没有注意到小孩子玩起语言游戏来是多么得心应手？"老鼠，老虎，都来敲鼓，哇呜！"他们可以轻而易举地造出这样的句子。在学习和运用语言技能时，孩子往往能够展现出惊人的天赋。大人常常被孩子的言语错误逗乐，很少担心他们将来不能流利地讲话。

给 8 岁以下的孩子讲解副词和介词之类的概念的确有点超前，不过，这个年龄段的孩子们特别喜欢韵律，他们很容易记住歌曲、简单的诗歌和图画书中的内容。

**词语押韵游戏**

随意选择一个韵脚（例如"an"或者"ing"），和孩子一起，尽可能多地说出与其押韵的词语（自造的词语也算）。数一数你们可以说出多少个这样的词语，再换一个韵脚看看能不能说出更多。

- 有多少词语是为了好玩而编造的，有多少是在实际交流中会使用的？
- 试着用这些词语（包括自造的词语）造句。这些词语是什么意思？你是怎么知道的呢？
- 哪些词语是用来形容某种事物的呢？
- 哪些词语指的是你家里有的物品呢？
- 哪些词语指的是你可以采取的行为呢？

现在，根据这些词语在句子中的作用对它们进行分类，把代表物品的、形容事物的、表示行为的词语分别放在一起。接下来，按照字数和喜欢与否对它们进行分类。把这些词语写在便利贴上贴在家里，让孩子每天都能看到它们。你可以在这个练习上多花点时间，因为这里蕴藏着无穷无尽的财富。如果孩子说一个形容词是用来表示行为的，不要太担心，在这个阶段，认识词语的含义比做出正式的分类更重要。你可以花一周的时间，在每天的午餐时间和孩子玩这个词语押韵游戏，之后，你可以试一试下面的"童谣押韵游戏"。

**童谣押韵游戏**

1. 选一首（或一段）孩子熟悉的童谣。和孩子一起读，欣赏其中的韵律。例如，你可以选择《小星星》。

   一闪一闪亮晶晶，
   满天都是小星星。
   挂在天上放光明，
   好像许多小眼睛。
   一闪一闪亮晶晶，
   满天都是小星星。

2. 找出韵脚"ing"。
3. 开始头脑风暴，想出尽可能多的押韵词语（自造的词语也可以）。
4. 把整首童谣打印出来，在每个词的四周留出足够的空间。把头脑风暴时想到的押韵词语也打印出来，排版使用大号字体和三倍行距，用剪刀把这些词语剪下来，或者将这些词语写在小卡片上。
5. 洗牌后，把印有或写有词语的卡片正面朝上放在干净的桌子或地板上。用这些词语造有趣的句子，不用去管这些句子是否合理。把这些押韵的句子重新组合，多次重复这一步骤。试着把这首童谣中的词语替换成其他押韵词语。这些词语使童谣的意思发生了怎样的变化？和孩子一起使用头脑风暴时想到的押韵词语来改写句子（你可以把新的句子写在纸上；如果想到的词语足够多，也可以尝试用词语卡片拼成句子）。

一闪一闪亮晶晶，
抬头望见你身影。
挂在天上放光明，
想要高飞伴你行。
一闪一闪亮晶晶，
星光照耀我心灵。

改写童谣非常困难，但这个练习的重点在于拓宽孩子的视野，让他们了解什么是节奏，什么是韵律，改变句子会让童谣的意思发生怎样的变化。无论怎样改写，优美的韵律都不会改变。

## 理解语法 10～12岁

说母语时，我们可以依靠自己的耳朵来确保句子"听起来没错"，而说一种不熟悉的语言时，我们必须对词性有一定的了解才能造出有意义的句子，因此，语法教学需要能够帮助孩子们将词语的标签（词性）和它在句子中的功能（用法）动态地联系起来。简单地把一个词称为"名词"，另一个词称为"动词"，并不能帮助孩子建立这种联系。母语使用者早就知道了被称为"名词"的词语是否处在正确的位置上，给词语贴上标签并不能进一步提高正确率，这些术语看上去没什么用——这就像记住了乘法表，却不理解乘法是加法的简便算法。

那么，真正有用的语法教学应该是什么样的呢？应该从对句子结构稍加破坏开始！

## 步骤说明

准备一块白板和一张纸。在白板上写：

一只黑狗冲着垃圾车大声地吠叫。

将纸横放，分成两栏，在这两栏的顶端分别写上"必要"和"非必要"。接下来，和孩子一起分析句子中的词语分别属于哪个类别，并把它们写在对应的栏中。

孩子需要按照下面的步骤对组成句子的词语进行删除和复原，确定它们在句子中起到的作用。

第一步，擦掉"一只"。

黑狗冲着垃圾车大声地吠叫。

让孩子大声朗读这个句子。

提问："这个句子听起来有错吗？"答案是没错。

在第二栏"非必要"中写上"一只"。把"一只"重新写回白板上的句子中。

第二步，这次擦掉"黑"。

一只狗冲着垃圾车大声地吠叫。

读一读这个句子，它听起来有错吗？答案是没错！在第二栏"非必要"中再写上"黑"。把"黑"加回句子中。

第三步，擦掉"吠叫"。

一只黑狗冲着垃圾车大声地。

听起来怎么样？是不是感觉不太完整？缺少哪类词语？能不能把其他词语放在"吠叫"的位置上？

和孩子一起试着把"吠叫"换成一个不是动词的词语。你可以用"嘴巴"这个词举例，看看它能不能代替"吠叫"。

　　　　一只黑狗冲着垃圾车大声地嘴巴。

　　孩子有什么反应？能发觉这个句子听上去不对劲吗？你激起了一种"渴望掌握"的情绪，他们正忙着在大脑中搜寻一个词，把这句话改成一个合理的句子。他们想知道那只狗做了什么——这就是这个句子中缺少的成分。

　　提问："可以用其他类似的词语替代'吠叫'，让句子变得合理吗？"他们可能会想到以下词语：

- 哀嚎
- 嚎叫
- 咆哮
- 汪汪叫
- 叫喊

　　这些动词都可以取代"吠叫"，而且这个句子仍然合理，不过句子的含义会有些变化，这一点值得注意。对这一点进行讨论。

　　再问一个问题："这些词能够和'大声地'搭配吗？有哪些词听起来更加合适吗？"把这些词写在第一栏"必要"中。

　　在白板上的句子中重新写上"吠叫"。

　　第四步，擦掉"大声地"。

　　　　一只黑狗冲着垃圾车吠叫。

　　"这个句子听起来没错，对不对？你能换个词，让句子听起来仍然合理吗？"孩子会很自然地想到，这个位置上可以放很多以"地"结尾的词，如小声地、愉快地、紧张地、羞怯地……从中挑选几个，写在第二栏"非必要"中。

　　第五步，在句子中移动"大声地"的位置。把它放在其他地方可行吗？

　　大声地，一只黑狗冲着垃圾车吠叫。有些不太顺。

　　一只黑狗大声地冲着垃圾车吠叫。没问题！

　　一只黑大声地狗冲着……不行！

　　提问："为什么'大声地'放在某些位置可以，放在其他位置却不行？""你觉得调整后的句子变化大吗？是变得更顺了还是不如原来？"

第六步，擦掉"狗"和"车"。

它们在句子中是必不可少的吗？先读一读不带这两个字的句子。

一只黑冲着垃圾大声地吠叫。

注意：当"车"被删掉后，"垃圾"一词就不再是对车辆的描述，而是对一类物品的指代！

"狗"和"车"可以用下面的词语来代替吗？

- 猫　　　● 乌龟　　　● 漂亮　　　● 非常　　　● 妹妹
- 自行车　● 走

请注意分辨，把"狗"和"车"替换成上面的某些词语会让句子的意思变得不合常理，但这种替换是"可行的"。改用"猫"或者"妹妹"时，这个句子会有些荒谬，但听上去结构是正确的，可是你不能用"漂亮"、"非常"或"走"来代替"狗"或"车"，这些词会把句子搞得乱七八糟。你可以问一问孩子，"猫"、"乌龟"、"妹妹"、"自行车"和"狗"、"车"之间有什么共同之处（它们都是实物）？然后再问一问，"漂亮"、"非常"和"走"为什么和其他词语不同？

从这句话中你还能发现什么？"垃圾"一词在这个句子中是用来描述"车"的，所以可以省略，而在有些句子中，"垃圾"指代的是一类物品（名词），因此是必不可少的。试着说一些其他名词，看看它们能否用来描述其他物品（类似形容词的作用）。

第七步，确定词性。

这不是一个测验，而是一个将这次探索中出现的词语和词性术语联系起来的好机会。

接下来，你可以从孩子正在阅读的书中选一些句子，重复这个练习，并创建一个词汇库，用"必要""非必要"和词性对词语进行分类（见图3-3）。随着时间的推移，你的"小小语法学家"便能够找出哪些词可以"变形",可以在两栏之间穿梭。

| 必要 | | 非必要 | |
|---|---|---|---|
| | | 一只 | 量词 |
| 吠叫<br>哀嚎<br>嚎叫<br>咆哮<br>汪汪叫<br>叫喊 | 动词 | 黑<br>垃圾 | 形容词 |
| | | 大声地<br>小声地<br>愉快地<br>紧张地<br>羞怯地 | 副词 |
| 狗<br>车<br>猫<br>乌龟<br>妹妹<br>自行车 | 名词 | | |

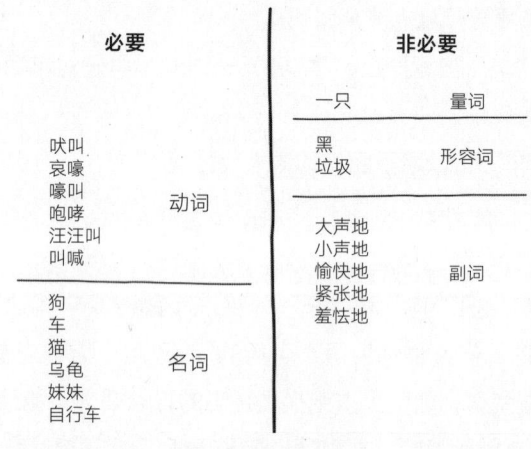

图 3-3 词性分类表

语法练习特别适合用来培养批判性思维技能。几乎每个人都觉得语法术语枯燥乏味、难以记忆,每个人又都能相当流利地使用母语,可是,大多数人在学习语法时都没能把它和日常口语联系起来。学会感知什么是"正确"的以及为什么会有这种正确的感觉,这是自我觉察的基石。有时我们会惊讶地获得一些新发现。例如,"垃圾"是名词,但也可以起到类似形容词的作用!

### 阅读《炸脖龙》13~18岁

有一次,我和孩子们一起阅读了刘易斯·卡罗尔(Lewis Carroll)创作的诗歌《炸脖獠》(Jabberwocky[①])，对其中的虚构词语产生了强烈的兴趣。通过研读这首诗，我们上了一堂高效的语法课，给那些无意义的词语指定了词性和定义。我在这里以开头的两句来举例，你可以按照这个方法来研读整首诗。

  那是个旰天，滑泼泼的狡们

  在圳里，又是蹲，又是跺。

  在这首诗的第一节中有很多我们没有见过的字和词："旰""滑泼泼的狡们""圳""蹲""跺"。这些字词看起来像汉字，但没有人知道它们到底是什么意思。我意识到语法课的素材就在眼皮底下！

  在和孩子们讨论这两句诗时，我提出了一些关于字词的问题："你们觉得'旰'字是什么意思？为什么？"从他们口中蹦出了许多想法，比如"明亮的""阴暗的"。单从这个字来看，我们无法确定它到底是哪个意思，这两个意思都能讲得通。我们首先想到的都是形容词，因为我们常常在"天"字之前加一个形容词，比如"晴"或者"阴"，但后来出现了一个有趣的转折：难道"旰"不能是一个表示季节的字吗？比如"春"或者"冬"，这样一来，它不就不是形容词，而是名词了吗？天哪，真的是这样！在这个句子中，"旰"作名词和形容词都可以。

  在阅读这首诗的过程中，我们根据字形和句子结构为每个没有实际意义的字词赋予了可能的含义。为了保证故事情节连贯，我们还必须牢记前面的选择，因为它们会对后面的定义造成影响。我们检验所有的想法，探索每一种可能性，而不只是为了寻找"正确答案"。

  我们根据自己对这些字词的定义创建了一个词汇表。最开始，每个孩子都有一份一模一样的打印版诗歌，最后，根据他们对这些自造字词的独

---

① Jabberwocky 意为"无聊、无意义的话"，最早出现在《爱丽丝镜中奇遇记》中，诗中有许多卡罗尔的自造词，因而译文中运用了大量生僻字，以还原本诗的风格。——编者注

特定义，他们对这首诗有了各自不同的理解。通过这个小练习，孩子们认识到，一个词可以拥有多个词性，具体用的是哪一个还要看你对它的定义。这在语言运用中是成立的，但我们在毫不费力地讲话时通常意识不到这一点。

**现在你来试一试吧！**

1. 给孩子打印一份《炸脖龙》①，设置三倍行距。逐节阅读这首诗。
2. 在做这个练习时，语法参考书或语法网站能够为你提供帮助。把参考书或电脑放在桌子上或手边，以便随时查阅。
3. 给孩子准备一支荧光笔，让他把不认识的字词都画出来。他可能会给某个常用字也做上标记。没关系！同样的技巧也可以应用到对常用字的分析中。
4. 接下来，对他想要确定含义的字词展开讨论，例如"旴"和"滑泼泼"。你的孩子可能还不知道该给这些无意义的字词冠以怎样的语法术语，但他可以告诉你为什么他认为"蹿"和"跞"看上去像"舞蹈"和"跳跃"，或者像"冲撞"和"磕绊"，又或者像"爬行"和"攀登"。把这些可能的解释代入原诗中，看看它们对这首诗的意思有什么影响。

   那是个晴天，快乐的狻们

   在圳里，又是冲撞，又是磕绊。

5. 整理好了一节诗后，你向孩子提问："这个词是动词还是副词？你是怎么知道的？"

---

① 在给孩子做相应的练习时，可以尝试使用"现代语言学之父"赵元任的《施氏食狮史》文本作为代替。——编者注

6. 接下来，你可以提问："什么是'圿'？"这引出了又一轮对不同可能性的探索。对"圿"的含义和性质的推测是否受到了"蹊"和"跻"的影响？"圿"是一个人、一个地点、一个物品，还是一个想法？这些都可以用名词表示。孩子能根据上下文判断出"圿"是什么类型的名词吗？"在圿里"这个短语提供了一个线索。"在……里"这个结构中可以填入哪类名词？表示物品和地点的名词都可以，比如"在篮子里"和"在森林里"。

7. 提问："这些自造字词的字形是如何影响你对它们的定义的？它们会让你想起其他字词吗？哪一个？"

8. 在对字词进行探索时，查阅语法参考书或语法网站，将自造字词与已知的字词进行比较，然后确定其词性。做完这个练习，你的孩子将会成为一名语法专家！

9. 当所有字词的含义和词性都确定之后，考虑按照孩子给出的定义，使用这些自造字词来续写一两节诗。

卡罗尔创作了一首意味深长的诗，诗中充斥着我们无法理解的语言，但不知何故，我们坚信自己理解了它，意识到这一点之后，我们会感到非常不可思议。我们会对读到的任何字词做出解释，甚至不假思索地为熟悉的字词赋予意义，认为自己理解了它。对《炸脖龙》的深入研究是一个很好的起点，它可以让我们发现主观能动性在所有的阅读中都扮演着重要的角色，印象塑造了我们对文本的诠释。

在第 4 章中，我们将进一步探索思考的力量。我们能够从读到的、研究的或见证的东西中获得什么？孩子们是出色的观察者，他们在观察周围的世界时非常敏锐，我们需要做的就是通过精心设计的问题为他们指明正确的方向，并为他们提供自我表达的渠道。

# RAISING CRITICAL THINKERS

## 04

**留意自身感知，不急于判断**

RAISING
CRITICAL
THINKERS

**批判性思维故事汇**

走了大概 90 米之后，我们就来到了东柏林。那一刻，我感到了强烈的冲击——太阳仍然在闪耀。多么令人惊讶！我们路过的建筑上窗户闪闪发亮。我们穿过了施普雷河上的一座迷人的桥，河上的光线非常炫目，让我不得不遮住眼睛。我取下相机的镜头盖，想拍下这美丽的一幕，但它从我的手中滑落，永远消失在了桥下闪烁着波光的潺潺流水中。我感到头晕目眩。这到底是怎么回事？我从来没有想象过东柏林会沐浴在阳光下，不仅如此，我甚至没有觉察到自己抱有这种想法，直到我被东柏林夏日清晨的光芒耀花了眼睛。

> 我们能看到什么，大多取决于我们习得了怎样的预期。
>
> ——《贝蒂的色彩》作者 贝蒂·艾德华

爱丽丝跌入了一个神秘的世界，遇见了会说话的毛毛虫、疯狂的帽匠和会看时间的兔子。多萝茜被卷入了一个奇怪的多彩世界，那里有善良的女巫、黄砖铺成的道路和会飞的猴子。每次离开舒适区，你都会收获一种全新的认知和生活方式，人生也会因此变得更加开阔。你或许会像爱丽丝和多萝茜一样晕头转向，但最后，这段经历会留下不可磨灭的印记，你看待世界的方式会变得与从前不再相同。想要更好地接受新观点，你不仅需要提出好的问题，还需要从不同的角度看待世界——改变你的视角。

1983年，我拜访了柏林。第二次世界大战后，德国被一分为二，首都柏林也被一分为二。

在我的脑海中，东柏林是昏暗而阴沉的，那里的人过着悲惨、空虚的生活，空气中满是压抑和束缚。美国的政治宣传、报纸、电视上的晚间新闻、晚餐时和我那共和党父亲的谈话、教堂里的布道、时任总统罗纳德·里根的演讲以及大学里的讲座共同打造了这个根深蒂固的印象。那时的我还很年轻，经历有限，所以毫无戒心地接受了自己听到、看到、读到的一切，认为东柏林对热爱自由的人来

## 04 留意自身感知，不急于判断

说不啻一座监牢。

我和朋友克雷格订了去西柏林的火车票。我们在早上 6 点到达，与玫瑰色的日出不期而遇。西柏林热闹的市中心给我们留下了深刻的印象，一大早，到处都是熙熙攘攘的人群。天慢慢地亮了起来，阳光明媚，天气炎热。那天，我和克雷格决定去东柏林那边走走。

我们出示了护照，经人引领穿过了一条用帆布搭建的临时隧道。走了大概 90 米之后，我们就来到了东柏林。那一刻，我感到了强烈的冲击——太阳仍然在闪耀。多么令人惊讶！我们路过的建筑上窗户闪闪发亮。我们穿过了施普雷河上的一座迷人的桥，河上的光线非常炫目，让我不得不遮住眼睛。我取下相机的镜头盖，想拍下这美丽的一幕，但它从我的手中滑落，永远消失在了桥下闪烁着波光的潺潺流水中。我感到头晕目眩。这到底是怎么回事？我从来没有想象过东柏林会沐浴在阳光下，不仅如此，我甚至没有觉察到自己抱有这种想法，直到我被东柏林夏日清晨的光芒耀花了眼睛。

我为何会在脑海中勾勒出这样一个完全不符合现实的东柏林形象？这是一个在无意识间产生的非理性观念，其根源在于听了太多宣传，对这个地方产生了抗拒和恐惧。直到我从那个距离西柏林只有几步之遥的狭窄隧道口走出来，我才察觉到这些只是我头脑中的一种无意识印象。这个扭曲的形象左右了我对东柏林人的看法，我以为他们会言语粗暴、毫无礼貌，但完全不是这么一回事，他们和其他任何群体一样：有些人面带微笑，有些人则面无表情；有些人乐于助人，有些人则没那么热心。

30 年后，我和母亲搭乘游船，沿河游览了东欧。当我们在斯洛伐克的布拉迪斯拉发游玩时，一位名叫索菲娅的年轻斯洛伐克姑娘非常热情地接待了我们，她邀请我们去她位于大楼 10 层的小公寓里喝咖啡。这座大楼由混凝土建成，是 20 世纪 80 年代的典型住宅，建筑的设计注重功能性，从外面看起来就像是四四方方的盒子，居民们用明亮的颜色将它们粉刷得五颜六色，以抵消这种千篇一律的呆板，索菲娅就是在一座漆成青绿色的公寓楼里长大的。喝咖啡时，我问了她一些我一直想知道答案的问题："你的父母喜欢他们成长的那个时代吗？他们是不是很高兴摆脱了以前的生活？"

她的回答让我大吃一惊。她说，她的父母很怀念那个时代，他们发现在现在这个年纪，适应新的生活方式非常困难，他们很难找到像样的工作，退休生活也没有保障，而在那个时代，他们有充足的工作机会和一所自己喜爱的房子。索菲娅谈到了父母对那个年代的回忆，其中不乏去森林野餐和去海滩度假的经历。最后，她总结道："他们那时候很快乐。"我的思绪一下就被拉回了20世纪80年代，我不得不重新认识一下自己一直以同情的眼光看待的半个欧洲大陆。现在，我想象着这样一个画面：春天野花盛开，毯子上摆满了欧洲人喜爱的传统菜肴，人们去湖边和树林郊游，参加节日庆典。思绪越飘越远，我开始设身处地地想象，无须担心退休和房价、不用挣扎着活下去的生活是什么样子的。

此刻，我回想起了自己之前的那个发现——太阳同样照耀着东方，正如它照耀着西方一样。我思索着：人类是不是都会本能地去赞美自己手中拿到的那套牌？对自己的生活进行批判性思考究竟有多困难？我感到抗拒，不愿意相信这些斯洛伐克人喜欢自己过去的生活，我想要反驳索菲娅（这让我自己也吃了一惊），我想设想她的父母在美国会过得更幸福，我想相信他们认为自己受到了压迫，我想……我想要什么？我为什么会对索菲娅简单明了的解释产生抗拒？这个问题一直困扰着我。我内心的哪一部分试图否定索菲娅对其父母态度的坦率说明，而这又是出于什么原因呢？

## 未经觉察的印象会对思考产生影响

我们的脑海中默默滚动着一系列在无意识中形成的图像，它们构成了所谓的"无声电影"，影响着我们的思考过程。我们早就在脑海中拼好了一部部这样的无声电影，随时准备让它们在思维的后台播放。当某个关键词出现时，我们脑海中的"播放"键就会自动按下，突然间，大批图像、标签和感觉便会蜂拥而至。

我们所知道的任何事物都根植于这个内在的图像空间。图像通常只是一种印象或转瞬即逝的一瞥，所以它们在观点形成过程中的作用很容易被低估。我们在无意识间拼凑起了种种图像，这些图像塑造着我们的信念，还会唤起身体上的感觉和一系列的情绪。这一理论得到了相关研究的证实，著名学者爱丽丝·布兰德（Alice Brand）对这些研究做了如下引述：

> 心理学家列夫·维果茨基（Lev Vygotsky）认为，语言思维是随着社会语言的内化逐渐发展起来的。在这个过程中，语法变得越来越简略。冠词和形容词消失了，代词不见了，谓语简化成了动词，最后，我们的脑海中只剩下一个单一的名词。内化完成后，这个名词承载了绝大部分的信息，与纯粹的意义最为接近……纯粹的意义被赋予了种种图像和内涵，同时饱含着情感。

换言之，纯粹的意义会驱动强烈的情感，那些关键词会触发我们的联想和感觉。

我们自己制作的无声电影并非带有复杂道德困境的三小时鸿篇巨制，它们的源头是从印象中凝缩而成的简短声音，制作过程是全自动的。"记忆是认知的核心……然而对人类来说，感知整个视野或检索所有记忆是不可能的，我们会进行取舍。"换句话说，我们会选择那些与语言建立的印象相符的图像。我们的大脑偏爱视觉快照，而不是复杂多面的思想，要想形成全面而立体的观点，我们需要进行更耐心的思考。

在听新闻、看电影、参加讲座或去国外旅行之前，我们应该先花些时间去了解那些控制着我们反应的无意识印象。这才是真正的教育应该做的事，这是一种隐性的私人课程，会在每次你给孩子读书、教孩子历史或和孩子一起看电影时默默产生影响。未经觉察的印象类似于后台操作系统，控制着孩子对世界的看法——如何看待政治和社会问题，如何理解宗教和历史，如何追寻美好生活，如何学习数学，等等。然而，孩子们有多少机会能像清洗床单一样，把自己的印象拿出来抖一抖，晾一晾，做一番细致的观察和思考呢？

要进行深层次的思考，我们需要拓展自己的视野，关注自己的情绪反应，对自己的判断做出评估。现在，我们一起来做一个练习吧！我想邀请你和我一起踏上一段由心灵之眼指引的旅行。在这个过程中，注意感受你的身体是如何随着想象中的经历和场景变得放松或紧张的。本章中还会有一些面向孩子的练习，这个练习是专门为你准备的，它可以帮助你潜入意识水域，让你了解思维和想象是如何引发瞬时反应的。

## 思维自测：无声电影

找个安静的地方坐好，阅读下面的说明。闭上眼睛，对一个场景进行充分的想象，然后再转向下一个场景。

### 公园小径

- 想象一下，现在是午后时间，你沐浴着温暖的阳光，走在公园里一条熟悉的小径上。你看到了什么？给自己一点时间来想象各种细节：天空，树木，道路，湖泊、小溪或海洋，鸟类或昆虫……现在，把注意力转向自己的身体。你有什么感觉？觉得放松还是紧张？觉得温暖还是寒冷？重点关注你的皮肤、下巴和脖子。想象你的脚踩在小径上。你有什么感觉？听到了什么声音？还有什么别的发现吗？描述一下你的总体感受：平静还是担忧？放心还是警惕？愉快还是不安？

- 接下来想象一下，时间变成了晚上，你走在同一条小径上，没有带手电筒。现在，将注意力转向你的身体感知。哪些事物看不见了？哪些感官在夜晚仍然敏锐？在黑夜里走路时，你的信心会受到怎样的影响？你是否会担心路面坑坑洼洼，担心自己被高出地面的树根绊倒？是否会对天上的繁星发出惊叹？在黑暗中，你会感到舒适还是不安？留心自己的每一种感受。

- 现在想象一下夜晚拿着手电筒走在同一条小径上。有了这一束光，你的身体会做出不同的反应吗？这和在大白天走路有什么不同？

- 接下来，想象你和一位经验丰富的徒步旅行者一起在黑暗中行走，你们两个都没有带手电筒。比起独自一人时，现在你感觉更安心还是更担忧？

## 都市小巷

- 下面，我们来换个地点。想象一下，现在是白天，你正在一座大城市的市中心，在高楼大厦间的一条陌生小巷里穿行。你看到了什么？描述得具体一些。这个街区叫什么名字？这里的建筑有什么特点？这里的路面是什么样的？现在，把注意力转向自己的身体。与白天的公园徒步相比，这段旅途带给你的感受有何不同？描述一下你的总体感受：平静还是担忧？放心还是警惕？愉快还是不安？

- 再想象一下午夜时独自穿过同一条小巷。你的感受有什么变化吗？留心任何一点微小的变化。什么让你感到担心，什么让你感到安心？如果在场景中加一盏路灯，你的感受会发生改变吗？会发生怎样的改变？

- 接下来，想象一下在夜晚和一个当地人一起穿过小巷。当地人的陪伴会对你的身体感觉造成怎样的影响？停下来想一想。你的呼吸有什么变化吗？你想象中的场景发生了怎样的变化？

面对不同的地点、不同的时间、不同的照明条件和不同的同行人数，你的身体反应会发生轻微的变化吗？在这个简单的思维实验中，你能够感受到自己的身体会对头脑中创造的场景产生自动的反应。现在，停止想象，真正去这两个地方走一走，白天和夜晚，有没有手电筒，有没有路灯，有没有人陪同，各种情况都体验一下。怎么样，是不是心里一怔？如果你真的去走一走，去切身感受一下，肯定会有更大的收获！

你刚刚在脑海中走过的地方都是真实的。为什么你会在某个场景中感到安全或者危险？这种态度源自你知晓的事实、对可能发生的事情的恐惧，以及通过经验、新闻报道、家庭和群体讲述的故事积累起来的信念。你的身体反应最真实地反映了你真正相信的东西，这既包括有依据的事实，也包括你自己认为应该是事实的东西。例如，你知道公园里的徒步小径是安全的，但夜幕降临后，你对它的感受发生了改变，因为夜晚常常与危险联系在一起；你可能想要相信市中心的小巷是安全的，你的身体却很难忽略夜间新闻的报道，坚持认为它是危险的；如果你住在市中心，你可能会觉得徒步小径更让人不安，小巷反而非常安全，因为那是你的家。

想一想堪萨斯州的小女孩多萝茜被龙卷风吹到奥兹国之后发生的事情吧！还记得当她惊讶于世界上居然有好女巫时芒奇金人在一旁窃笑的场景吗？多萝茜意识到了自己的成见：女巫都很坏，她们穿着黑色的衣服，待人刻薄。她的印象系统是这么告诉她的，她觉得女巫绝不可能是一个乘着泡泡翩然而至、穿着一身亮晶晶的粉色衣服、手持魔杖行善助人的漂亮姑娘。

要想成为自我觉察的批判性思考者，我们必须意识到自己的心理和情绪在获取信息时起到的作用。我们首先要做的是唤起那些未经检验的图像，提出质疑，找出隐藏的偏差和不完整的信息。掌握了这种自我探究的技巧，我们就能更好地指导自己的孩子。学会向自己提问（即第 3 章中讲到的提问式教育）是激发洞察力和找出当前思考缺陷的一个重要方法。好消息是，孩子们天生好奇，乐意推翻自己的先入之见，而且在他们很小的时候，还没有任何先入之见需要推翻！这就是为什么我们的目光总是会被婴儿和蹒跚学步的孩子吸引，他们会让我们以新的视角去看待习以为常的观念和行为。

孩子们需要像优秀的侦探一样，把放大镜直接对准需要审视的事物——我称这个过程为"敏锐观察"。敏锐观察意味着要留意自身的感知，而不要急着做出判断。

孩子还小的时候总是对一切都充满好奇，我们会为他们提供感官体验，通过给予玩具、工具和各种滋味的食物，促进其视觉、听觉、触觉、嗅觉和味觉发育成熟。在这个过程中，我们会给他们的体验命名，比如明亮、响亮、柔软、芬芳和酸涩。随着年龄的增长，孩子可以更好地对这些感知做出诠释，在其中加入自己的体验和理解。比如，"明亮"可能意味着光线刺痛了眼睛，也可能意味着原本黑暗的空间变亮了，孩子会做出自己的判断。渐渐地，孩子会把"芬芳"的气味和香水联系在一起，把"酸涩"的味道和柠檬联系在一起。当成长为青少年时，他们对感官体验的诠释会带上更多的个人色彩。他们可能会把芬芳的香水和某个人联系在一起，如果喷香水的人性情残暴，那么这种芬芳的气味可能会被视为一种威胁；柠檬的酸涩也可能带给人安慰，让一个青少年想起在佛罗里达州的奶奶家度过的那些日子，想起奶奶家的后院里种着的那些柠檬树。诠释就源自这种观察与个人体验的结合。

**批判性思维工具箱** RAISING CRITICAL THINKERS

- **无声电影：** 在我们的脑海中默默滚动着的一系列在无意识中形成的图像。
- **未经觉察的印象：** 类似于无名操作系统，控制着孩子对世界的看法。
- **敏锐观察：** 留意自身的感知，而不要急着做出判断。

## 思维练习：敏锐观察

下面的 3 个观察练习都颇具趣味。你不必在意所谓的正确答案，重要的是做练习的过程。怎么样，这么想就感觉好多了，对吧？我设计这些练习的目的不是强迫孩子改变自己对世界的看法，而是让他们发现美和多样性。我们将从五大感官入手。让我们度过一段愉快而富有成效的观察时光，开始与观察对象进行一次亲密接触吧！培养批判性思维的基础就是教孩子掌握注意、描述、识别和诠释这 4 种敏锐观察的技巧。

**注意**：留意自己的感受或反应。

**描述**：你产生了怎样的印象？

**识别**：探索印象的根源。

**诠释**：对印象做出初步解释。

在做这些练习时，请记住所有的回答都是个人化的，是孩子在注意、描述、识别和诠释的过程中做出的。也就是说，如果你认为香水的气味沁人心脾，而你的孩子认为它非常刺鼻，这是完全正常的。

### 感官寻宝 5~9 岁

对具体的感官知觉的理解是我们对周围世界进行解释的基础。"大脑是一流的化简大师，可以将大千世界还原成基本的组成部分，例如光子、气味分子、声波和引起触觉的振动。这些物理信息被转化成电化学信号，传输到单个脑细胞，线条、运动、颜色、气味，以及其他感官输入的信息就储存在这些脑细胞中。"我们通过感官获取信息，然后赋予它们意义。感官体验构成了我们头脑中的无声电影，影响着我们的反应。感官输入还为个人的思考和写作提供了丰富的素材。现在，我们一起来做一个练习吧！

让孩子在家中寻找5~10个质地、重量、颜色和气味各不相同的物品。把搜集到的物品放到厨房的桌子上。在孩子进行观察时，提出下面的问题并记录他们的回答。

### 注意

- 你喜欢触摸哪些物品或把哪些物品拿在手里？
- 哪些物品需要轻拿轻放？
- 哪些物品拿在手里感觉怪怪的？
- 有没有哪些物品会使你的手变冷或变暖？哪些物品会引起这样的温度变化，哪些不会？
- 把这些物品按重量排序（你可以同时拿起其中两个，比一比它们的重量，然后排序）。你选择了哪种排序方式（从轻到重排还是从重到轻排）？为什么？再试试用另外一种方式排序。你有什么发现？是不是有些重的物品比轻的物品尺寸小？有哪几个物品重量相似？最重和最轻的物品之间的重量差距大吗？拍一张照片，把排好的顺序记下来。
- 现在，把这些物品按大小排序。你选择从最小的还是最大的开始排？记得排好后拍一张照片。在比较尺寸时，你是用高度还是宽度作为标准的？换一种标准再尝试一次。这一次，排序发生了哪些变化？这次的顺序和依据重量排的顺序有什么不同？对比两次的照片。

### 描述

- 描述每个物品的质地：粗糙的、光滑的、扎手的、毛茸茸的……
- 在这些物品上你闻到了什么气味？臭味还是香味？宜人的还是刺鼻的？
- 这些物品都是什么颜色的？数一数一共有多少种颜色。
- 它们在光线下看起来是什么颜色的？在阴暗处看起来又是什么颜色的？从上面和下面看，颜色有什么区别吗？
- 在单一颜色的物品上，你可以区分出多少种不同的色调（例如深浅、明暗不同的几种黄色或绿色）？
- 拿出一盒蜡笔，在里面找到这些颜色和对应的名字。
- 经过这次仔细的观察，你发现了多少种新颜色？

### 识别

- 把这些物品按照你喜欢的方式分类（颜色、质地、形状、气味等）。
- 数一数每个类别里分别有多少个物品。
- 将这些物品按照你对质地的喜爱程度排序。
- 将这些物品按照你对外观的喜爱程度排序。
- 这些物品之间有哪些共同点和不同点？
- 找出看上去最相似和最不相似的物品。

### 诠释

- 在最开始搜寻物品时，你为什么会选择这些物品？有什么物品是你考虑过但最后没有选的吗？为什么？
- 重的物品为什么重？轻的物品为什么轻？你知道其中的原因吗？
- 我们再来想一想颜色的问题。为什么我们对一个物品匆匆一瞥时只能看到一种颜色，而仔细观察时能够分辨出更多的颜色？

- 香味和臭味之间有什么区别？
- 关于这些物品和你的观察过程，你还有什么其他问题吗？

把孩子提的问题也加进来，然后请他们向你提问，将你们的答案进行比较。这个练习可以让你和孩子认识到，带着问题进行探究能够在很大程度上加深对物品的认识。

## 摸奖袋 10~12岁

贝蒂·艾德华解释说，很多人之所以觉得自己不会画画，是因为没人教他们如何去"看"。提笔作画时，我们以为自己对作画的对象已经非常了解，然而我们尝试在画纸上再现的只是头脑中的印象，而非真实的形象。例如，在日常生活中，我们更多地注视的是他人的眼睛而不是额头，这导致在大脑的想象中，眼睛在脸上占的比例要比实际的大。我们在画人物的脸时经常会把眼睛画得很大，而且高悬在额头上。我们退后一步打量自己的画作，会觉得它看起来不对劲，但对如何改正毫无头绪。

如果给我们一把尺子作工具，我们会发现什么问题呢？我们将意识到，眼睛正好处在头顶和下巴的中间，额头的占比比预想的大得多，而眼睛则小得多。要想画得准确，我们必须"忘记"自己脑海中的假设，用准确的数据替换掉那些自以为是的认知，必须设法引导大脑和眼睛去观察真实的关系和比例，不受那些假设的干扰。艾德华在书中建议学生把画纸上下颠倒，以打消他们的预想。

批判性思维也是如此，它同样依赖于新的视角。我们要勇于抛弃那些曾经认为正确的信息，以开放的态度面对新的思想和观点，以防在接受或理解信息时出错。我们可以通过有意反转自己的预期来培养自己的开放心态。我们在将信息判定为事实时会在很大程度上依赖自己的视觉，所以下面这个练习对视觉感官进行了限制。

从家里搜集一些物品。例如：

- 香水瓶
- 木偶
- 烟斗
- 松果
- 杯刷
- 天鹅绒枕头
- 口琴
- 贝壳
- 鹅卵石
- 杨桃
- 羽毛

你可以选择任何具有立体形状的物品。

- 接下来，把每个物品放在一个单独的袋子里，袋子必须是不透明的，这样才不会被一眼看穿。
- 把袋子全部放在餐桌或咖啡桌上。
- 准备一个眼罩（可以是睡觉时用的眼罩，也可以是能够蒙住眼睛的手帕），给孩子戴上。
- 让孩子对袋子里的物品进行探索，同时探索多个袋子里的物品也没问题（这个练习应该是轻松、有趣的）。
- 询问下列问题并将孩子的回答记录下来。事先提醒孩子，即使已经知道袋子里装的是什么，也不要直接说出来，要按步骤完成这个练习。

注意：用自然的语气提出下列问题，就像平时聊天一样。

**注意**

- 打开袋子，伸手触摸物品。你的第一感觉是什么？
- 仔细地抚摸。你能描述一下现在的感觉吗？抚摸着这个物品时，你感到愉悦、厌恶、不适、舒适、刺痛、温暖还是冰凉？
- 这个物品有多重或多轻？多大或多小？有多少个组成部分？边缘是光滑的、坚硬的、有棱角的还是弯曲的？
- 把它从袋子里拿出来闻一闻。它的气味令人愉悦、令人厌恶还是不好不坏？

- 把它拿起来摇晃一下会发出声音吗？是什么样的声音？好听吗？
- 告诉孩子这个物品可不可以食用。如果可以的话，它是什么味道的？

## 描述

- 它是什么质地的？你会怎样描述它的质地？
- 它的形状是什么样子的？
- 它有几条边？几个面？
- 它的外形最接近哪种几何形状？
- 描述它的气味和味道（在可以食用的情况下），把它的气味或味道和你记忆中的任何一种气味或味道进行比较。

## 识别

- 你知道它为什么会有这样的质地、重量和形状吗？
- 它是由哪几个部分组成的？各个部分分别是什么？
- 你能猜出这个物品的用途（食物、工具、装饰物……）吗？
- 你能猜到这个物品是什么吗？

## 诠释

- 摘下眼罩，用眼睛观察。回想之前的回答，在不能借助视觉时，你漏掉了什么信息？
- 现在你能观察到物品的哪些其他特征（例如颜色）？
- 你之前的观察结果是否与物品的用途相符（例如，你刚才说一个物品气味难闻，结果发现它是一瓶香水，这就是观察结果与物品的用途不相符）？
- 你能详细说明每一个物品的用途吗？它的重量、形状、质地、颜色、气味或味道是否有利于其用途的实现？

- 你对自己的观察结果感到惊讶吗？哪些方面令你感到惊讶？为什么？

请记住：这些问题没有所谓的正确答案。即使孩子的回答不够详尽或准确，所有的观察也都是有意义的。不要让他们带着一套预设好的正确答案去观察，这种细致入微的探索才是培养批判性思维的基础。

## 观察心理图像 13～18岁

针对青少年，我设计了一个与社会问题有关的心理图像观察练习。这一次，观察的对象将是抽象的主题，而不是具体的物品。请记住：脑海中的图像会影响诠释。回想一下我之前讲到的无声电影，只有将现实与脑海中的无声电影进行比较，我们才能看到自己在头脑中创造出来的东西。这个练习将邀请青少年回答一些关于他们脑海中的图像的问题，图像的主题可以从下面列出的社会问题中选择，也可以由他们自己提出。

小提示：在几周内反复做几次这个练习会起到更好的效果。第一次练习时，选择一个会引起强烈反应的主题，第二次练习时，选择一个不会触及坚定信念或观点的主题，比较两次练习的相同和不同之处。

- 大学生运动员：他们应该从比赛中获得报酬吗？
- 照片编辑和处理工具：在广告中修饰模特的脸和身材是否符合道德？
- 在家教育：可以允许父母在没有政府监督的情况下自主完成对孩子的教育吗？
- 暴力电子游戏：它们是否会导致游戏玩家做出更多的攻击行为？
- 分性别玩具：玩具的营销是否应该有性别针对性？
- 动物权利：在医学或化妆品实验中使用动物是否符合道德标准？
- 社交媒体：社交媒体是否压制了言论自由？
- 手机：开车时禁止使用手机的法规是否合理？

- 音乐和电影：免费下载音乐和电影是否符合道德标准？
- 边境隔离墙：建造隔离墙是有效的移民政策吗？

拿出一张白纸，将选定的主题写在顶部。向孩子提问，用打字或手写的方式将孩子的口头回答记录下来。有些孩子喜欢独自完成这个练习，这也没问题。鼓励孩子多花些时间思考。建议孩子闭上眼睛，移动想象的镜头，搜寻脑海中的每一个角落、每一个被遮挡的地方，不要忽视一点一滴的信息。下列问题并非都与你选定的主题相关，跳过那些不适用的即可。

- 当你开始对这个主题进行思考时，你的脑海中闪过了哪些场景？尽可能详细地描述这些场景。继续回答下面的问题，补充更多的细节。
- 这些场景中有人物出现吗？他们是什么肤色？你能分辨出他们的性别吗？努力想象各色人物，不要局限于你经常见到的人。这些人物属于贫困人群、中产阶级还是富豪？他们穿着什么样的衣服？是大人还是小孩？他们是否有宗教信仰？他们喜欢吃什么食物？如果让你给他们倒杯热饮，你会倒什么？
- 他们住在什么地方？住的是独栋房屋、出租公寓、自有公寓、蒙古包还是帐篷？住在乡村、城市还是郊区？他们正在做什么？是坐在那里、站在那里，还是在做饭、打扫、看电视、玩游戏、工作、吃饭、学习或祈祷？这些人物中大人与小孩的比例是多少？谁是那个说了算的人？谁喜欢待在那里，谁不喜欢？你是怎么知道的？
- 他们正在哪里做着手头的事情？是在实验室、在摄影棚、在游戏厅、在会议室还是在家里？
- 你能判断出他们的情绪状态吗？可以用以下词语来描述：满足、担心、恐惧、生气、凶狠、冷漠、兴奋、果断、好奇、坚定……
- 这些场景出现在你所在的城市还是其他城市或国家？出现在室内还是室外？
- 当时的天气怎么样？处于一年中的哪个季节？场景中的主色调是什么？是暖色调还是冷色调？这些场景是否跨越了多个季节？

- 你在房间、庭院、校园或实验室里看到了什么？当你进一步对这个主题进行思考时，是否有新的细节出现在了原来的场景里？出现了什么新的细节？你对它们有什么看法？
- 想象你思考的主题出现在了广告牌上，上面会写哪些内容？
- 如果让你为思考的主题拍一张没有配文的照片，你会拍些什么？
- 想象你思考的主题成了社交媒体上的一个话题，在这个话题下会出现怎样的图片和信息？
- 如果你思考的主题中涉及了某种设备，它是什么类型的设备？最理想的设备是什么？这种设备的使用是否安全？
- 想象你思考的主题被拍成了一个广告，它想要表达赞成还是反对的态度？什么样的图像或故事能传达这一观点？有没有现有的广告跟你的观点不谋而合？是哪个广告跟你的观点不谋而合？

接下来，告诉孩子："你在脑海中唤起的图像会影响你对相关主题文章和书籍的阅读、对新闻报道的理解，以及在遇到相关人群时的感受。无声电影决定了你在谈论这个主题时会说些什么。现在，你已经完成了对印象的注意、描述和识别，下面该进行诠释了。"

- 你在脑海中看到的图像有什么让你感到惊讶的地方？
- 这些问题是否改变了你对该主题的看法？例如：你选定的主题是在家教育，也许你一开始想象这类教育都是在独栋住宅里进行的，但是关于公寓的提问让你想到有些家庭也可能在公寓里进行在家教育；你可能了解某些人群的居住状况，却第一次意识到在边境隔离墙附近，有些人是住在帐篷里的。
- 你创建的整体图像对你对该主题的看法有什么影响？
- 现在你已经回答了所有的问题。当你再次对这个主题进行思考时，你的总体印象或态度是怎样的？是积极的还是消极的？与最初相比有什么变化吗？有没有出现什么你之前没有考虑过的新信息？

在和孩子一起回顾这些练习时，你可以分享一下自己在练习中的收获。

培养敏锐观察技巧是为了帮助你成为一个自我观察者，让你看一看你向自己讲述的那些故事，在这种情况下，你就是那个讲故事的人！你可能一直没有意识到自己有许多潜在的立场，因为思维就是这样运转的，它会潜在地引导你的关注点，塑造各种无意识的印象。通过放慢脚步，深入观察事物或主题的各个角落和细节，你会发现自己是如何受这些潜在立场影响的。在接下来的批判性思维旅程中，我们会深入了解这些无意识的印象是如何形成的。

和孩子一起做完这些练习之后（你可以根据需要多做几次），你已经准备好进入第5章了。这些观察活动的意义是什么？它们会将我们引向何处？

# RAISING CRITICAL THINKERS

## 05

检验信息及信息来源

> RAISING
> CRITICAL
> THINKERS

**批判性思维故事汇**

体育界经常通过测量球速来比较两名运动员的技术水平。女子职业网球运动员的发球速度通常可以达到每小时 108 英里（约 174 千米）。世界上最快的网球发球纪录是由男子选手约翰·伊斯内尔（John Isner）创造的每小时 157.2 英里（约 253 千米）。由于不知道这些基准值，我不小心把 2021 年获得世界冠军的女子网球选手大坂直美（Naomi Osaka）的发球速度写成了每小时 193 英里。一位网球球迷发出质疑："这不可能！"原来，我看到的数据是以"千米每小时"为单位记录的，而我没有注意到数字后面的这个单位。

简言之，理想的批判性思考者总是很用心的。

——美国哲学家　罗伯特·恩尼斯

在深入讨论本章的内容之前，让我们先来思考一下这套"从人才教育到人才市场"的体系究竟想达到什么目标。仅以"合格"和"完成"为标准，我们能够对学习成果进行充分的检验吗？我们是否应该采用更加个性化的衡量标准？培养批判性思考者必须有其目的，不然何必劳心费力呢？我在思考教育的意义时，偶然看到了诺贝尔奖得主托妮·莫里森（Toni Morrison）在个人纪录片《托妮·莫里森：我的作品》(*Toni Morrison: The Pieces I Am*) 中讲的一段话，正是这段话帮我找到了答案。在20世纪60年代的美国民权运动中，莫里森的朋友们纷纷走上街头加入示威游行，而作为一个单亲妈妈，莫里森无法弃自己的两个儿子于不顾。当时她在纽约出版公司兰登书屋担任高级编辑，再加上要承担做母亲的责任，所以不能到处游行，承担不起被捕的风险，但她仍然想为抗议活动出一份力。

为了寻找思路，她问了自己这样一个问题："以我的情况，我能做些什么？"

以**我的情况**，我能做些什么？

以我的情况，**我能做些什么**？

以我的情况，我**能**做些什么？
以我的情况，我能**做**些什么？
以我的情况，我能做些**什么**？

每一种问法都让她离答案更近了一步。最后，莫里森意识到，她可以利用自己编辑的身份和才能来改变现状。她为民权活动家安吉拉·戴维斯（Angela Davis）和穆罕默德·阿里（Muhammad Ali）的传记争取到了出版合同。她推动了这场十分重要的社会变革，让自己所受的教育和独特的职务发挥了作用。"以我的情况，我能做些什么？"这确实是个好问题。

## 关心教育的目的，将知识用于改善人类生活

在高等教育中，我常常听到学生提出这样的问题："在此时此地，像我这样的人，在我的位置上，凭借我的专业工具、成果和知识，能为人类做出怎样的贡献？"在谈及自己的小孩时，家长提出的问题就变成了："这门学科与我的孩子、与他的未来究竟有何关系？"这是学校教育必须回答的问题，难道不是吗？下面的话听上去或许有点装腔作势，但我们不妨把视野放得开阔些。在我看来，学习是为了能够参与世界的变革，即使这意味着苦读得到化学学位不过是为了把洗发水的质量提高一点点，但是，把所有人的贡献累积起来，我们就会迎来更好的生活。这不正是莫里森向自己提出这个极具启发性的问题的真正用意吗？

不管年纪长幼，每个人都肩负着同一个伟大使命：不断拓展和加深自己对某个领域的理解，然后为了他人的利益，将这种理解以最有效、最人性化、最能促进人类解放的方式付之实践。**学习的首要目的不是积聚财富或掌握权力，而是增长智慧以及将获得的知识用于改善所有人的生活。**这是一个充满了惊喜的时代：用不了 24 小时，我就可以飞到世界的另一边；我可以通过视频电话与远在曼谷的儿子聊天，想聊多久都可以，只需要支付一点网络流量费；只要在平板电脑上点一下"搜索"，我就能在几秒钟内找到想要的统计数据；烦累的家务也可以由机器代劳——毫无疑问，这些奇迹都是全球数十亿受过教育的人共同努力改善人

类生活的结果。

教育的目的在于奉献——每个人都在自己的专业领域中，为数百年来延续不断的合作交流添砖加瓦，用自己的声音为思想的交响乐增色添彩，为整个世界的繁荣发展贡献自己的力量。"以我的情况，我能做些什么？"这个问题为健全的、有意义的教育厘清了目标，然而，很多时候，学生会感觉学校教育的目标是"通过这场数学考试，继续参加下一场考试"。

让我们以数学这个学科为例来做进一步的说明。数学无疑很重要，因为它能让人变得更加精确。在认识到数学的真正用处后，孩子可以把它用作重要的衡量工具，用来衡量烘焙面包时需要用到几杯面粉，种菜时土壤与肥料的比例应该是多少，水痘导致的发热会让体温上升到多少度，缝被子时要以什么角度拼接布料，玩电子游戏时自己的生命值还剩多少。我们可以把数学看作一种批判性思维工具。数学能够让我们理解网络、书本，以及新闻发布会上的那些变化莫测的数字，数学还能让我们在学习历史时对时间尺度有更准确的感受，让特定的日期和时间跨度变得更有意义。

我的一个儿子因为星体之间超乎想象的遥远距离（也就是无比巨大的数字）迷上了数学。在孩子们上小学的时候，我曾邀请几户邻居和我们一起做模拟太阳系的游戏。我们以星体间实际距离的10亿分之一为间距依次排开，代表"太阳"的孩子站在街道尽头，代表太阳系行星（包括被降级的冥王星）的孩子也在相应的位置上站好。最后，我们发现，每个人之间的距离相当可观，代表"冥王星"的孩子和代表"太阳"的孩子之间的距离更是超过了5千米。孩子们全都为太阳系的广袤感到震惊。

数学并非只存在于练习册里的抽象学科，它是一种批判性思维机制，能够让人们在用心做某件事情时做得更加精确。如果能够了解数学真正的价值，学生就能对数字传达的信息做出恰如其分的反应，既不会过度赞赏，也不会过于苛责。没有用心，教育不过是另一种形式的"生意"，数学技能就会沦为高学历俱乐部的一张入场券。面对阅读、历史或者一门外语，我们可以提出同样的问题："它为什么这么重要？"事实上，最重要的不是掌握信息，而是认识到这个学科能够如何帮助我们更好地用心——更多地关心学科本身，关心彼此，关心这个学科对所有人的意义。批判性思维始于用心。

## 设置规则，让游戏成为提升思维最有效的工具

善于思考意味着对思考的主题足够用心，愿意为之提升自己的思维能力。令人惊喜的是，孩子一早就会对提升思维能力最有效的工具之一——游戏产生兴趣，这里所说的游戏既包括棋牌游戏也包括电子游戏。我最喜欢作家伯纳德·舒兹（Bernard Suits）给游戏下的定义："玩游戏，就是自愿去克服非必要的障碍。"在这个定义中，我想强调两个关键词："自愿"和"克服"。游戏在孩子的生活中扮演着独一无二的角色，因为这是他们的自愿选择，而且他们非常热切地想要克服它带来的非必要的障碍，这是激发思考意愿的最佳条件。孩子想要掌握正确的玩法，想要赢，想要不断地学习新的游戏技巧。游戏有助于培养一系列重要的思维技能，例如灵活思考、坚持思考、深入思考、勇于质疑、追求准确性、注重想象和创新。游戏还很有趣。有时候，我们会忘记愉快的心情对高质量的思考来说是多么重要。在无忧无虑地寻求快乐和有意义的冒险时，我们的大脑既放松又警觉。

**游戏创造的高挑战、低威胁的环境是学习的最佳条件。**大脑研究者雷娜特·凯恩（Renate Caine）和杰弗里·凯恩（Geoffrey Caine）将进入放松警觉状态的关键因素称为"主题磁铁"。这些"磁铁"是思考的焦点，"人们围绕着它们组织思路、构建想法"。具有"主题磁铁"特征的活动（如体育运动、漫画阅读或生活技能竞赛）能够让孩子们感受到自己的力量，找到自己的方向。"它们提供了个性化的焦点和框架，复杂的模式得以逐渐围绕着这些焦点和框架构建起来。磁铁会播下意义的'种子'，就像牡蛎会围绕着沙粒孕育珍珠一样。"玩家可以在游戏中找到属于自己的意义，燃起解决问题和迎接挑战的热情，学会"创造性地思考，容忍不确定性和延迟满足——这些都是增长知识所必需的能力"。

我已经成年的大儿子对游戏充满热情，购入的游戏数以百计。作为一款网络开源游戏的首席设计师，他在地下室里堆满了棋牌和角色扮演游戏的道具。在玩一款新游戏时，为了体验每一种可能的玩法，他会故意输掉游戏，用这种方法来探索游戏中的技巧和极限。在了解了所有可能导致游戏输掉的操作后，他就成了一个很难战胜的高手。30多年间，他玩过成千上万的游戏，在线游戏、掌机游戏、桌上游戏、角色扮演游戏……哪一种都没有落下。

在拿到一款新的棋牌游戏时，诺亚会先去探索所有的部件，把所有的棋子都倒出来，把纸牌放进塑料保护套里，阅读说明书，摆弄代币，展开棋盘。这个探索阶段非常重要，它可以让大脑为即将到来的体验做好准备。

接下来，他会设想对手的招式，测试游戏的运行方式，预想可能出现的结果，这是他进行实验的方式。在这个过程中，他会一次又一次地翻阅说明书。然后，他会试着向其他玩家解释游戏的玩法，这样做巩固了他对游戏的理解。

虽然我们这些新手听了他的讲解后还是会有些似懂非懂，但这时，我们会直接开始玩游戏。诺亚是新手中的专家，其他人都是求知若渴的初学者。随着游戏的进行，问题开始不断地冒出来：

- 我现在可以出这张牌吗？
- 如果她想堵截我，她需要怎么做？
- 我可以提一个要求吗？
- 如果我的代币用光了怎么办？
- 这一步这样走对我有利吗？
- 这一步这样走会造成多大的损失？

我们所有人都会对游戏进行充分的探索，我们尝试各种招数，互相解释它们是如何运作的，可能会出现怎样的结果。这些问题与我们在游戏中的操作紧密相关。我们逐渐认识到哪些策略是有效的，哪些会导致惨败（侥幸成功的玩家常常会感到异常开心）。每个玩家的目标都是一致的：赢得游戏。在有些游戏中，只有一个人能取得最后的胜利；在有些游戏中，获胜的是一支队伍；还有些游戏的对战双方是玩家与游戏本身，在这类游戏中，每个人都可以是赢家！孩子们都很想取胜，在这个过程中，批判性思维技能的培养就显得格外容易。

很少有父母会担心孩子沉迷于棋牌游戏，这类游戏能够唤起人们快乐的童年回忆，而且整个游戏都在桌面上进行，大人们能够在旁边监督或暗暗地加以留意，然而一提起电子游戏，焦虑的情绪就布满了家长的心头。尽管它有着和棋牌游戏类似的好处，但全部互动都发生在大脑和机器之间，这让监督变得很困难，让成年人感到担心。坦白来讲，这方面的研究仍然不足，而且结论经常夸大其词、耸人听闻，不过，最新的纵向研究有望给出一些更为可信的结论。其中一项研究在对当前数据进行了全面的收集和分析后得出了以下初步结论："关于电子游戏，讨论的焦点主要在于人们担心它会导致大量玩家上瘾。如今，电子游戏广为流行，许多政策制定者格外担心长时间游戏可能对孩子的身心健康造成负面影响。我们的研究结果对这一观点提出了挑战。对两个大型样本的**调查分析表明，游戏时长和身心健康之间的关系是正向的**，换言之，我们的研究表明，控制电子游戏成瘾并非必要措施，而且恰恰相反，玩游戏其实对心理健康有益，过度的游戏监管可能会使玩家无法从中获益。"

与普遍的担忧相反，**有研究发现完全不玩游戏的孩子更容易出现情绪波动和身心健康问题。**"研究发现，不玩游戏会导致孩子，特别是男孩的身心健康出现更多的问题"，而"游戏对玩家的创造力、社交生活和情绪都有积极作用"。最新研究表明，即使孩子玩的是带有一定暴力内容的电子游戏，也同样能从中获得积极的影响。虽然蓝光对眼睛造成伤害、长时间看屏幕造成颈椎劳损，以及网络世界鱼龙混杂（从五花八门的视频广告到层出不穷的社交媒体）等种种担忧依然存在，但相关研究已经证明游戏本身对孩子的心理健康、情绪调节和自主意识是有积极意义的。

每周玩7～10小时游戏的孩子更不易感到孤独,更易拥有专注、快乐和着迷的体验。这项研究证实了凯恩夫妇几十年来一直在告诉我们的事情:"积极的压力有助于人们进入'心流'状态,获得'入境'的体验,玩家受到游戏任务和挑战的激励时感受到的就是这种积极的压力,因为在游戏中,人们更容易获得成功。"游戏的好处远远不止提供娱乐方式,帮助维持健康的情绪状态。游戏对孩子很重要。当孩子真的用心投入时,他们会全身心地投入,感受到能力和自尊心的迅速增强。当他们真的用心投入时,他们能够在挫折中坚持不懈,努力创新,仔细思考,最终克服障碍。

几年前,在带着孩子们去意大利旅行时,我和丈夫乔恩打开了一张巨大的地图,想要找到去一家不怎么知名的博物馆的路。确定所在位置是我们遇到的第一个难题,我们盯着地图看了一两分钟,依然毫无头绪。这时,我们的三个儿子围了过来,他们从乔恩的身后探出头瞥了几眼,很快就得出了结论:"应该走这边。"他们三个指了指同一个方向,然后毫不迟疑地迈开了步子。我和乔恩一脸茫然,不明白为什么他们这么快就能看明白地图,然而事实证明,孩子们一路上领着我们,一点弯路都没有走。后来,我问他们为什么这么快就能知道该走哪条路,雅各布作为三人的代表开口解释道:"妈妈,我们在玩网络游戏时,每天都要在地图上跑来跑去,所以很容易看懂地图。"确实,游戏并非游离于生活之外,它是打开生活大门的密码,孩子在用心做一件事时最有可能去好好思考。当然,读完这本书后,你应当对电子游戏的影响展开自己的研究,你可能会有更多、更新的收获。你还可以根据本章的后续内容对研究结果进行评估。

针对电子游戏的一大批评声音是孩子们容易玩起来没有节制,但就像帮儿童养成良好的饮食或卫生习惯一样,我们也可以引导他们适度使用电子设备。我曾采访过的数字媒体专家、教育家阿什·布兰丁(Ash Brandin)提出了一些我认为很有帮助的见解。布兰丁解释说,孩子们钟爱游戏的一个原因是游戏世界有一套固定不变的规则,他们每次玩游戏都需要遵守这些清晰的规则,如果头一天能通过按动"B"键跳跃,第二天就失效了的话,那就太可怕了。规则是享受乐趣和培养技能的前提条件,在帮助孩子养成良好的游戏习惯时,我们应当设置类似的规则。布兰丁告诉我："幼小的孩子几乎在任何事情上都缺乏自我控制能力，作为成年人，我们的工作就是帮助他们进行自我控制，引导他们学会如何与各种各样的诱惑建立健康的关系。"可以说，这些规则为有益的家庭和学校生活提供了必要的框架，就像《模拟城市》或《动物森友会》中保障游戏顺利进行的规则一样，但其中的关键是不要让这些规则带有惩罚性质，也不要用它们来吓唬孩子。让孩子享受游戏，观察游戏对孩子思维的激发作用，然后鼓励孩子积极地参与其他具有"主题磁铁"性质的活动，这样，你就可以收获一个善于思考的孩子。

无论你相信与否，游戏（不管哪种类型的游戏）都是培养批判性思维的强有力工具，具体原因有以下几点：

1. 游戏规则提供了一个可靠的框架，玩家可以在这个框架内安心地玩游戏。他们知道可以抱有哪些预期，知道如何在系统的规则框架内行事，从而学会尊重界线。
2. 玩家的每个举动都会改变游戏的进程，任何两局游戏都不可能完全相同，游戏中充满了创新和创造的机会。
3. 玩家会根据自己在游戏中所处的形势（具有优势还是处于劣势）随时改变自己的策略。每个人都希望成为最厉害的那个玩家，所以会一直玩下去。
4. 大多数游戏都会涉及基础的数学知识，例如计数、组合、乘法、除法、空间感知、竞价、资源管理、逻辑、策略拟定，甚至地图阅读。
5. 游戏鼓励玩家对自己的行为负责，并且会立刻让玩家看到成功或失败的结果。研究表明，在面对挑战时，孩子喜欢这样掌控全场。

## 错误信息泛滥是因为人们不关心准确度

今天的世界为孩子们奉上了一顿知识、信息和娱乐的自助大餐，美妙的事物不断涌现，但陷阱也同样层出不穷，虚假的统计数据、宣传营销、偏差、贪婪、阴谋论、种族主义、性别歧视，以及利用技术谋取私利或颠倒黑白的行径纷纷浮现。这个世界要求孩子们跳上这台飞速运转的信息跑步机，立刻对事实、观点、道德、个人安全以及研究的有效性做出判断，有时甚至只给他们几秒钟的时间！青少年来不及去探究这个社交媒体平台是不是可靠的信息来源，哪些信息可靠，哪些信息不可靠。当然，情况也有可能更糟，他们可能还没意识到自己需要去探究这些问题。

如今，错误信息的泛滥很大程度上是因为人们对准确度漠不关心。如何追求准确呢？答案就是学习如何对信息（既包括信息本身也包括信息来源）进行检验。统计分析领域专家、社会学家乔尔·贝斯特（Joel Best）一语破的，他指出，在很多人眼中，数字自带光环。当我们看到数字时，常常会被其迷惑，产生"统计数据肯定是正确的，这个观点可是得到了确切数字的支持"的想法。不管是怎样的故事，只要它带有数字，往往就能轻易地说服我们，因为学生时代的教育经历告诉我们，数据和计量自带权威属性。如果一个有名的家伙说出或引用了数字，那他说的话一定是个重要的事实。与此同时，**阴谋论者也会使用数字来提高自己的可信度，引用那些在他们看来被主流信息来源压制或忽视了的数据。**面对纷杂的信息，我们应该如何分辨呢？如果你告诉孩子应当对信息加以检验，那就必须把批判性思维的工具一并交给他们，这样他们才能真正地着手去做！孩子们可以采用下面这个方法来检验自己见到的数据是否可信。

## 确定测量方法和基准值

并非所有的统计数据都是正确的。根据贝斯特的说法，在互联网时代，"糟糕的数据比吸血鬼更难消灭"。出现在精美网页上或写在规范图表里的令人震惊的数据很容易博得我们的信任。贝斯特认为，**要想对统计数据进行评估，首先，你必须理解数据是如何测量的；其次，你需要知道与之相关的基准值，也就是领域内的基本衡量标准。**

例如，体育界经常通过测量球速来比较两名运动员的技术水平。女子职业网球运动员的发球速度通常可以达到每小时108英里（约174千米）。世界上最快的网球发球纪录是由男子选手约翰·伊斯内尔（John Isner）创造的每小时157.2英里（约253千米）。由于不知道这些基准值，我不小心把2021年获得世界冠军的女子网球选手大坂直美（Naomi Osaka）的发球速度写成了每小时193英里。一位网球球迷发出质疑："这不可能！"原来，我看到的数据是以"千米每小时"为单位记录的，而我没有注意到数字后面的这个单位。在没有建立衡量标准、不知道发球速度基准值的情况下，我对自以为看到的内容没有一丁点的怀疑，急匆匆地把错误信息散布了出去，谬误就是这样产生的。了解正确的基准值、具有敏锐眼光的读者才能分辨出夸大的说法或彻头彻尾的谎言。

你需要让孩子学会提出以下两个问题：

- 这个数据是如何测得的？
- 这类数据有哪些基准值？

**用心评估可信度**

诚然，引用统计数据会让论证看上去很可靠，然而，聪明的读者会先检查数据的来源，然后再决定是否相信它。我们如何评估媒体、教科书或网络上的言论？如何知道信息来源是否可靠？用心的思考者会审查信息来源，在将看到的信息散播出去之前，他们会仔细检查，而不会像我那样直接将关于发球速度的错误信息散布出去。当然，信息来源自称可靠并不代表它真的靠得住，信息来源存在一定的偏差也并不意味着它提供的信息都不是事实。

斯坦福大学的研究者推荐了一种评估网站可靠性的方法，他们称之为"**横向阅读**"——不要把注意力都放在作者的论证过程上，这只会让你掉进文字堆就的陷阱。更好的做法是**先收集有关作者或信息来源的信息，打开多个浏览器窗口，对网站的可信度进行核查**，避免被它为了获取信任而施展的"法术"蛊惑。斯坦福大学的研究者发现，最擅长区分事实和错误信息的是"事实核查员"，顾名思义，这些人的工作就是对事实进行核查，他们会采用一种叫作"确定方向"的工作方法，类似于核查统计数据时使用的"确定基准值"方法。

斯坦福大学的研究者在论文《横向阅读：评估数字信息时少读多学》(*Lateral Reading: Reading Less and Learning More When Evaluating Digital Information*) 中介绍了这个方法：

> 有经验的徒步旅行者都知道在陌生的森林中探险容易迷路。只有莽撞的人才会相信自己的直觉，随意选定前行的方向；老到的徒步者会先拿出指南针来确定方向，测量北方和目的地之间的方向夹角，得出精确的度数。当然，在网络中很难这么精确地"确定方向"，然而，这两种做法背后的逻辑是一致的：在陌生的环境中漫游时，首先要找到方向。

## 确定坐标，与同领域常见数据进行对比

我们要**将统计数据与同领域中常见或可靠的数据进行比较**，同时也要**弄清楚做出诠释的人是谁**。在斯坦福大学的研究中，研究团队发现相比事实核查员，斯坦福大学那些天资聪颖、成绩出众的学生更容易被网站的设计迷惑，更加关注网站标志、网址后缀、网站简介和专家名单。研究者要求学生比较以下两个网站：一个网站是由一家历史悠久的医疗机构创建的，几十年来发表的同行评议文章都可以在上面找到；另一个网站是最近创建的，模仿了那家医疗机构的名称，设计了正式的标志，还声称拥有一套自己的学术认证体系。实验结果表明，学生们很难对二者做出区分。第二个网站看似提供了可靠的信息，但深入调查后会发现，网站上的内容都是为推动旨在影响公共政策的政治议程服务的。它与另一个网站高度相似，这都是出于政治目的而刻意设计出来的，因为这样可以窃取老牌机构的可信度，方便误导公众。

在这项研究中，事实核查员在判断哪个网站信息更可靠、资质更完善方面表现出了出众的能力。他们是如何进行判断的呢？他们做的第一件事不是比较两个网站的外观或阅读上面的文章，而是确定自己的方向。他们会先关闭网页，去调

查机构本身，通过在其他声誉良好的网站上搜寻信息，他们对机构的历史有了一定的了解。事实上，这就是百科网站的价值所在——为信息搜集提供便利。尽管百科网站上的内容并不能作为权威信息用于学术写作，但它可以帮助人们快速地了解机构的概况，还提供了大量的信息来源以供读者查证。事实核查员还会对网站简介中列出的专家姓名进行搜索，通过其他信息来源调查他们的背景，审查他们的资质。用不了多长的时间，事实核查员就能确定哪个网站更值得信任。

## 横向阅读，不把注意力都放在论证过程上

接下来，你可以和孩子一起培养"横向阅读"的习惯。在孩子提到一本书或一个网站时，你可以向他们提出以下问题：

- 你对这位作者或这家机构有哪些了解？
- 这位作者咨询了哪些专家？这家机构雇用了哪些专家？
- 这位作者在他的专业领域里声望如何？

网络时代的一个潜在陷阱是，人们常常认为如果报告或数据出现在了某个网站上，那么其真实性肯定经过了核查。事实往往并非如此，任何人都可以搭建网站，在上面随心所欲地发言！

那么，什么才是可靠、可信的信息来源呢？通常来说，可靠的信息来源需要满足以下标准：

- 提供的信息来自最新的科学研究或相应时代的历史研究。
- 提供的信息准确无误、有理有据。
- 提供的信息符合主题、详细具体。
- 作者是该领域的专家。
- 论述力求公平，能够指出缺陷或介绍相反的观点。

可靠的信息来源不应存在明显的偏差，也就是说，信息应来自受人信任的专家，例如研究者、统计学家、博士、教授、学科专家、资深从业人员或政府机构。如果信息经过了同领域其他专家的核查（即"同行评议"），可信度也会有所提升。博客作者、专栏撰稿人或作家也会介绍相关研究并发表自己的看法，但他们不一定称得上是该领域的专家。我的一名学生曾将一位参议员对气候变化的看法当作"专家意见"，在文章中进行了引用。我向他指出，虽然这位参议员是一位知名的政治家，但他不是科学家，没有气候变化领域的专业背景，他的观点是自己揣摩出来的，不像气候研究者的观点那样可信。由此可见，了解你引用的是谁的数据和观点格外重要。在判断文章中或网站上的信息是否可信时，我们可以提醒孩子留意某些特定的线索或"危险信号"。下面列出了几个需要注意的危险信号。

**煽动性语气和措辞**：我们要注意分辨作者是在"输出情绪"还是在"表达观点"。我们经常能看到一些意在唤起强烈情绪的煽动性语言。例如，在"揭开宠物作坊的黑幕"这个标题中，"揭开""作坊""黑幕"等词语就是用来激起读者的愤怒的。

**假设和概括**：有时，作者发表了很多意见，但没有引用任何相关研究来支持自己的假设。青少年可能会在观看一段视频之后就认为电子烟是安全的，即使视频制作者并没有引用任何医学研究，他们也可能对视频中的内容信以为真。

**用户贡献的信息**：网络中的很多信息都是由用户贡献的，因此，在论坛或社交媒体上收集信息很容易受到误导。在了解事件概况或者寻找信息来源时，百科网站确实很有价值，但这类网站上的内容并未经过专家核查，并非完全可靠。

**观点类文章**：我们要警惕孩子严重依赖单一的信息来源，仅能接触到单一的观点，当然，这也包括照本宣科的教学。我们很容易倾向于坚持原有的立场，会不断寻找证据证明自己的立场。当我们想要支持或反对某个主张时，记者或研究人员的观点类文章常被当作重要的证据。观点类文章能够直击讨论的关键之处，这是它的优点，但需要注意的是，我们必须考虑多个观点，听取支持和反对双方的理由。带有明确观点倾向的评论家或新闻媒体会贬低或否定反对者的观点，这一点值得警惕。有意识地阅读多个角度的经典案例能够帮助孩子在学习中接触多方观点。与政府网站上的研究和统计数据等事实性信息相比，观点类文章更容易引发广泛的讨论，然而，政府网站上的数据能够作为基准，用来对观点类文章中的数据进行检验。

检查完有没有出现这些危险信号之后，我们就可以对信息来源本身做更加深入的评估了。我在在线写作课程"勇敢的作家"（Brave Writer）中使用了一个容易记忆的缩写——CACAO（可可）来帮助学生记忆评估信息来源时应当注意的事项。"可可"是巧克力的主要成分，也是一个很好的工具，可以帮助你用批判的眼光来审视信息来源。如果你能够敏锐地**识别危险信号**并对CACAO——**时效性（Currency）、准确性（Accuracy）、全面性（Coverage）、权威性（Authority）、客观性（Objectivity）**进行评估，那就说明你已经学会在阅读和研究中运用自己的批判性思维了。

## 时效性

文章是最近更新或发表的吗？一篇可信的文章应当包含与发表日期有关的信息。如果文章已经是5～10年前发表的了，那么就要注意文章中的信息有没有后续更新。例如，每过10年，人口相关信息会根据人口普查结果更新一次。

## 准确性

文章中列举的证据是否确凿且充分，包含不同领域、不同来源的信息？作者有没有在文中或者文末的文献列表中给出信息的引用来源？读者能否通过其他信息来源找到对文章所引信息的佐证？如果统计数据或报告结论与某领域的传统认知相矛盾，那么你就需要进一步确认。见到意图推翻某领域（例如科学、历史、医学、社会学）广泛共识的人时，你需要问这样一个问题："他们的目的是什么？"你要格外警惕作者是不是想要通过引用不太常见的数据来达到以下目的：

- 为自己的不当行为辩解。
- 证明某个神学立场。
- 支持某个政治目标。
- 维护企业利益。
- 宣传个人品牌。

要对现有共识提出挑战，作者需要列举更加充分的证据，所引用的信息和研究应该经过多个信息来源的交叉验证。

**全面性**

文章是否就其主题提供了充分的细节？文章中的引用都注明了正确的来源，还是缺少相关信息？文章对引用的标注应当规范、充分，方便读者寻找和检查源信息。例如，如果引用了政府调研的结论，作者是否提供了相关政府网站的网址链接？如果作者引用了一项研究，读者能否找到这项研究的报告全文？

**权威性**

文章是否提供了作者的资质和联系信息？如果没有注明作者，文章中的信息是否来自声誉良好的机构？教育和政府机构比宣扬观点的游说组织或兜售商品的商业网站更有可信度。

**客观性**

信息的呈现方式，特别是网络信息的呈现方式，往往会影响读者对信息的客观评估。每个网站设计师都知道，颜色、布局、字体和信息呈现的优先级都会对读者产生影响。尝试打造一种客观的形象，这种做法本身就默认了设计能够影响人们的阅读方式和信任程度。此外，作者还可以决定展示哪些信息，隐藏哪些信息。我们要寻找的就是那些主观影响因素较少的信息来源。

接收信息时，我们可以问一问自己："这篇文章、这个网站、这个博客或这本书的目的是什么？是提供准确的数据还是说服读者？作者对主题的看法是否公正、不偏不倚，不只考量了一个观点？除了提供信息，作者是否还有其他目的？"

## 案例分析：非医学人士如何决策去医院还是在家分娩

接下来，我们来看一个例子——生产。虽然我们不记得自己是如何出生的了，但生产这件事，我们每个人都有过亲身经历。生产可以从生物学的角度加以理解——从受孕到胎儿在子宫中成长，再到新生儿在分娩过程中进入产道、被推入这个世界、开始第一次呼吸。生产伴随着很多风险，从古至今，无数的母亲和婴儿死于感染或难产。20世纪发展起来的医疗干预措施和剖宫产手术显著降低了死胎发生率和孕产妇的发病率。生产既是一个自然过程，也是一个对母亲和婴儿来说充满危险的历程。以上陈述都属于事实。

然而，生产不仅仅是一系列事实，它还是一个文化故事。在一些故事讲述者口中，生产很痛苦，必须寻求专业医护人员的帮助并使用必要的药物来确保安全。情景喜剧经常将分娩用作一个搞笑的情节，夸张地展示临盆的女性如何歇斯底里地要求用药。另外一些故事讲述者则强调，生产是一个自然的过程，产妇需要的是经验丰富的陪伴者，而不是医疗干预，他们推崇历史悠久的生产方式，不支持使用药物。孕妇最终决定是在医院还是在家里生孩子，很大程度上取决于她认为哪个故事讲述者更值得信任。选择在医院生产的人可能很难理解为什么会有人选择待在家里，而不是去医院。

为了深入研究生产这个主题，我们首先要确定基准值。国内每年有多少人出生？哪些网站提供了可靠的统计数据？接下来，我们要确定在医院和家中诞生的新生儿分别有多少。一个相关问题是：如何定义在家生产？发生在汽车或客厅里的意外分娩算吗？下一步，我们需要确定哪些人可以在家中顺利生产，哪些人去医院更安全，以及哪些条件有助于健康分娩。

选择在家生产意味着个人要做更多的研究，并承担信息不足可能导致的后果。在家生产的相关数据非常有限，这时，用心去了解就变得至关重要。我们必须从更多类型的信息来源获取信息，比如拥有一手经验的助产士以及不就职于主流医疗机构的专业人士。计划在家生产的人需要比在医院生产的人更了解分娩过程、可能的风险以及紧急情况的应对方式。数据并不是人们形成观点或做出冒险选择的唯一依据，归根结底，对生产的看法决定了我们会如何解读所有的事实性信息。

"用心"意味着对任何主题都努力地进行充分的理解，分辨其细微之处并做出明智的判断，而不仅仅是笼统地表示赞同或反对。影响价值观形成的不只是确凿的数据，还有精彩的故事。教育应该提供必要的验证方法，让学生（未来的雇员和企业家、专业人士和学者、研究人员和政治家）有能力为自己、为未来的职业和家庭做出明智、合乎道德的决定。

**批判性思维工具箱**

- **主题磁铁**：进入放松警觉状态的关键因素是思考的焦点，人们围绕着它们组织思路、构建想法。
- **横向阅读**：不把注意力都放在论证过程上，先收集有关作者或信息来源的信息，核查可信度。
- **煽动性语气和措辞**：注意分辨作者是在"输出情绪"还是在"表达观点"。

## 思维练习：学会用心

### 养成好习惯 5~9岁

我们需要尽早让小孩子养成"用心"的习惯。

1. 给孩子朗读绘本的时候，念出作者和绘者的名字。
2. 确定方向。作者或绘者还创作过什么类型的书？出版方是谁？告诉孩子出版信息通常会出现在书的哪个位置，指给他们看。让孩子留意出版日期。如果家里有多本这位作者的书，让孩子按照创作时间给它们排序。
3. 确定基准值。看一看这本书有多少页，把它和另一本书比较一下。这位作者的书都有多少页？是否有些书的篇幅特别长或特别短？让孩子猜一猜原因。（提示：这些书的体裁可能与其他的不同。）

### 标注引用来源 10~12岁

对信息来源进行标注就像在收到礼物后写一封感谢信。冒用别人的作品不但不能提升文章的可信度，还会对自己的声誉造成损害，然而，在这个充斥着网络信息的世界里，人们很容易忘记对引用的信息进行标注。我们可以用以下方法让孩子养成良好的引用习惯。

1. 让孩子在本周所有文章的抄写作业后面写明作者、书名和所在页码。
2. 从多种来源（文章、小说、诗歌、历史记录或文件）寻找一些引用内容，录入电脑，然后另起一页，输入作者的名字，在第三页注明来源信息（文章、小说、诗歌、历史记录或文件）。将引用的内容、作者名和来源信息打印出来，剪成纸条，把它们分成3组放在桌子上，和孩子一起玩配对游戏。这个内容的作者是谁？内容源自哪里？如果需要，可以让孩子上网搜索，以确定引用的出处。
3. 让孩子想象自己写了一本小说或一部非虚构类作品，然后向他们提问："你觉得记者会如何在文章中对你的作品加以引用？你希望自己的作品被引用吗？你希望自己的作品在什么类型的文章中被引用（例如在关于纪录片创作采访的新闻报道里引用孩子'写'的小说或非虚构类作品）？"让孩子查一下这类文章中的引文写作方法或规范，然后换一种类型的文章再试一次！

## 搜集研究 13～18岁

我给青少年布置的任务是在网上搜集更多的研究。在找到一个信息来源后，他们能再找到两个类似的吗？他们能否对信息来源进行审查并确定基准值？任务的目的是让孩子找出那些可信度高的信息来源，不用去管信息内容是否矛盾！

1. 选择一个有争议的主题。在搜索引擎中输入主题名称和"争议"二字，找到主题中的争议点。
2. 找到3～4篇关于这个主题的文章，这些文章应代表不同的观点立场。

3. 对每一篇文章进行"横向阅读",检查作者或机构的可信度。
4. 确定基准值,对每篇文章中的统计数据进行比较。
5. 制作表格,总结以下内容:每个信息来源的可靠程度;主要统计数据的有效性;每篇文章的目的。
6. 这些文章是要支持还是驳斥某个主张?为什么?

让孩子学会用心至关重要。用心是学业进步的基石,也是支撑价值观和信念向着正确方向发展的伦理框架。在研究中,我们很难一直保持公正,我在写大学论文的时候就回避了那些矛盾的数据,我不希望它们是真实的,那些数据打乱了我的信念,会让我不得不重新开始思考。

儿童的阅读、思考、评价和推理方式会受到身份和社群的影响。在第6章中,我们将探讨几点关于身份的重要内容,帮助孩子们将批判性思维应用于可能涉及的任何主题。

# RAISING CRITICAL THINKERS

## 06

识别身份认同如何影响人的世界观

RAISING
CRITICAL
THINKERS

**批判性思维**
**故事汇**

纽伯瑞奖得主夸迈·亚历山大（Kwame Alexander）曾说，他小时候非常渴望在小说中看到与自己类似的形象，但是学校图书馆中并没有以有色人种为主角的作品，也没有有色人种作家创作的作品。幸运的是，他的父母都是作家、出版商，在这样的成长环境中，他阅读了大量由黑人作家创作、以黑人为主角的作品。如今自己成为一位黑人作家的亚历山大认为，看到黑人有机会成为小说中的主角，发现黑人也可以成为作家出版图书，与读者分享自己独特的经历，对他来说至关重要。

> 你所处的所有世界……汇聚成了一个名为"你"的世界。
>
> ——小说《黑人女孩的梦想》作者　杰奎琳·伍德森

我们住在哪里，我们是谁，我们如何理解自己身处的世界，这些对我们的思维方式有着很大的影响。我们根据背景和经验制作了看不见、听不到的"电影"，每当我们接收新信息时，这些电影就会在我们的脑海中自动放映。为了迎合我们的希望、预期和习惯，我们常常会调整、修正、扭曲自己的反应，但对此我们很少有所察觉。这些无声电影的拍摄很大程度上会受我们身份的影响，因此，在培养自我觉察的批判性思维时，我们首先要做的就是找出那些让"我"成为"我"的关键特征。

在成长的过程中，我们在大人的膝下学习如何做人，要秉持怎样的观点，要信任谁、防备谁。我的母校泽维尔大学的教授、天主教神学家马库斯·梅舍尔（Marcus Mescher）在其著作《相遇的伦理》（The Ethics of Encounter）中谈到了我们是如何养成这些思维习惯的：

> 人类的倾向和行为有一部分是通过模仿习得的，这些倾向和行为表现为一种"生存心态"——社会学家皮埃尔·布尔迪厄（Pierre Bourdieu）提出，"生存心态"塑造着我们达成的共识（即所谓的"常识"）。生存

心态构成了不成文的规则，它不会对如何感知世界、如何评价自我和他人做出明确的指导，但它正是我们视作理所当然的那些具体认知的根源。例如，我会用这种方式和人打招呼或者选择无视对方，是因为我看到身边的人都是这么做的。

我们的生活习惯和思维习惯都源自我们在家庭和社群中无意识地感知到的身份。"孩子模仿父母，成人效仿偶像，信仰和价值观由此得到传承。"换句话说，人类是各种需求的集合体，也是各种癖好的集合体，而这些需求和癖好都是我们从喜欢的人那里学来的，它们存在于我们的身体里，随时准备着触发自动反应。我们会通过直接经验以及受这些直接经验影响而形成的观点对阅读和学习的内容进行过滤。我是加州人、加州大学洛杉矶分校校友、在家养育了5个孩子的母亲、阿拉伯语使用者、离异人士、爱尔兰天主教徒后裔、白人女性，是以上所有因素构成的综合体。我们每个人都是一种混合物，都是经过"堆肥发酵"形成的。著名记者埃兹拉·克莱因（Ezra Klein）在《我们为什么极化》(*Why We're Polarized*)一书中很好地阐明了这一点："环境对我们的塑造是方方面面的，对此，我们可能永远无法知其全貌。我们是谁，我们在哪里长大，我们学会了信任谁、害怕谁、爱谁、恨谁、尊重谁、否定谁——这些比有意识的思考对我们的影响更大。身份的激活只需要一毫秒，在这一毫秒中发生的心理变化是我们无法轻易摆脱的。"这就是为什么找出那些定义自我的特征很重要，只有如此，我们在教授、学习、引领他人和养育子女时，才能清醒地意识到它们的影响，同样，孩子在学习时也要时刻警惕身份造成的影响。

我们的身份很大程度上与我们想象自己在各种环境中会被如何对待有关，我们会判断哪些身份需要突出、哪些需要隐藏、哪些值得骄傲、哪些引发羞耻，然后做出相应的调整和反应。社会学家杰西卡·卡拉科（Jessica Calarco）指出，她的同行"社会学家C.赖特·米尔斯（C. Wright Mills）……详细地阐述了如何使用'社会学想象力'来理解个人生活是如何被'历史和传记'塑造的"。她进一步解释道："人们的经历、决策和成就是由其所处的更为宏观的社会背景以及他们在这些背景中的地位决定的……"佩吉·麦金托什（Peggy McIntosh）是韦尔斯利学院研究员、反种族主义先驱（知道她和我同一天生日后，我更喜欢她了），她写了一篇名为《打开特权隐形背包》（*Unpacking the Invisible Knapsack of Privilege*）的文章，揭示了在很多场合中，白人身份得到突显和赞颂，而与此同时，非白人身份则遭到频繁的压制："现在，我把白人特权看成一个不劳而获的隐形资产包，我每天都能靠它兑现一些好处，但'注定'要对此保持沉默。白人特权就像一个无形的背包，里面装着特供的物资、地图、护照、密码本、签证、衣服、工具和空白支票。"

这就是所谓的特权。有特权的人享受着身份带来的便利，而没有特权的人则要为了被看见、被重视而苦苦挣扎。特权是一个复杂的连续体，每个人都处于这个连续体的某个位置上。经济状况、性别、种族、宗教、城市、职业、教育，这些因素累加起来，决定了我们做某件事情时会一帆风顺还是困难重重。我们对公平、机会、成功和幸福的预期取决于我们如何理解自己与他人的关系，除此之外，这种自我理解还会影响我们如何应对当下的问题，如何看待社会评论家、宗教领袖、学校教师和政治家的观点。我们不断地改变和适应，为如何看待世界、如何理解世界创作出一个个的故事，然后，我们会把这些故事和预期传递给孩子，他们由此获得了自己的身份。父母和教育工作者会向孩子讲述关于他们的祖先、社群、国家、宗教以及原生家庭的故事，我们的孩子并非在真空中思考，因此，要成为自我觉察的批判性思考者，就要考虑到所有的身份要素。

年幼的儿童尚未对身份产生有意识的认知，他们以为世界在每个人的眼中都是一样的。对他们来说，每一层身份都是理所当然、无可置疑的，他们会把这种对自我的感知带到学习中。健全的教育能够扩展儿童的认知，引导他们认识到这个复杂多面的世界中存在各种各样的身份，自己的身份不过是其中一种。身份的影响是多方面的——我们会提出哪些问题，做出怎样的评价，阅读时会有怎样的情绪反应，如何评估某个信息来源，都会受到身份的影响。要成为一个头脑灵活、善于解决问题、有同理心和战略眼光的思考者，就必须将身份作为重要因素加以考虑。接下来你或许会问："孩子，孩子，我问你，什么造就了现在的你？"

## 镜头和滤镜影响人的世界观

养育小孩就像跳一段高难度的舞蹈，许多舞步都让你手忙脚乱。开头通常很顺利，孩子崇拜你，认为你很有趣，然而不知不觉间，他们不再因你而欢笑，而是开始嘲笑你。有那么一个阶段，孩子觉得你有那么多不可理解的观点，认为你的世界观无用且老朽。突然间，你口中至关重要的道理变成了无关紧要的老生常谈。如果停下来想一想，你就会记起自己的人生中也曾有过类似的时刻——那一天，你对父母奉为"真理"的信念发出质疑，这甚至引发过一场争吵！你无须担心，挑战现有观念是儿童成长道路上的里程碑，是心智成长的有力证据。

在研究批判性思维的过程中，我发现了影响人们看待世界的方式的四个关键因素。这些因素是塑造世界观的镜头和滤镜，每个人对这些因素的重视程度不同，所以在这个广博而美丽的世界上才诞生了各种各样的人。

**镜头**：我们透过镜头观察世界。

- 个人（属于我个人，代表我自己）。
- 社群（与"同伴"共享，由集体价值观塑造）。

**滤镜**：滤镜会对镜头进行调节。

- 感知（我的身体、情绪和头脑如何理解事物）。
- 道理（我所属的社群如何诠释事实和数字，把它们变成我认同的逻辑故事）。

我们透过两个主要镜头来处理信息，作为个人或社群的一员去看待世界，然后，我们会综合运用两类滤镜——感知和道理，将自己对世界的解读加以表达和阐释。图 6-1 中位置靠右、靠下的因素更为复杂和抽象。

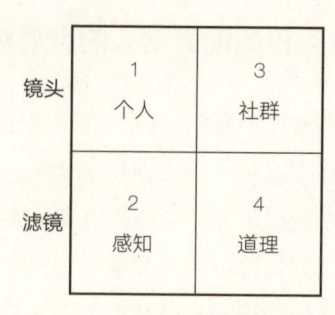

|      |         |         |
|------|---------|---------|
| 镜头 | 1<br>个人 | 3<br>社群 |
| 滤镜 | 2<br>感知 | 4<br>道理 |

图 6-1 世界观是如何形成的

**个人与感知**

我们先来看一看图 6-1 中左边的那一列。作为一个个体，你的大多数日常选择取决于你对自己需要和欲望的感知。如果让你自己选择，你会根据这些内在的驱动力决定是否信任某个人，是满足还是压抑某个需求。如果察觉到危险，你就会提高警惕；如果需要睡眠，你就会去打个盹；如果感觉饿了，你就会想吃那些自己觉得味道好、能让自己感到满足的食物。感知是个人化的、独一无二的，而且很容易发生变化，它们是你对最新出现、最引人注意的信息输入做出的反应。

**社群与道理**

现在，我们来看看图 6-1 中右边的那一列。作为某个社群的一员，你会习得它对成员的种种要求。社群会用合理的理由（即逻辑故事）来对信念做出解释。例如，你可能属于某个宗教或饮食团体，这个团体对能吃和不能吃的食物做了一些规定，没有这些规定，你不会认为有些食物是不能吃的（有的社群做出这种规定是出于宗教原因，而有的社群则是出于健康的考虑）。社群有很多种类，从组建家庭到迈入学校，从参加健身活动到投身政治运动，从收养小孩到加入工程项目，你都可以找到自己的社群，甚至连媒体选择也可以被视为社群的划分标准，会对受众的世界观造成影响。

为了适应社群的信念体系，个人会调整自己的感知，我们常借助道理来弥合二者之间的差异。社群会讲述一个逻辑故事，说明为什么个人需要调整行为来适应社群的价值观。信仰研习小组、网络社区等社群提供了一个舞台，成员们在这个舞台上反复排演社群的逻辑故事，这有助于让个人坚持社群的信念，压制自己的自然感知或偏好。例如，虽然饼干很好吃，但如果你加入了一个糖尿病控糖社群，你就会戒掉甜食。

## 个人与社群

接下来，我们把目光转向图 6-1 中的第一行，审视一下个人和社群的关系。言论自由被认为是个人不可侵犯的权利，但司法部门对发表言论的时间、地点和方式做了一系列限制。例如，在没有炸弹的机场内大喊"有炸弹"是不被允许的。如果言论可能造成混乱或危险，言论自由就会受到限制，这时，个人权利受到了社会需求的制约。协调个人权利与社群价值观的一个例子是业主委员会的运作，这类组织负责监督社区规范的履行，如监督有没有住户占用公共空间。在这种情况下，优先考虑的是社群利益，而不是个人选择。如果个人能保证不影响其他住户的生活，或者因为特殊情况而需要短时占用，那么业主委员会也可能网开一面，也就是说，社群有权发出或收回这些许可或禁令。大多数庭审案件的矛盾就出现在个人权利和社群价值观之间。我们应该优先考虑个人还是社群的利益，应该在多大程度上优先考虑呢？

## 感知与道理

图 6-1 中的第二行是我们用来支持自身观点的滤镜（无论是保护个人权利还是倡导社群价值观）。感知是从情绪、直接或间接经验、无处不在的逸事趣闻、胜利和创伤中产生的，在个体层面上支配着我们。它是我们建立的一个内部框架，借助这个框架，我们能够觉察到这个世界何时是正常的，何时充满危险。感知可以是准确的，也可以是不准确的。社群利用道理创作了一个连贯的逻辑故事，根据社群价值观来解释个人的感知，同样，这些故事也可能准确，可能不准确。

例如，我们会根据个人经验来判断自己在公司中受到的待遇是否公正。一位女士可能认为自己是因为怀孕才没有获得升职机会。如果这位女士是女权活动积极的参与者，她可能会从社群中了解到工作场所中与孕妇相关的数据，从而认定自己的怀疑。如果这位女士是宗教团体的一员，她可能会在社群的引导下重新思考这件事的原因，可能会有人告诉她，她的老板考虑到她作为母亲要承担的职责才没有提拔她。不过，这些解释可能都是错的！真实情况是这位女士因为工作表现不佳才没有得到晋升。这就是为什么我们在尝试做出解释时，千万不能只参考一种观点。

我们与世界的互动最早是通过个人感知进行的。还是孩子的时候，我们的行动要么是为了满足自己的需求，要么是为了让成年人满足我们的需求。第一个帮助孩子理解自我感知的社群是家庭。每个人都会逐渐习得一套"家庭习惯和信仰"，即前文提到的"生存心态"。晚餐时间的谈话、每周的例行活动、喜欢的电视或广播节目、家庭的宗教信仰（或没有宗教信仰）、投票偏好……所有种种都会被明确地教给孩子，或被他们潜移默化地模仿。例如，尽管孩子的感知是"不喜欢身上湿漉漉的感觉"，但父母会讲一个逻辑故事告诉孩子为什么要每天洗澡，用看不见的细菌无处不在这一事实来敦促孩子洗澡。家庭这个社群用"讲卫生"的逻辑故事压制了孩子的个人感知。现在，你了解这个过程了吗？在完全接受家庭信念之前，天真的小孩子仍然会发脾气反抗，但在潜移默化中，孩子会不加批判地接纳父母的信念和行为，将其视作无可置疑的事实。当孩子成长为青少年的时候，他们开始挑战家庭的逻辑故事，维护他们新获得的社群身份，支持其他青少年的逻辑故事。当然，他们也会接触到其他社群，学会用其他滤镜来解释自我感知。

社群通常会运用其最有说服力的逻辑故事来压制个人感知，这类个人感知包括对食物和性的需求，对死亡的态度，对合法婚姻的判断，对枪支的态度，对自然环境的重视程度，对他人的看法，对道德规范的思考，对战争的态度，对人类起源的理解，对责任心的见解，对社会管理的评价，对谁值得信任、谁不值得信任的评估，等等。个人感知是人类经验的源泉，但它们纷繁复杂，令人难以应对。社群非常善于给这些经验赋予秩序和意义，从而实现对经验的过滤。

阴谋论是这类逻辑故事中的一个典型代表。如果把某个阴谋论声称的"事实"——列举出来，并将它们从叙事语境中剥离（即去掉附在它们身上的动机、特色、目的和策略），那么这个阴谋论往往会不攻自破。"为什么"是将未经证实的主张串联起来的强大线索。阴谋论的强大生命力依赖于它讲述的故事，事实本身则无关紧要。

美国的宪法奠基者们试图为多元化的个人权利和社群价值观建立一个足够包容的框架。他们认为这个国家非常广袤，而且重视公平，可以让各种群体和谐共存，不需要强迫每个人都遵循相同的逻辑、适应相同的信仰体系。正如政治理论家约翰·罗尔斯（John Rawls）在《作为公平的正义》（*Justice as Fairness*）一书中解释的那样，民主社会将每一个个体都视作自由和平等的，这些个体反过来对社会和政治体制做出了选择，他们会选择那些能够维持社会正常运转、同时保护不同群体的信念和教义。罗尔斯总结道："我们在谈论正义这个概念时，最基本的理念是社会是一个公平的合作体系，这一理念随着时间的推移，代代相传。"个体自由和群体身份之间的平衡很难把握，这就引出了一个问题：当个人权利和群体逻辑发生冲突时，我们该怎么办？哪一个的优先级更高？这是很多法庭诉讼的争论焦点。我们要达成的目标是在不侵犯他人权利的前提下，确保每个人享有最大限度的自由，同时维护社群价值观。

美国区划法规的应用是一个很好的例子。1926 年，欧几里得村诉安博勒房产公司案被提交至美国联邦最高法院，欧几里得村计划禁止企业在村庄中的住宅区进行商业开发。法院判决村庄胜诉，并裁定村庄拥有制定区划法规的权力，"以维护公共卫生、安全、道德及福利"。法律专家戴维·克里斯蒂安森（David Christiansen）解释道："欧几里得案的焦点在于是否允许村庄拥有将商业机构拒于住宅区之外的权力。法院认为，保持住宅区的独立性、降低车流量、减少陌生人进入等做法有助于维护公共卫生和安全，因此，尽管没有明确表述，但这个案件的判决中隐含了一个推理——村庄可以通过制定区划法规来保障居民的生活质量。"

在这个经典案例中,个人权利和社群价值观在法庭上发生了激烈的交锋,对此,你怎么看?在接下来的几十年里,美国区划法规被用来规范"好色客"等成人用品商店的位置。好色客的首席执行官拉里·弗林特(Larry Flynt)曾在俄亥俄州、肯塔基州和印第安纳州对市政当局提起多次诉讼。他认为将商店开设在最赚钱的地方是宪法第一修正案赋予公民的权利,市政机构侵犯了这一权利。在这些诉讼中,美国区划法规被用来证明对经营场所的监管是合理的,最终裁定结果通常是将成人用品商店移出城市,让它们远离社区。这种处理方式已经成为解决个人经商权和社区与家庭价值观之间冲突的一个惯例。个人权利和社群价值观之间的矛盾始终存在,二者不断就如何和谐共存进行着谈判,而且这种谈判会持续进行下去。注意这两种动机中的哪一种正在主导我们的思维是成为一个自我觉察的批判性思考者的应有之义,也是身份问题的核心。我们更重视个人权利还是社群价值观?你可以快速盘点一下自己秉持的信念,就会发现哪些源于自我感知,哪些源于社群的逻辑故事,哪些同时具有两种来源。

## 引导孩子树立正确的世界观

哎呀,终于讲完了,你可能已经觉得有点头痛了,因为许多内容都需要消化,然而,你可能会问:"这一切与培养批判性思考者有什么关系呢?"实际上,孩子的世界观对他们的学习方式、学习内容以及他们对自己的看法都有着巨大的影响,因此,家长和教育工作者需要将帮助孩子树立正确的世界观融入教学活动中,同时,将这种信念结构揭示出来也是至关重要的。顺便说一句,"客观的教育"也是一个逻辑故事,学者们喜欢用这个故事来告诉人们可以通过这种方法消除偏见,但事实是,一个微小的选择,例如教材中是否应当包含某个内容,就会影响所谓的客观性。客观性是启蒙运动的一个崇高目标,但在那之后的几个世纪里,我们已经知道,完全客观是永远不可能达到的。

以下问题可以帮助孩子深入了解自己的世界观,培养自我觉察的技能。我们有时倾向于过度关注孩子的外在感受,他们的内心活动往往更加丰富。

- 你为什么这样想？
- 你认为这是为什么？
- 这是谁告诉你的？
- 你认为那是真的吗？
- 你怎么知道那是真的？
- 还有其他可能的解释吗？
- 你认为他会怎么说？
- 你是真的相信，还是只是认为自己应该相信？
- 你认为谁会从这个观点中受益，谁会受损？

## 从三个方面对身份进行剖析

我一直对身份在批判性思维中的作用很感兴趣。在搜寻相关研究资料时，我偶然发现了畅销书《培养天才》( *Cultivating Genius* ) 的作者、语言专家戈尔迪·穆罕默德（Gholdy Muhammad）博士的杰出著作。穆罕默德将身份剖析提到了一个前所未有的高度，认为学习如何剖析身份是良好教育的重要组成部分。根据穆罕默德的说法，身份有三个关键要素——我是谁，别人说我是谁（包括积极和消极两个方面的评价），以及我想成为谁。身份的这三个方面不仅对自我认知来说十分重要，也决定着我们如何看待他人。正如我们在关于世界观的表格中看到的那样，身份不仅是种族、宗教和政治倾向，对"我是谁"的本质认识在学习中至关重要。

我们再来深入地了解一下穆罕默德划分的身份的三个方面。"我是谁"是内在的自我意识，是"我知道的关于我的事实"，包括我来自哪里，有哪些与他人不同的好恶，如何看待自己的生活，性格上有什么怪癖，有哪些个人需求。这些自我认识会受到个人感知的影响。

"别人说我是谁"的主体是我从属的社群，以及对我产生影响的其他社群。我们的第一个社群身份来自自己的家庭，而我们的家庭又从属于其他社群，如信仰团体、种族、民族、社区和政党。

"别人说我是谁"对我们对自己的看法产生了惊人的影响。我们不仅被认同我们的社群定义着，也被不认同我们的社群定义着，有时，后者的声音在我们的脑海中还会更为响亮。从孩子很小的时候开始，父母、亲戚、教练、老师和朋友就开始建议他们应该树立怎样的志向或者暗示他们能够取得的成就如何有限。我教过的一名学生告诉我，她的母亲不希望她上大学，因为她"不应该奢望不属于她的东西"，她就是在这样的环境中长大的。这样的限制会打击孩子的雄心。

除此之外，教科书、新闻媒体、广告、电影、小说和流行文化也在不断地告诉我们"我是谁"。我们吸收了它们宣扬的观念并据此来推测自己的未来。很多人直到三四十岁的时候才意识到，他们把成功的梯子架在了错误的墙上——一面别人为他们选择的墙。

那些在主流文化中遭受歧视的人还要面对社群内外成员对其身份的多重描述。他们会感受到社群内的团结和价值感；他们会听别人告诉自己身为少数群体要如何行事；他们可能承受着来自家庭的压力，不能给自己的社群丢脸；他们还可能承受着主流文化圈不公平的预期或偏见。身份无比复杂。

第三个方面"我想成为谁"是思考自我的另一个有趣的角度。对理想自我或某个特定评价的渴望对我们最终会成为怎样的人具有巨大的影响，其重要性不亚于出身背景的重要性。例如，一名全优生真正感兴趣的可能只是班级排名，而不是知识学习。如果一个孩子的唯一目标就是成为游戏界的明星，那么他可能永远不会明白为什么学习数学对他来说至关重要。

穆罕默德写道："我们的学生会在各种地方寻找自己的影子，成年人也不例外。"因此，在任何学科的教学中，我们都必须考虑到学生的身份带来的影响，这是培养批判性思维的关键。如果学生能够想象自己的未来，他们就会为之奋斗。纽伯瑞奖得主夸迈·亚历山大（Kwame Alexander）曾说，他小时候非常渴望在小说中看到与自己类似的形象，但是学校图书馆中并没有以有色人种为主角的作品，也没有有色人种作家创作的作品。幸运的是，他的父母都是作家、出版商，在这样的成长环境中，他阅读了大量由黑人作家创作、以黑人为主角的作品。如今自己成为一位黑人作家的亚历山大认为，看到黑人有机会成为小说中的主角，发现黑人也可以成为作家出版图书，与读者分享自己独特的经历，对他来说至关重要。亚历山大说："父母是我的第一任老师，也是我的第一任图书管理员。"

优质的教育必须具有广泛的代表性。如果课堂和书本展示的永远是相同的社群、相同的经历、相同的观点，那么那些不属于这些社群的人可能会感到遭到排斥和孤立。相反，如果一个孩子从属的社群总是作为一种"规范"或"常态"出现，那么他可能会产生一种错误的信念，认为只有自己的世界观才是正确的。

## 尊重每一个人的独特人格

我们要关注每一个孩子，尊重每一个学习者的独特人格，因为对每个人来说，被看见、被理解都非常重要。然而，意识到自己视线之外的事物是很困难的，只有离开自己家，走进别人的家门，我们才会意识到世界上还有其他生活方式，而且它们也都有自己的意义。6岁那年，我去华裔邻居的家中做客，他们要求我在进屋前脱掉鞋子。时至今日，我仍然能在脑海中回忆起他们家里的样子——沙发上盖着沙发罩，地毯一尘不染，房间收拾得井井有条，这个画面给我留下的印象太深刻了。对这家人来说，保持房间整洁是头等大事。20多岁时，我在摩洛哥生活了一段时间，还去日本旅行了一次，我发现这两个地方的人都认为不应该在室内穿鞋。20多年之后，我终于问出了这个迟到的问题："我才是这个世界的异类吗？这个星球上的大多数人都认为在室内穿鞋非常不卫生吗？"世界发生了倾斜，我的经历不再居于主导地位。

总而言之，身份是我们随身携带并视作理所当然的一种观点。在培养思维能力时，广泛地接触各种背景的人至关重要。在通常情况下，我们只有在了解过其他人的故事和经历之后，才能对自己的故事进行批判性思考。我们现在就来帮助孩子们认识自己，让他们向着自我觉察的思考迈出第一步吧！

## 通过"堆肥发酵"形成自我

在某种意义上，自我的形成与堆肥发酵的过程有异曲同工之妙：堆肥发酵将各种养分聚集在一起，培育出肥沃的土壤，滋养植物茁壮成长；我们吸收的一切知识和经验，无论大小，也在不断地融会贯通，促成身份的发展。我们的自我在不断地演进和变化、反应和革新，不断地开拓新的视角。自我就像一座花园，洞察力就是其中的一株植物，它的生长需要养分。当知识来源极为丰富，土壤无比肥沃时，孩子们才能更好地吸收信息。如果孩子们的知识来源十分有限，那么他们的视野就会非常狭窄。

在接下来的几章中，我们将探讨"堆肥"中的三个关键成分——阅读、经验和相遇，而在此之前，我们需要先对"土壤"做一下取样分析。考虑到孩子的年龄和能力，我们将从比较容易的具体观察开始。在这个练习中，孩子只需对自己复杂的身份土壤进行敏锐观察，不必得出结论。

**批判性思维工具箱 RAISING CRITICAL THINKERS**

- **个人：** 属于我个人，代表我自己。
- **社群：** 与"同伴"共享，由集体价值观塑造。
- **感知：** 身体、情绪和头脑如何理解事物。
- **道理：** 所属的社群如何诠释事实和数字，把它们变成我认同的逻辑故事。
- **身份三要素：** 我是谁，别人说我是谁以及我想成为谁。

## 思维练习：《"我来自"之诗》

这个练习适合所有年龄段的孩子。年幼的孩子可能需要你的帮助，而青少年已经可以不再局限于文字的字面意义，你可以鼓励他们在写作时试着突破常规。创作《"我来自"之诗》是一个非常有趣的练习，诗的结构很简单，只要每一句都以"我来自"开头就行了。当然，我们可以来自某个地点，也可以来自某种饮食习惯，来自宗教或非宗教传统，来自声音和景象，来自记忆和节日，来自痛苦和欢乐。

我的儿子利亚姆写过一首《"我来自"之诗》，你可以将它作为示例。

我来自燃烧的圣诞树

我来自枯萎落叶的飘落之旅

我来自手叠的纸鹤、俳句和日历

我来自复活节、水烟和金蛋

我来自蜡烛和形状不规则的蜂蜡

我来自梦中的圣诞老人童话

我来自纯素肉桂卷

我来自祝福、达西先生和达西先生的祝福

我来自弗罗多·巴金斯

我来自《红城王国》

我来自《哈利·波特》，在意大利将它传看

我来自《奥德赛》，为沉默的孩子们大声朗读

我来自《世界史》，妈妈在旁边打起了瞌睡

我来自在芝加哥捡到的《风之名》

我来自近视眼杰克和公爵诺亚

我来自伶牙俐齿的凯特琳和古灵精怪的约翰娜

我来自输掉《星际争霸》时的大喊大叫

我来自潜意识中学会的语法，来自乔姆斯基和朱莉

我来自勇敢的思考和写作

我来自神秘的科学和万英老师的数学课

我来自在家教育、兴趣教育、高中和大学

利亚姆·博加特（15岁）

询问下列问题，启发孩子开拓思路。
- 说一说你的出身背景（种族、宗教、文化、国籍等）。
- 说出你生活过的地方，用几个词来描述它们，使用名词或形容词都可以。
- 列举一下你去过的地方。
- 列举一下你喜欢的食物。
- 用4个形容词描述自己。
- 选择一些形容词来描述你的家庭。
- 哪些家庭节日和传统是你觉得很重要的？你家中有什么独特的传统吗？
- 列举出你从属的社群。
- 你有哪些习惯？其中哪些是你自己养成的，哪些是在社群的引导下养成的？
- 你喜欢什么歌曲、童话、传说和神话？
- 说出两三段难忘的人生经历（可以是愉快的回忆，例如赢得比赛；也可以是

不愉快的回忆，例如做手术）。利亚姆在诗中提到的《风之名》就出自他在芝加哥的电车上捡到一本书，当场翻看起来的经历。

- 怎样的声音、质地、味道或气味会让你想起小时候的时光？可能是蜡烛的气味、灰尘的气味、消毒液的气味、辣椒的味道……

也可以从以下角度展开思考。

- 我是谁？
- 别人说我是谁？
- 我想成为谁？

将答案一一记下来，然后在每个词语或短句前加上"我来自"三个字。将所有内容输入电脑，设置三倍行距，打印出来。接着，将打印出来的句子一一剪开，重新排列，组合成满意的诗歌。在排序时，你可以让孩子对文字进行适当的修改和润色。让孩子大声地朗读出来，这样可以更好地判断句子的用词和排列方式是否合适。将句子按照排好的顺序放好，对电脑文档进行相应的修改，最后将成品打印出来。有些孩子更喜欢亲手写下最终版本，并配上相应的插图。

身份是所有批判性思维活动的基础。把《"我来自"之诗》当作一幅自画像放在手边，时常拿出来读一读。

正如埃兹拉·克莱因所说："身份不仅决定了我们如何对待彼此，还塑造了我们理解世界的方式。"在读完本书的第一部分后，我们知道了身份远非人口普查表上的几个选项，孩子们遇到的故事讲述者、他们的个人感知、他们所属社群的价值观、他们对学习对象的用心程度，以及他们对自我身份的理解，这些都决定了他们将如何诠释其学到的东西。

# RAISING CRITICAL THINKERS

第二部分
三驾马车,提升思辨力:
阅读、经验和相遇

> 向熊示好的最佳方式是离它们远一些。
>
> 玛格丽特·阿特伍德（Margaret Atwood），《疯癫亚当》（*MaddAddam*）

准备好脱去沉重的外衣了吗？学校里的学习经常被笨重、不合身的衣服层层包裹着，如厚重乏味的教科书，以及让大学生们忍不住打瞌睡的枯燥讲座。事实上，任何研究领域的精髓部分都是令人兴奋、引人入胜的。现在，我们已经对孩子的身份有了足够的了解，接下来，让我们试着剥开学业任务的层层外衣，看一看里面的核心究竟是什么样子的。

## 通过不同的方式认识"熊"

我的孩子们很小的时候就迷上了动物，尤其是熊。我们读了许多关于熊的书，这种甚至能够重达 900 千克的动物通常以戴着帽子、穿着衣服、面带微笑的形象，出现在绘本或更小尺寸的薄薄的纸张上。我们见到的熊可真不少：这头熊来自一个爱喝粥的家庭，它的家遭到了一个金发人物的入侵；那头熊属于贝伦斯坦家族，家庭成员相互争吵，和我们人类家庭没什么两样；还有人人都知道的帕丁顿熊，它身穿大衣，头戴软帽，带着手提箱和雨伞周游世界。

更加真实的熊经常出现在非虚构类作品中。我们读了关于北极熊、棕熊、黑熊和大熊猫的书。让人安心的是，书中的熊不会带来真正的危险，它们生活在平面的纸张里，可以随时被放回书架。这么一来，熊的形象发生了变化，人们认为它们很可爱，把它们做成供孩子玩耍的毛绒玩具。我的孩子们会抱着小小的泰迪熊睡觉，他们觉得这样可以睡得更加安稳。

为了让孩子们更好地了解熊，我带他们去了动物园。在那里，真正的熊在围场中来回踱步。这些活生生的熊看起来体形巨大，闻起来有湿漉漉的皮毛和臭烘烘的粪便味道；它们的爪子弯曲而锋利，充满危险；它们打呵欠时喉咙里会发出低沉的声音。突然间，我们对熊的了解加深了。我们仍然处在安全地带，站在围栏后面，但我们对它们令人生畏的体形和凶猛程度有了新的认识。回到家里，我们看了关于熊的纪录片，这样我们就可以了解到它们在野外是如何生活的，不再仅将认知局限于它们在动物园里的表现。这两种经历都让我们对熊有了更加深刻的了解。

我的母亲认识熊的方式则更加危险，也更加个人化。40多年来，她每年夏天都会去加利福尼亚山区徒步旅行。尽管做了种种准备来保护食物、帐篷和自己免于遭到熊的袭击，她还是在野外迎面撞见过几次熊。想象一下，午夜时分，你被尿意憋醒，走出你那不堪一击的帐篷，在树林里找到一个隐蔽的地方，刚刚褪下裤子，一抬头，却突然发现一头足有2.5米高的棕熊正用后腿站立着，和你之间的距离不过50米。你会有怎样的感受？你可能已经无法冷静思考了，凶猛的形象、恐怖的气息、不可预知的迷茫和危险的感觉压倒了一切。

与熊的这种相遇带来的影响无比巨大，它完全颠覆了我母亲从野外指南和动物园里获得的所有认知。当然，相比在夜晚树林里的匆匆一瞥，书本对"熊是什么"以及"如何保护营地不遭到熊的袭击"等问题提供了更详细、更具体的事实性信息，然而，在野外遭遇一头真正的熊时，我的母亲获得了任何书本都无法传达的信息——作为一个侵入者，在熊的自然栖息地直面一头活生生的熊，为其行动的不可预测而感到心惊胆战是怎样一种体验。

在每一次和熊的相遇中，我的母亲都幸运地活了下来，她把这些经历写到了书中，在孙辈们入睡前讲给他们听。此刻，我们心怀感激地看着书页上的插图小熊，读着那些危险的经历开怀大笑，因为一切都在我们的掌控之中，我们可以随时将眼前的熊"关"回书中。

## 使用三种学习工具，成为善于思考的人

最安全、最简便的学习方式莫过于阅读。我们可以阅读任何主题的图书，快速获得非常详细的信息。读一读关于小提琴的书，我们就可以知道小提琴是如何制作的，哪些类型的音乐是为小提琴创作的，哪些大师演奏过小提琴，等等。然而，仅仅"阅读"小提琴是不足以"认识"小提琴的。没有人会认为想要真正了解小提琴只要广泛地涉猎相关书籍就足够了，无论作者对小提琴的声音做了怎样细致的描述也远远不够。就算学会了识读为小提琴谱写的乐谱，如果没听过真正的演奏，我们仍然无法深刻了解小提琴的优美乐声。

学习的第二个好方法是增加直接经验。你可以在视频网站上聆听小提琴独奏，或者在专门的电视节目上观看小提琴家的表演。你可以找一个晚上去听交响乐，第二天再去本地的酒吧听小提琴手演奏蓝草音乐——演奏这两种不同类型的音乐时都会用到小提琴。你可能会问："我可以去拜访一位制琴师，看看小提琴是如何制作的吗？"当然可以。这些经历会让你与小提琴有更近的接触。然而，即使我拥有丰富的管弦乐知识，亲自演奏小提琴也完全是另外一码事。如果有人递给我一把小提琴，我会立刻不知所措，甚至连让它发出刺耳的声音都不会。演奏的艺术、感觉和技巧是无法通过阅读和欣赏小提琴音乐了解的。

这将我们引向了第三种认知方式——相遇。与小提琴"相遇"意味着亲自降服这件乐器，意味着掌握技能，而不仅仅是欣赏优美的乐声。相遇会带来尊重，让你学会真正地欣赏演奏，不再像看热闹的外行一样，随意地发出轻率的批评。事实上，在尝试演奏之后，你可能会变得更喜欢听小提琴演奏。相遇会带来转变，一次真正的相遇（无论是与一个主题、一个人、一件乐器，还是一头野外的熊）常常会颠覆先入为主的观念，唤起尊重和同理心，并以一种亲密的、个人化的方式，激发认识对象在你眼中的神秘感。

我们与一个研究主题接触得越多，就越能发现其中的细微之处，越会对其感到亲近。我们先是阅读关于一个主题的图书，然后在此基础上加入经验，最后亲自与其相遇，这样做其实就是在将自己置于越来越不可思议的冒险之中——我们可能会为新的发现感到惊喜和安心，可能会感到震惊并产生新的见解，可能会受到挑战并因此成长，可能会有所触动、体会到哀而不伤的深刻情感。每迈出一步都会让我们与研究主题之间的关系变得更加密切，因为我们会越来越多地通过自己，通过自己的感官、身体和头脑来认识这个主题。

当然，我们不可能全都成为专业的小提琴家，也不可能为了获得全面的理解而去接触每一种野生动物，不过，要想成为一个善于思考的人，我们确实需要抓住一切机会使用这三种工具。这么做还有一个出人意料的附带好处，那就是变得谦逊。如果能利用这三种工具展开透彻的思考，人们就会认识到自己对任何主题的理解都有局限性，这么一来，很多网络讨论也会变得更有意义。如果只是读过关于某个主题的书，而从未"聆听真正的音乐"，我们发言时还能斩钉截铁，摆出一副权威的派头吗？

培养孩子的批判性思维时，承认自己的局限性能够给他们树立一个很好的榜样。如果我们对一个主题的了解都是通过阅读得到的，那么不管我们认为自己的观点多么有说服力，我们都算不上专家。我们可能掌握了大量信息，但也仅此而已。如果从未在一个国家生活过，我们对它能有多少真正的了解呢？如果没有接受过某个学科的专业培训，对专家得出结论要借助哪些工具一窍不通，我们如何能对这个学科的理论做出正确的评价呢？如果从未接触过那些受某个观点影响的人，我们对这个观点的坚持是否只是无根之木呢？

下面，我们来深入地了解一下这三种工具——阅读、经验和相遇在培养批判性思考者的过程中分别发挥了怎样的作用。没错，接下来的学习也是通过阅读进行的，如果你希望在了解我提供的见解后有所收获，我强烈建议你同时做一做附带的练习，通过经验和相遇获得更加深刻的认知。

# RAISING CRITICAL THINKERS

## 07

**花时间扩展词汇量，让你越来越会思考**

RAISING
CRITICAL
THINKERS

**批判性思维
故事汇**

几十年前，我搭乘新加坡航空公司的航班飞往日本。我走到飞机尾部狭小的卫生间，推开折叠门，褪下裤子，弯下腰。突然，我停了下来，注意到了一组介绍马桶使用方法的图片。我的第一反应是惊讶，难道有人不会用马桶吗？其中一张图片上画着一个蹲着的人，双脚踩在马桶圈上，旁边有一个红色的"X"。下一张图片是一个人坐在马桶圈上，双脚着地，这张图上没有"X"。我暗暗地琢磨，来自泰国、印度或其他使用不同符号系统的国家的乘客也能理解这个符号的意思吗？说泰语或印地语的人也会用拉丁字母"X"来表示"禁止"吗？

> 精读并不意味着无视阅读者的感受,只关注文本而忽视其他所有内容,它意味着拉近文本和阅读者之间的距离。
>
> ——《留意与记录》作者 凯琳·比尔斯、罗伯特·E. 普罗布斯特

当我还是个小女孩的时候,我的母亲定下了一条睡前守则:如果我躺在床上看书的话,可以想睡多晚就睡多晚,哪怕她晚上 8 点半就和我道了晚安,只要我能保持清醒,就可以一直开着灯看书看到半夜。数不清有多少个晚上,我在凌晨 2 点醒来时,会发现自己的胸前摊着一本打开的书,我会努力忍着困意,夹好书签,关掉电灯,然后再次入睡。我爱上了这种阅读环境——待在舒适的床上,被被子和蓬松的枕头包围着,灯光充足,室温常年保持在 20 摄氏度。

经常有人告诉我们,良好教育的关键就藏在书本中,只要坚持阅读,我们就会获得满满的智慧,成为一个有见识的人。你肯定听过类似的话吧?

我就是来打破这个神话的。

阅读的确有很大的用处,但也过于安全。你留意到我读书时的周围环境了吗?我缩在温暖的被窝里欣赏阿尔卑斯山的雪景,完全不用担心寒冷的侵袭,还可以待在 20 世纪加州郊区的卧室里阅读犹太人在大屠杀期间从德国逃往丹麦的

故事。阅读几乎没有任何危险，无论是身体上（除偶尔会被书页划伤之外）还是心理上的危险。请不要急着反驳，听我把话说完。这并不是说我们阅读的内容不会带有猛烈而原始的情绪，不会揭露颠覆性的信息，事实上，当我们愿意对作者恳切、翔实的剖析加以想象时，我们会感受到强烈的情绪波动。然而，要不要继续读下去是由读者决定的。如何对内容进行评价，在多大程度上接受作者的观点，这些也都是读者说了算。读者既可以和作者及书中的主题保持距离，也可以敞开心扉，接收他们传递的信息。

例如，在阅读时，我可以屏蔽掉令人不安的观点，只关注自己支持的观点，也可以跳过统计数据（顺便说一下，我经常这样做，因为对于数字，我常常过眼即忘，也很难想象它们表示的范围）。这种忽略统计数据的做法让我想到了一个好问题：如果作者用统计数据作论据，那么直接跳过数据会导致我错过重点、更难被说服吗？无论作者的目标和策略是什么，我们在阅读时都带着自己的习惯和偏好，受当时的环境和需求影响。

我可以忽略一个经过详尽论证的观点，也可以加倍重视我自己喜欢的观点；我可以怀着崇敬的心情拜读，也可以带着怀疑的心态审视。如果你对这个说法有所怀疑，那么，点开你最喜欢的社交媒体看一看吧！你如何看待与自己意见一致的人？如何看待与自己意见不一致的人？对这些人和他们口中的"事实"，你是否抱有同等的信任？为什么？我的看法是：阅读完全在读者的控制之下。不管研究者提供的数据有多么准确，研究经过了多么严格的同行评议，我们选择相信或接收哪些信息仍然取决于我们自己。

阅读使我们能够在安全距离内探索各种信息。例如，读者可以通过翻开历史小说前往印度，看一看刚刚独立的印度社会，读一读主角坠入爱河的故事；孩子们可以在一本200页的漫画书中读完罗马帝国500年的历史。你的朋友可能会给你转发一篇刊载在《纽约时报》上的关于罗兴亚人的文章，但如何对待这篇文章完全取决于你：粗略浏览、仔细阅读还是丢进收藏夹。罗兴亚人是缅甸的一个少数族群，有许多人沦为难民。你可能对这些人的遭遇十分同情，批评有关机构没有为他们提供帮助，但你压根没有踏上过缅甸的土地，也没有给难民捐过哪怕一元钱。你对复杂的动态缺乏直接且充分的了解，只凭读到的东西就断然下了结论。阅读让所有人都能获取各种各样的信息，而不需要采取任何行动。在最糟糕的情况下，阅读会让我们自鸣得意，自认为消息灵通，有权发表强硬的意见，而自始至终，我们都没有把自己置于任何危险之中。

如今，大多数人都在网上阅读。我们阅读社交媒体上不断发布的简短消息和状态更新，了解一些常年不联系的人的最新动态。我们会在图片分享网站上查看配有说明文字的照片，或者阅读自己喜欢的网站上发表的新闻和观点类文章。百科网站也在不断更新，有用的总结和无法根除的错误混杂在一起，很难分辨出哪些才是正确的。在浏览博客文章时，我会查看发布日期，希望能读到当年发布的文章。我的大脑本能地排斥那些发布时间超过一两年的内容，因为信息过剩的情况是真实存在的，5年前的文章已经严重过时。与此同时，科技企业深入分析了哪些内容能够引起用户的关注，把它们留在自己的网站上，这些企业据此设计了算法，旨在通过内容推荐来吸引和留住用户。

在评估阅读内容方面，孩子们受到的训练比我们更少。许多年前，在绝大多数人还没有机会识字，互联网，甚至印刷术还没有出现的年代，苏格拉底就说过："未经审视的生活是不值得过的。"借用苏格拉底不朽的名言，我要说："在生活未经审视时，不应该读书或上网。"经过审视的生活让我们能够批判性地阅读，具有觉察的能力，拥有怀疑的态度，愿意因为读到的内容做出改变。这种名为"审视"的技能是一种辨别能力，有了它，我们才能够区分什么是有用的、什么是无用的，才能够诚实地说出"我不知道"。这就是批判性思维的本质。

如果带着批判的意识去阅读，我们就可以调动自己的识读能力去选择性地获取信息、了解各种视角、精心打磨观点。阅读为思考者提供了大量的精神食粮，阅读很重要，但我们不仅要充分挖掘它的益处，也要注意它的局限。我希望孩子们能够带着好奇的头脑、广阔的想象力和强烈的求知欲开始阅读，这样，阅读和写作就不仅仅是解读文本、转写思想的过程，而是一股对自我和他人都有着重大意义的力量。

## 微素养和微词汇构成批判性思维的基础

现在，你正在阅读文字，这个用眼睛看书或者屏幕的过程就是识读专家所说的"解码"行为。一旦读者将一个词语念出来，他们的大脑就会开始搜寻这个词的可能含义，确定它在当前的陌生语境中的意义。对刚开始识字的阅读者来说，有时单单将词语念出来就已经耗费了九牛二虎之力，以至于当他们的嘴巴发出声音时，大脑已经没有足够的精力来分辨含义了。这样的年幼阅读者无法回答关于故事的问题，他们只能认出其中的字词。读者在接受了足够的训练，学会了如何解码语言，达到了必要的速度和准确程度之后，就具备了更高水平的识读能力——理解组合在一起的句子的含义，这也就意味着他们已经能够在阅读后对信息加以复述了。阅读理解的下一个层次会更加复杂，读者必须同时运用语言知识和包括经验在内的背景知识来理解文本。从这个意义上说，读者加入了一场正在进行的对话，既能解读表达思想的文字，也能了解思想所处的背景世界。

识读能力也可以从更广泛的意义上加以理解。例如，视觉识读能力包括对图像和符号的解读能力。在新生儿眼中，"那个穿绿色手术服的人"和"那个在床上抱着我的人"可能没什么区别，但我们都知道她们一个是护士，另一个是新晋妈妈。从出生的那一刻起，婴儿就要开始解读眼前的世界，学习辨认生活中的各种符号和信号。托莱多艺术博物馆馆长布赖恩·肯尼迪（Brian Kennedy）指出："视觉识读能力是一种从图像中构建意义的能力。它不是一种技能，技能只是它的工具，它是一种可以提高智力和能力的批判性思维。"对图像或符号进行解码和使用批判性思维进行阅读，二者在本质上是一样的。今天，我们用"素养"这个词来指代理解一个学科的内容所必需的一系列基础知识。例如，我们会说"计算机素养"、"数学素养"或"职场素养"，指的就是相应领域的识读能力。这里，"识读"的定义得到了极大的扩展，不再局限于解码文字的发音和基本含义，而是指向了更大的范围或更广泛的背景——素养意味着对特定领域的词汇、符号和实践的熟练掌握。

下面，我来分享一个关于符号素养的故事吧！这是我成年后的一次经历，它让我意识到了自己在符号识读能力上的欠缺。几十年前，我搭乘新加坡航空公司的航班飞往日本。我走到飞机尾部狭小的卫生间，推开折叠门，褪下裤子，弯下腰。突然，我停了下来，注意到了一组介绍马桶使用方法的图片。我的第一反应是惊讶，难道有人不会用马桶吗？其中一张图片上画着一个蹲着的人，双脚踩在马桶圈上，旁边有一个红色的"×"。下一张图片是一个人坐在马桶圈上，双脚着地，这张图上没有"×"。

我按照从左到右的顺序阅读着这些图片。这里，我用到了解码插图的能力，它是图像素养中的一种。这些图片的风格类似于卡通，人物是绘制出来的图形，而不是照片。具备相关能力的图片观看者能够认出，这些二维图形代表了真实的人和事物。我立刻理解了这些图形对应的是马桶和人，对我来说，用形状来指代现实中的人和事物早已司空见惯，不过，这种能力并非与生俱来，而是需要学习的。例如，有些主题餐厅的老板会自作聪明，在卫生间的指示标识上玩花样，用不同的帽子来表示男士和女士。你去过这样的卫生间吗？如果你搞不清哪个卫生间是给"女牛仔"用的，哪个卫生间是给"男牛仔"用的，那就说明你的西式帽型素养还有待提高！

在那个飞机上的小隔间内，我还展现出了另一种图像素养，即解读第一张图片中那个大大的红色的"×"的能力。我知道"×"意味着"不能这样做"或"这是禁止的"。我暗暗地琢磨，来自泰国、印度或其他使用不同符号系统的国家的乘客也能理解这个符号的意思吗？说泰语或印地语的人也会用"×"来表示"禁止"吗？我知道红色代表"不能这样做"，但所有人都知道这一点吗？红色是全球公认的表示"禁止"的颜色吗？也许"禁止停车"标志的广泛使用已经让所有人都接受了这个含义，但其实，"禁止停车"标志原本也可以是蓝色或绿色的。在某个时刻，我们集体决定给红色赋予"禁止"的含义，这就要求我们具备相应的颜色识读能力。

几小时后，飞机降落在了日本。在东京成田国际机场，我走进了一个高科技卫生间。这个卫生间由一系列小隔间构成，隔间门从地板一直顶到天花板。泛着白光的马桶仿佛太空时代的产物，马桶上排列着很多按键，旁边附有我看不懂的日语文字。墙壁上、马桶上只有各式各样的按键，没有旋钮或冲水把手，我甚至不知道如何冲水。看着这些按键，我有些畏首畏尾，不敢随意按动。几分钟后，我意识到只有勇敢尝试，才能知道它们的作用。于是，在接下来的5分钟内，我抛开了所有顾虑，开始大胆地按下这些按键。我按下其中一个按键，一次性薄膜坐垫转了起来，发出响亮的嗖嗖声——看来，我来不及使用了。我按下另一个按键，冲水的声音响了起来，但没有水流出来。后来我才知道，日本人都很含蓄，为了掩盖小便的声音，他们在使用公共卫生间时会多冲一次水，因此，为了节约用水，卫生间里专门添加了播放冲水音效的按键。又试了几个按键之后，水流突然开始冲刷起来，这真是一个天大的惊喜，我情不自禁地笑出了声。我知道自己还不能自如地使用日本的卫生间，但至少有一点我很清楚，那就是我需要按下按键。我一早就知道按键是用来按的，正是这种素养让我得以摆脱那天的困境。

我在飞机上使用卫生间时还自信满满，到了东京却备受打击，回想起这两次如厕经历，我突然意识到，我们能否充满信心地做事其实取决于我们能否在任何环境中都做到流畅阅读——阅读人、手势、语言、面孔、机器、交通、观点等。身处一个新环境时，我们需要去试着解读一种新的文化、语言、饮食体系、货币、习俗和地点，也许所谓的文化压力不过是这种试探和学习带来的疲惫感而已。孩子们每天除了在学校上课，还要在那么多地方学习"识读"，他们会感觉多么疲惫啊！随着孩子的逐渐长大，他们需要学会阅读父母的表情、声音、肢体语言和语气，从中解读出什么时候可以懒散一点，什么时候要立刻行动起来。对有学习障碍的孩子来说，这种挑战的难度就更大了。

从生命早期开始，我们就在不断学习如何解读别人的表情、行为、社交线索和语气，以更好地与他人相处。回想一下，当你要求孩子必须做某件事或必须立即行动时，他们是否总能理解你的意思？他们需要经过一段时间的成长才能意识到沟通不仅仅通过语言，语气也非常重要。下次孩子对你的愤怒无动于衷时，问问自己:"他们可以辨认出愤怒的语气吗?"也许他们需要一个小小的速成班。除此之外,青少年和父母常常会误解彼此的短信内容。短信流行后,年轻一代已经彻底改变了我们在书写中表达语气的方式,我们也需要具备对短信的识读能力!

我想要强调的是,为了在这个越来越依赖符号的世界中生活,我们必须具备解码各种语言和图像的能力。虽然"识读"一词更多地与解读文字相关,但这里我扩展了它的使用范围,用它来指代破译五花八门的图像、为符号创建词汇表的过程。开车时,我们需要解码交通标志、信号灯和道路标线,识读汽车仪表盘上的仪表。在一辆车上积累的经验能够帮助我们在坐进另一辆车时做出更准确的猜测。此外,要想顺利地组装桌子或避免洗坏衬衫,我们还需要对家具组装说明或衣物洗涤说明进行破译。

你和孩子还会在哪些情景中运用相关的素养和词汇?

- 使用智能手机管理生活日程。
- 编写计算机程序。
- 上网搜索。
- 使用遥控器控制录像机。
- 在各类设备上使用流媒体服务。
- 操作洗碗机等机器。
- 阅读食谱,烹制菜肴。
- 玩棋牌或电子游戏。
- 按照说明书拼装乐高模型或宜家家具。
- 解读短信中的表情符号。
- 用指针式时钟看时间。
- 在国外的机场里穿行。
- 按图样进行缝纫。
- 看体育赛事的记分牌。

- 通过制服判断职业。
- 查看收据和票根。
- 解读银行账户分析图表。

我喜欢把在这些情景中运用的能力称作"微素养",使用的词汇称作"微词汇",它们关系到我们对环境及各类事物的识读。孩子每学会辨识一种信息,就相当于掌握了一种新的"阅读"技能,而在这个过程中,他们必须运用自己的批判性思维能力。在今天的科技浪潮中,我们需要具备的素养和掌握的词汇数量正在呈指数增长。对一致性的追求成为全球趋势,这为符号的流行创造了完美的环境,因为符号不像语言文字一样需要翻译。我们的孩子是数字时代的原住民,他们可以熟练地使用各种科技工具,而我们这个年纪的很多人只会给离得最近的年轻人打电话,请他们帮忙解决技术问题。

抚养孩子时,我们应留意并重视他们在解释世界时运用的素养和词汇。从早到晚,孩子在一刻不停地进行解码和解释,这是很累的,不过,每次成功解码后,他们就掌握了一组新的词汇,从而进一步提高了阅读和解释的能力。一个重要的事实是,这些素养和词汇与我们的感受密不可分,它们影响着我们对特定地点的情感、对宗教或非宗教背景的认同,以及对生活经历的理解。我们对"阅读"对象的解读塑造了我们的身份和世界观。当其他人从他们的角度解释世界时,我们应当有意识地为这些截然不同的背景留出空间。我们时刻都在进行解读,然而,我们在各个领域的技能水平各不相同,对相同信息的解读方式也不一致,我们在使用相同的词语或符号时,想表达的意思可能截然不同。语言病理学家、"根植语言"公司创始人丽塔·切瓦斯科(Rita Cevasco)解释说:"更深层的识读能力与元认知有关……我们应该认识到并理解多种解释可以共存。"事实上,我们应当谦逊地认识到,在我们着力追求的一致性背后隐藏着丰富多彩、充满活力的体验以及各种各样的诠释。我们要学会欣赏这种多样性,而不是轻率地加以批判。

微素养和微词汇构成了批判性思维的基础。例如,对术语的不同假设可能会影响我们对作者传达的信息的理解。教育的一个目标就是提高学生在各个领域的词汇量,这样一来,等到上大学的时候,他们就可以掌握一系列实用知识,例如文学批评方法、政府的运作机制、证明方法,以及细胞的结构。学生们花了足够的时间来学习背景知识,能够对自己正在阅读和学习的内容进行解读,这就说明他们拿到了加入这一领域伟大对话的入场券。归根结底,理解是建立在背景知识、语言概念和基本的表达能力之上的。

如果学生对法律常识、历史年代或构成作者世界观的宗教信条没有基本的理解,他们在完成阅读任务时就会处处碰壁,就像我在日本的卫生间里面对写满平假名的按键一样。成为高水平的读者需要时间和练习,我们的阅读水平取决于我们对主题的熟悉程度。如果孩子们懂得以求知的态度对待自己不理解的事物,愿意花时间扩展自己的词汇量,他们就会变得越来越善于思考。为了帮助你培养孩子的深度阅读能力,让阅读成为培养批判性思维的强大助力,我设计了一系列的阅读练习。这些练习适用于任何年龄的家庭成员(也包括家长和教师),包含多种不同的活动,你可以根据需要,选取其中的一部分进行练习。

**批判性思维工具箱**

- **解码**:阅读文字、用眼睛看书或者屏幕的过程。大脑在阅读的过程中搜寻含义,确定词语在语境中的意义。
- **视觉识读能力**:从图像中构建意义的能力。
- **素养**:理解一个学科的内容所必需的一系列基础知识。

## 思维练习：微素养和微词汇

第一个练习的目的是让孩子认识到生活中无所不在的微素养，了解为什么说他们早就是"密码破译者"了。你要引导孩子，让他们认识到这个世界充满了等待破译的秘密信息，而人们的任务就是识别信息发送者的意图，就像随身携带工具包的间谍一样。

### 完成阅读前的技能练习 5~9岁

我们首先需要关注阅读所需的基础素养。以下部分练习可能对有阅读障碍的孩子来说有些困难。如果问题始终难以解决，请寻求专业人员的帮助。

- 从左到右翻动书页。
- 把一本书翻过来，封底朝上。
- 用手指着一张图片，说出图片中人物或物品的名字。
- 数一数页面中有多少张图片。
- 注意字体的不同（如手写体、印刷体）。
- 按拼音顺序给单字排序。
- 按物品名称的拼音顺序给它们排序（比上一条更难）。
- 说出图片中包含的颜色。

- 认识标点符号。
- 认识数字。
- 认识数学运算符号（+、-、=、×、÷）。

### 培养阅读中的视觉识读能力 5~9岁

对有些孩子，特别是患有孤独症的儿童来说，视觉识读是一个挑战，所以，一定要有耐心。这不是一个测验，而是一组可以反复做的练习。这些练习有助于提高孩子的元认知能力。元认知能力就是诠释的基础。

- 区分下列图像：人物、动物、植物、机器、建筑。
- 将人物的面部表情和特定的情绪联系起来。
- 了解照片和手绘插图之间的区别。
- 根据颜色对一组物品（如办公用品或玩具）进行分类。
- 从后方、上方或侧面观察人、动物或物品，说出他们的名字。
- 通过视觉线索辨别天气和季节。
- 辨认地点和建筑：邮局、学校、杂货店、健身房、住宅、公园、海滩。

有一个有趣的故事。我大儿子4岁那年，我们一起参加了在学校体育馆举办的篮球比赛。后来有一天，我们开车经过另一个街区，他指着窗外的一所学校说："看，妈妈，有篮球场！"这是一个很好的例子，说明个人经历如何塑造了我们的感知，而后者又影响着我们对世界的解读。

### 收集符号，打造自己的词典 10~12岁

- 用一周的时间收集各种符号，可以在交通标志、超市、遥控器、电子游戏、棋牌游戏、家用电器等物品或场合中寻找。

- 将这些符号汇集成一张词汇表，让孩子用自己的话对符号做出定义。用手机将符号和定义拍摄下来，然后打印出来，制作成一本小词典。
- 为孩子的解码能力鼓掌！问一问他们是如何看懂这些符号的。关注那些无法一眼看懂的符号，讨论它们难以看懂的原因，然后请孩子设计更加清晰、易懂的符号。

### 收集符号，打造自己的词典 10～12岁

- 为日常活动设计相应的符号。
- 为每一个符号制作一张卡片。
- 针对每一个符号，讨论为什么要这样设计，为什么这个符号能够代表打扫、烹饪、刷牙、弹钢琴、上网等活动。
- 用卡片（而不是文字）完成一天的交流。

### 进行语气实验 10～12岁

在接下来的练习中，大人和孩子需要轮流扮演说话者和解读者的角色。

- 造一个句子，如"我不想去"。用不同的语气说出这句话，让它传达不同的意思。让对方猜一猜你想传达的意思。
- 通过不同的语气来表现讽刺、烦恼、热情、担心、恐惧、愤怒等情绪。说一说为什么一种语气讲的是一个故事，而另一种语气讲的是不同的故事。
- 分析：说这句话时声音大小有变化吗？语调是上扬的还是下降的？有哪些字或词是重读的吗？如果重读的是另一个字或词，会让语气发生改变吗？试一试！

## 尝试使用其他文字系统　13～18岁

这个练习的目的是让孩子认识到语言可以有多种表达方式，而且不存在正确或错误之分。这个巧妙的练习能够帮助孩子认识到日常生活中的多样性。

- 使用简繁转换软件，将一个句子从简体字转换成繁体字。和孩子一起抄写原句和转换后的句子。提醒孩子注意在抄写两个句子时他们的专注程度有何不同。
- 尝试将句子翻译成其他文字系统下的语言，如英语或俄语。任务的困难程度是否有所提高？他们知道如何写俄语字母吗？在抄写时使用了怎样的策略？哪些策略有用，哪些没用？
- 让孩子在视频网站上观看书写这些文字的教学视频，和自己的方法进行比较。
- 让孩子试着按从右到左或从上到下的顺序书写，写完后看一看哪种写法更难阅读。
- 向孩子提问："你对内容的理解有变化吗？有没有哪个词显得格外突出？有没有哪个概念的重要程度发生了变化？"

## 认识野生生物　13～18岁

植物学家罗宾·基默尔（Robin Kimmerer）指出，儿童认识的商标可能多达 100 个，但认识的植物常常不足 5 种。我们现在就来着手解决这个问题吧！

- 拿上一份"野外指南"，走出门去，带孩子认识一下外面的世界。
- 让孩子学会区分各种各样的树木、苔藓、鸟和花。

- 将观察到的区别记在笔记本上。提示：可以让孩子拍摄一张照片，并从"野外指南"中摘录相关信息。
- 让孩子设定一个目标：他们计划学会辨认多少种各个类别的生物？

## 创建专业词汇库 13~18岁

让孩子专心完成这个练习。选择一个主题，室内攀岩、花式绳结编织、嘻哈文化、飞行动力学、计算机编程等皆可，列出所有相关的术语。建议选择一个STEAM（科学、技术、工程、艺术、数学）主题。

- 选择一个学科或领域，用一周的时间收集相关术语。每收集到一个术语，就把它记在白板上。
- 对收集到的术语进行分类：设备名称、地点名称、专家姓名、技能名称、俚语、描述性术语等。
- 留意该领域特有的术语（例如攀岩运动中的"抱石"）。留意在不同领域具有不同含义的术语（例如生物学中的"变态"指的是一类特殊的发育机制，其含义与日常生活中所说的"变态"不同）。
- 上网搜索：用主题名称加"术语"二字进行搜索，看看该主题下还有哪些术语。

孩子对各个领域的术语和背景知识了解得越多，阅读能力就会越强。对词汇的精准使用、对符号和语言的准确理解，让他们在构建观点时能够更加精细入微。在和孩子一起阅读某个主题的作品时，你可以让孩子先对相应的专业词汇做个快速的了解，这将有助于他们更好地思考。在完成了兴趣领域的词汇探索之后，你可以鼓励青少年选择其他社会领域做同样的练习。

## 思维练习：多样性图书馆

在本章的开头，我讲到阅读受读者的控制。我们从阅读中收获了很多，但我们可以接受作者的影响，也可以随意地将他们传递的信息抛之脑后。我们控制阅读的方式之一是只挑选那些符合自己的喜好或思维习惯的作品来读。例如，如果你喜欢历史小说，那么你可能不会在浪漫主义的背景中挖掘历史事实。为了创作故事，历史小说的作者会对历史加以改动，这不是什么问题，因为他们创作的是虚构作品，但如果历史小说是你了解历史的唯一途径，那你就可能会受到误导。

同样，如果你主要通过阅读人物传记来了解一个时代，那么你可能对某位"著名人物"的生平事迹非常熟悉。然而，他的政策对普通民众造成了怎样的影响？哪些人成了他所采取的司法或军事举措的受害者？你可能对这些知之甚少。客观而言，我们确实很难在文字记载中看到普通人的视角，因为相关资料很少。在这种情况下，我们要如何充实自己的思想呢？答案是阅读多种类型的作品。孩子升入初中之后，就可以通过这种方法来提升自己的洞察力了。仍然以历史领域为例，孩子需要通过查阅更广泛的资料来了解一个时代，其中原始资料，如信件、法律文件和当时的记录，尤为重要。在这个过程中，孩子可能还需要参考其他领域的资料，如宗教文献、日记和小说。历史评论、新闻报道、专业论文、考古记录、诗歌、歌词、艺术作品，甚至那个时代的广告也有助于填补孩子认知上的空白。

从对单一作者、单一体裁的"一次性"阅读中，我们不可能获得对任何问题的全面认识。顺便说一下，我们在互联网时代面临的一大难题就是：人们希望尽快获得答案，结果就是总是依赖某个单一类型的信息来源，如新闻网站、社交媒体、百科网站和视频网站。如果我们愿意深入思考，广泛探索各种表达方式，就能对一个主题有更全面的了解。例如，如果你想要研究某个历史事件，可以先查阅政府记录，接着读一读记者的报道，最后再看几篇第一视角的文章。相较于只盯着角度雷同的社论，这种方法能让你更加真实地了解事件造成的影响。除此之外，诗歌、故事和歌曲也可以帮助你全面了解历史事件，如果不读这些文学作品，你对历史事件的印象不免流于肤浅。想象一下，沉浸在不同来源、不同类型的信息中会给我们带来多少收获啊！这就是广泛阅读令人感到兴奋的地方。

我们再来看一个近期的例子吧！想要了解21世纪发生的一场森林大火，总共有多少种方法？我们可以翻某一天的社交媒体，锁定一个新闻频道，或关注一个网络媒体，或许还能从亲戚的电子邮件中了解到一些个人经历，但需要注意的是，我们的目标是从多个角度了解事件，既包括事实细节（如火灾的起因、蔓延范围、消防员的应对措施、疏散地点和政府的危机处理），也包括个人经历（如火灾对当事人造成的影响、消防员的第一手报告和照顾伤患的医护人员对创伤的描述）。通过同时阅读多种来源的对事实细节和个人经历的描述，我们才能对森林大火的影响有一个全面的了解。

我们要让孩子明白，广泛地了解信息很重要，要耐心地加以搜寻和分析。我指导过一个写作项目——让孩子创作一本"迷你书"。第一步是选定一个主题，比如鲨鱼。然后，我会建议孩子从各种来源收集信息，以便给鲨鱼画一幅生动的画像。所有关于鲨鱼的事实、笑话、诗歌、专家评论、名言或俗语、科学知识及个人经历都可以当作内容的来源，而手绘插图、地图和照片可以为孩子提供更加丰富的细节。这种写作项目能在孩子很小的时候就教会他们，如果想与一个研究对象"亲密接触"，从很多地方都可以找到相关资料。下面的练习就可以帮助孩子培养这些技能。我们可以为阅读活动打造一个"多样性图书馆"。多样性体现在两个方面：体裁多样性和广泛代表性。我们的目标是让所有年龄段的孩子都能够从这两方面多样性中受益。

### 多样性图书馆：体裁多样性

你可以根据哪些特征判断一篇文章是童话还是报告？诗歌和对话有什么不同？如何分辨一篇文章是记者报道的新闻还是评论家撰写的社论？想要阐述一个主题，可以有多少种不同的方式？它们之间有何区别？判断一篇文章的体裁需要批判性思维的参与，了解各种体裁的特点有助于读者理解作者的目的。

搜集 10 种不同体裁的作品。如果你觉得凑齐 10 种很困难，可以参考下面列出的 25 种分类。（小贴士：如果你家中的藏书不够丰富，可以去图书馆借书，或者打印网络上的文章。）

- 图画书
- 现实主义小说
- 历史小说
- 奇幻小说
- 非虚构
- 工作指南
- 诗歌
- 寓言
- 书信
- 童话
- 奇闻怪谈
- 民间故事
- 哲学经典
- 报纸
- 杂志
- 百科全书
- 戏剧
- 图像小说
- 人物传记
- 综述
- 回忆录
- 神话传说
- 教科书
- 演讲稿
- 歌词

把这些书或文章摞成一摞。接下来，拿出一些白纸，将体裁名称写在纸的顶部，每个体裁用一张纸。让孩子回答下列问题，把他们的回答记在对应的纸上。完成整个练习可能需要几天的时间。

1. 书的封面上有什么？是图片还是抽象设计图案？使用了哪种色调？给你留下了怎样的印象？你认为这本书的内容会是有趣的、翔实的还是令人惊讶的？

2. 留意封面上的字体样式：封面上有没有使用古怪的个性字体？字号是大是小？它属于设计的一部分吗？封面上一共出现了多少种字体？哪个内容使用的字号最大（作者名或书名）？你能通过书名猜出这本书的内容是关于什么的吗？你以前读过这位作家的作品吗？看到书名、作者名和封面设计后，你对书中的内容有什么预期？

3. 翻开每本书的第一页，大声朗读。读完每本书的第一页内容后，请孩子进行比较：这本书是如何开头的，是通过介绍背景信息，引入事实数据，记述一段对话，还是抒发某种情感？哪一种对你的吸引力最强，哪一种最弱？你能解释一下原因吗？

4. 哪种体裁的书篇幅最短？为什么？观察一下书的厚度，然后确认页数。把这些书按篇幅从短到长的顺序排列。比较一下每本书涉及的信息类型，有什么让你感到惊讶的新发现吗？

5. 这段内容是在讲故事还是在报告信息？你是根据什么判断的？

接下来，挑选体裁迥异的两本书，让孩子了解一下不同的语言风格。

1. 从每本书中挑选1～2页进行复印。
2. 将内容大声地朗读出来，让孩子跟着一起读。
3. 让孩子针对每本书分别回答下列问题：这本书使用的是书面语还是口语？语句押韵吗？书中的内容是关于事实和信息的吗？作者是官方还是个人？

4. 让孩子数一数（你可以画一张表格或制作电子表格将结果记录下来）：

   a. 一个段落或一节中有多少个字（统计这几页中各段或各节的情况，然后计算平均值）。

   b. 一个句子中平均有多少个字。

   c. 一个段落中有多少个描述性的词（如果孩子说的不是形容词，也将数字记录下来，在这个练习中，我们要让孩子判断词语的作用，而不是确定正确的词性）。

   d. 内容中出现了多少个四字成语。

   e. 内容中出现了多少个生字词（结果可能因人而异）。

5. 列出一个段落中出现的所有动词。哪些动词指的是身体动作，哪些动词指的是思考或感知方式？哪一类动词数量更多？

6. 作品中的"主角"是谁，是动物、手工艺品、统计数据、机构、专家、普通人、历史人物、科学细节、常规信息、运动员还是儿童？

7. 作者使用这种体裁的目的是什么，使用另一种体裁的目的又是什么？你会用哪本书来消遣，哪本书来获取信息？为什么？

8. 关注标点符号：这本书中哪种标点用得最多？哪种标点没有用到？你看到分号或冒号了吗？如果你读的是一首现代诗，诗人是否省略了部分标点？这对阅读造成了怎样的影响？

9. 关注作者：作者在写作时使用了第一人称还是其他人称？作者有关于这个主题的亲身经历吗？作者具备的哪些资质表明他有能力撰写这个故事、这篇报告或这首诗？

10. 你认为作者创作的目的是什么，是制造幽默效果、分享趣闻、提供信息、说服读者还是描写某个事物？

孩子也可以向你提问，派你去探索。他们可能会问："一个段落中出现了多少个语气词？出现了多少个单人旁的字？"你可能很快就会注意到，人们不再严格遵循旧的规则，比如不再默认用男性代词指代所有人。当我们仔细观察并提出问题时，我们就会发现真实存在的东西，而不是听别人告诉我们应该发现什么。

一个帮助孩子熟悉各种体裁的方法是在每天的阅读活动中增加更多体裁的作品。你可以从一首诗或一个故事开始，再加上点非虚构的内容，从孩子感兴趣的领域挑一篇最近的新闻报道给他们读一读，和他们一起看图表，最后给他们读一章小说。每天换几种体裁，向孩子展示各种体裁作品的写作风格，让他们乐在其中并最终能够模仿这些写作风格。

### 多样性图书馆：广泛代表性

"多样性图书馆"的另一个特征是具有"广泛代表性"。每个家庭都是独一无二的。文化传统、教育背景、精神信仰、婚姻状况、生育或收养情况，以及一系列其他因素共同描绘出独有的家庭画卷。没有哪两个家庭是一模一样的，然而，在20世纪的大部分时间里，儿童读物都是根据主流文化创作的，反映的大都是主流文化。

近年来，出版界的一个重要趋势是优先考虑出版那些发出了"自己的声音"的作品。2015年，青少年文学作家科琳娜·杜维斯（Corinne Duyvis）在社交媒体上发文，用"自己的声音"来指代那些出身于很少被出版界关注的社群的创作者书写的个人经历。如今，那些发出"自己的声音"的作品已经成为活跃的文学运动代表。这些作品的创作者使用丰富的语言，展现了对传统和习俗的洞察，描写了处于历史事件中心的社群对这些事件的情感反应。出版界的这一趋势体现了向"主角"学习和向"观众"学习之间的差别。举个容易理解的例子，如果你想了解一个地方，最好向当地人请教，不要读没有实地生活过的人写的旅行指南，而要读在当地长大的人写的旅行指南。

新一代的作家正在不断扩展我们对语言的理解（节奏、细微的变化和新的词汇），帮我们与那些我们知道但不了解的群体建立联系。他们为自己的社群树立了模范，让独特的社群经验和信念得到了宣传。此外，他们还对所有人共有的历史做出了新的评论。不同的视角能引出突破性的见解，批判性思考者应该能够不断思考，不断寻找新的思考对象。以下问题在培养批判性思考者时至关重要，你可以试着回答一下。

- 在看向自己的书架时，我看到书架上的书刻画了一个怎样的世界？
- 哪些书能向孩子讲述我们的经历？
- 哪些书能帮助孩子了解我们没有过的经历？
- 我有关于艺术、科学、数学、历史、地理和饮食的书吗？
- 我有基于研究或一手经验写的书吗？
- 有其他书可以让孩子更好地了解一个社群、事件或历史时期吗？
- 书的作者是否拥有不同的背景（性别、国籍、种族、能力、社会经济地位、政治立场等）？
- 书中的主角是否拥有不同的背景（性别、国籍、种族、能力、社会经济地位、政治立场等）？
- 书中是否体现了多种视角（历史、个人、统计、评论、艺术、事实）？

打造一个具有体裁多样性和广泛代表性的图书馆可以让学习的土壤变得更加肥沃。深度阅读有助于增强批判性思维，你的孩子将掌握更多的阅读技巧，能够更好地区分事实和虚构，在想要了解一个主题时，他们也能够知道如何吸收作者的一手经验，将其视为权威来源。

在第 8 章中，我们将讨论如何深入地阅读。

# RAISING CRITICAL THINKERS

## 08

**告别"松鼠式"阅读方式，快速找回深度专注**

RAISING
CRITICAL
THINKERS

**批判性思维
故事汇**

柏拉图在著作《斐德若篇》中记录了苏格拉底和弟子的对话。苏格拉底警告他的弟子要警惕书写，就像今天的父母教育孩子要小心电子游戏一样——当心！这个危险的东西会腐蚀你的大脑！苏格拉底是这样说的："……书写会让学习者变得健忘，因为这会让他们不再使用自己的记忆；他们依赖外在的文字，而不是自己去记……他们见闻甚广，却什么也没学到；他们表现得无所不知，但实际什么都不知道；他们将成为令人厌烦的伙伴，看似智慧却徒有其表。"

> 随着见解的不断加深，我们有时会获得超越作者所写内容的顿悟。这类洞见是新思想的基础，在此之前，或许从未有人有过类似的思想。从本质上说，在专业的阅读过程中，我们会穿过表面，抵达最深层的思想。
>
> ——UCLA阅读障碍、多元化学习者中心主任　玛丽安娜·沃尔夫

我无法想象没有书的生活。阅读是一种孤独的快乐，你忘记了颈椎的酸痛，低垂着视线，和作者依偎在一起，在他的引领下踏上一段私人旅程。在这份快乐出现之前的时代，生活似乎是一种特殊的折磨。然而，我们喜欢的阅读形式，那种静静的默读，在人类历史中出现得很晚。在大多数时代，绝大部分人从没有机会打开任何一本书，让自己一睹作者的亲密启示——无论是爱情故事，还是对我们的行星如何绕太阳运行的详细解释。

人类历史上最早出现的"阅读"形式是篝火旁的故事讲述和公共广场上的辩论。作为古代社会主要的交流方式，它们广受欢迎，遍布世界的每一个角落，同它们相比，阅读和写作都属于新生事物。不过，你有没有注意到，并不是所有人都认为文字的出现对人类发展是有好处的？柏拉图在著作《斐德若篇》中记录了苏格拉底和弟子的对话。苏格拉底警告他的弟子要警惕书写，就像今天的父母教育孩子要小心电子游戏一样——当心！这个危险的东西会腐蚀你的大脑！

苏格拉底是这样说的："……书写会让学习者变得健忘，因为这会让他们不再使用自己的记忆；他们依赖外在的文字，而不是自己去记……他们见闻甚广，却什么也没学到；他们表现得无所不知，但实际什么都不知道；他们将成为令人厌烦的伙伴，看似智慧却徒有其表。"

哎呀，苏格拉底的这段话真是振聋发聩！你能想象他看到如今的社交媒体时会说些什么吗？"见闻甚广，却什么也没学到""令人厌烦的伙伴"……我在敲下这些文字时都忍不住瑟瑟发抖。我写书也是在为"看似智慧却徒有其表"推波助澜吗？口头文化受重视的原因有很多：它生动活泼、充满惊喜，凝结了群体的智慧，同时孕育了群体本身。互联网中也诞生了类似的文化，人们一起阅读，形成社群。社交媒体、新闻文章下的在线评论、讨论区和聊天室蓬勃发展，这既令人感到兴奋，也会时常挑起争论。在这个飞速发展的新时代，我们是否正在见证两种阅读和思考模式（即兴奋型专注模式和深度型专注模式）的融合？

## 平衡兴奋型专注和深度型专注

在远古时代，为了在危机四伏的世界中生存，大脑容量超乎寻常但牙齿粗钝的人类依靠的是一种名为"兴奋型专注"的神经机制。大脑采用这种专注模式，以便迅速从一个威胁转向另一个威胁，时刻保持警觉，同时处理多项信息，最终实现自我保护。树丛中的窸窣声、远方传来的咆哮声、温度的骤变……这些感知就像新消息的提示音，提醒人们有情况出现，需要马上查看并做出应对，以确保安全。口头文化就是这种专注模式的外在体现。口头文化是由众人共同创造的，体现了对当下的即时反应。社群成员会不断重复他们的集体故事，并用自己的方式表达出来。他们对故事进行修改和扩充，在其中加入传统、节奏和仪式，以强调群体塑造的意义，巩固成员对它的记忆。

随着口头语言转化为书面语言（无论是绘制在洞穴墙壁上、手写在莎草纸上，还是仔细地誊写成抄本），故事和历史逐渐固化成统一的叙事。使用书面语言创作出的手稿最常见的用途就是独自朗诵或公开宣读（如在教堂或市政厅里）。

当时，即使是那些条件优越、能够独自阅读的识字者，在一个人读书时也会大声地念出来！公元380年，圣奥古斯丁（St. Augustine）在看到圣安布罗斯（St. Ambrose）默读一段文字时（甚至嘴唇都不动！）表现出了十足的惊讶。随着书写这种记录和传递信息的方式变得越来越流行，到了中世纪，许多非精英阶层的人也能够阅读了。阅读开始被用作自我指导和保存记录的私人工具，而不是领袖们在其率领的社群成员面前所做的公众表演。

渐渐地，语言文字发展出了新的形式，英文单词之间有了空格，标点符号也投入了使用。作家对自己的行文加以修改，使论述变得更细致、更详尽、更完善。阅读和写作开始改变人类的思考方式，人们需要在独处时阅读观点，仔细思考，把它同其他想法联系起来。此时，我们的大脑即将面临一场从兴奋型专注模式转变为深度型专注模式的地震。加州大学洛杉矶分校的英语教授凯瑟琳·海尔斯（Katherine Hayles）很好地描述了这两种专注状态："深度型专注在解决由单一媒介传达的复杂问题时很有优势，但代价是失去了对环境的警惕性和反应的灵活性。在有多个焦点争夺注意力的多变环境中，采用兴奋型专注模式的人能迅速地做出判断，但缺点是无法长时间专注于缺乏互动的对象，如维多利亚时代的小说和复杂的数学问题。"

15世纪，印刷机的横空出世加速了大脑活动向深度型专注模式的转变。"知识获取变成一种越来越私人的行为，每个读者都会在自己的头脑中对其他思想家通过写作传递的思想和信息进行私人化的综合。"独自阅读的能力、坐下来思考的能力以及自己得出结论的能力，成了人们在教育中的全新关注点。人们希望学生可以在深度型专注中发现学习的意义，因此，学术机构全盘采用了这种深度型专注模式。海尔斯认识到了这种趋势："毫无疑问，在人类历史上，率先发展起来的是兴奋型专注。相对来说，深度型专注是一种奢侈品，它需要一个不必总是警惕危险的群体环境。"我们在设计学校和图书馆时考虑到了这一点，这些建筑提供了安静、私人的空间，让学生免受噪声和其他因素的干扰，能够在阅读时集中注意力。教育工作者接受的培训让他们相信，运用深度型专注的学习是良好教育的关键，然而，在实践中，我们强调的往往是安静的学习，而不是深入的学习。父母希望孩子在做作业时能安静地思考，将安静和专心致志画上了等号。

现在，时间来到了 21 世纪，我们的大脑又在经历另一场翻天覆地的变化。网络和手机的结合促使我们回到了最初的专注模式——兴奋型专注模式。监控环境、警惕入侵，这些原始需求以一种报复性的方式回到了我们的生活中，"错失恐惧症"（即担心错过或失去什么的焦虑心情）困扰着越来越多的人！埋伏在附近的疣猪发出的低声咆哮无法再对人类造成心理上的负担，但我们绝不允许自己错过社交媒体上的任何一条评论！每台设备上的提醒红点、嘀嘀声和震动都会吸引我们的视线、抓住我们的耳朵或者绊住我们的脚步，让我们觉得必须打断自己正在做的事情。这是一种非常古老的内置程序，而你必须知道，科技公司很乐意利用它。

社交媒体会利用平台设计给用户施加心理压力，促使他们保持登录状态。"那些看似无害的功能……那些表示喜欢和欣赏的'心'和'赞'、通过滑动屏幕来刷新信息的手势、与朋友连续交流天数的记录、可以无限滚动的页面，都是心理操控技术的变体，它们会以一种不可预测的随机方式给予用户情感和社会性的奖励。"这种压力算法把我们训练成了总是在做快速阅读、不经思考就立刻做出反应的人。这些事物日复一日、从早到晚地激活着大脑中高度警觉的警报系统。想一想这种必须立刻对网络内容做出反应的压力，再想一想我们做选择题时感受到的时间压力和必须选出正确答案的压力，我们就能理解为什么这么多人痴迷于立即回复每一条最新评论，以表明自己的立场最为正确。

需要注意的是，批判性思考的前提是深度阅读。对我们来说，以这种方式阅读已经不是那么容易了，因为智能手机正在给我们的大脑重新布线。尼古拉斯·卡尔（Nicholas Carr）在《浅薄：互联网如何毒化了我们的大脑》(*The Shallows: What the Internet is Doing to Our Brains*) 一书中断言："就整个社会而言，我们在阅读印刷文字上花的时间越来越少了。即使进行了阅读，我们也是在互联网的繁忙阴影下阅读的。"在陈列了 100 多页的数据和研究之后，卡尔解释道："有一件事是我可以肯定的：如果你想基于现代对大脑神经可塑性的认识发明一种媒介,让它能够尽可能快、尽可能彻底地重塑我们的神经回路,那么你最终设计出的东西无论是看起来还是运行起来都会与互联网非常相似。"

我不知道你的情况如何,但在当今的数字化环境下,我成了一个容易分心的读者。我不停地滑动屏幕浏览内容,搜寻自己希望找到的东西,我不愿承认自己经常如此,但这种情形的出现频率居高不下。我在阅读纸质书时就像在浏览网站一样,快速翻看,跳来跳去,直到被一个概念吸引住眼球,不会再按照顺序,一章接一章地听作者娓娓道来。我在一个网页上只会停留3～5分钟,然后就点击链接,跳转到另一个网页。十几年来,我一直在消化这种"快餐式"的信息,现在,这种情况令我备感困扰。语言病理学家丽塔·切瓦斯科用"松鼠式"来描述这种阅读方式,也就是说,我们让自己的视线和注意力在页面上跳跃,捡拾一些信息碎片加入收藏,而不是用心地连续读完一篇文章。

著名识读专家玛丽安娜·沃尔夫(Maryanne Wolf)对这种阅读方式的转变进行了研究。对于她的观点,我很欣赏的一点是她没有指责我们因为使用互联网而改变了阅读习惯,她感兴趣的是人类如何才能同时拥抱书本精读和数字浏览两种模式。沃尔夫表示,到四年级时,孩子们就可以成为她所说的"双语使用者":"除非有相反的研究能够说服我,否则我相信,我们需要的是一种经过精心设计的教育模式,将儿童培养成真正的'双语使用者',让他们能够根据不同的情况选择合适的阅读方式。就像你我一样,我们可以求助于书本,可以在需要放慢阅读速度时把文章打印出来。"沃尔夫认为,今天的成年人在成长过程中养成了深度阅读的习惯,所以哪怕在接收数字化信息时,他们也能在需要的时候重拾深度阅读的状态。她继续说道:"我们能有多大的收获将最终取决于对注意力的使用。我们希望随着时间的推移,孩子能够学会合理使用自己的注意力。我们的大部分电子邮件都不需要深入阅读,但面对那些需要仔细思考的内容,我们就需要让自己进入深度阅读的状态。"我们的工作就是引导孩子体验这两种不同的模式,帮助他们平衡这两种体系。

很明显,如今,兴奋型专注模式正在再次占据主导地位。无论是在线上还是线下，它都已经成为我们与阅读内容的主要互动方式。兴奋型阅读的问题在于，我们常常只停留在字句的表面，未能深入思考。我们想要培养的是孩子在理解过程中将各种想法联系起来的能力，而这需要深度型专注的参与。

## 修复阅读习惯，沉浸于深度阅读

我们的孩子是在"快餐式"的数字信息中长大的，相比之下，书本常常会让人觉得神秘或者过时，我甚至曾经试图在真正的书页上"滑动"手指来翻页！无论是阅读书籍、诗歌、文章，还是网络内容，这个过程就像走进作者的精神客厅，拉开一把椅子坐下来。我还记得早期的线上讨论区是如何让内向的人从他们的壳里走出来的。容易害羞的人可以通过打字表达自己的想法，不用担心外向的人会打断他们或者在听到他们精心构思的想法后大喊大叫。阅读让我们了解彼此的内心，让世界变得更加美好。互联网时代曾被誉为分享和理解的黄金时代。随着人们之间交流的增多，仇恨就会逐渐消散，神圣的爱也会开始绽放，还有……停！这些美丽的梦被网络上的攻击者们彻底打碎了！阅读从一种孤独的快乐变成了充满风险的公开双向交流，我们获得的要么是被人回应的喜悦，要么是被人针对的打击。网络为我们带来了一些阅读的益处，但同时，它也弄丢了一些东西。

今天的数字世界更像是一场在无数房间中举办的、有着无数参与者的派对。谈话一直在进行，到处都有人聊天，当你试图找个地方停下来的时候，可能会觉得自己像一颗弹珠，被人撞来撞去，根本停不下来。我们在对话中来来去去，这让我们学到了不少东西，但与许多人起初乐观的想象不同（有过这种想法的人请举手），几十年过去了，这个全球参与的出版项目非但没有打造出一个乌托邦，反而带来了一个可怕的后果：人们变得更喜欢做发言人，而不是听众。在一个平台上向无数读者发表观点，这是一种令人陶醉的体验，能够随时向文章作者做出反馈也是一件很诱人的事情，但这些反馈往往只是即兴的、直接的、瞬间的想法。在加入一刻不停的在线对话世界时，孩子们就像迈进了急流，事实上，他们根本就没有见过之前的世界！这种充满压力的、对任何事情都要做出反应的参与方式会削弱人们对线下阅读的兴趣，因为线下阅读既没有对抗，也没有激励，独自阅读一点也不像"派对"。

面对这个少有人打理、杂草丛生的全球写作园地，读者可以用深度阅读作为应对之策，踏上一段持续的阅读之旅。深度阅读意味着耐心地思考一个想法，就像与一个人悄悄地躲到派对上的一个安静角落，细细聆听彼此的心声，不受外界的打扰。像倾听一样阅读意味着要努力形成自己的理解，而不是企图纠正或附和作者的观点。给予作者充分的发言空间，让他们把观点和故事充分地讲述出来，如此一来，读者就能最大限度地感受到作者的影响力。这不就是我们写作的初衷吗？我们希望得到倾听，得到了解，得到认真对待。深度阅读意味着没人要求你发表评论，至少不是马上发表评论。在深度阅读中，读者与文本之间的内部对话可以是丰富且坦率的。

为了让阅读成为孩子的加油站，成年人需要创造条件，促进深度阅读的蓬勃发展。纸质书最适合用来培养孩子的深度阅读能力，只有在缓慢而不受干扰的沉浸式阅读中，孩子才能对读到的内容进行批判性的思考。当然，阅读水平也很关键，如果孩子还在忙着识字，那么深度的默读练习可以留到以后再进行。深度阅读的美妙之处在于，它会在孩子的一生中不断地发挥积极作用。孩子会在头脑中进行观察、建立联系，这些过程是我们无法直接看到的，但是，耐心的阅读能够使读者开始真正、全面、深入地思考。

深度阅读不仅是一剂良药，它还会带给我们许多其他好处，例如激发我们的想象力，让背景知识与新概念产生关联，用推理和文字游戏让我们畅快大笑，用句法和我们玩游戏，引发我们的洞察和顿悟。深度阅读意味着专心地、长时间地聆听同一个声音，让作者用自己的方式对我们诉说，直到我们能用自己的方式理解作者——这是一种信任。如果我们能在阅读时给予作者自由，我们就会在内心为他们的观点和故事留出一席之地。我们不再急于表示赞成或反对，可以带着新信息继续前行，等其慢慢沉淀，然后再做出评价。正是这种慢节奏的交流带来了活跃的智慧，我们希望自己和孩子都能拥有这种活跃的智慧。

事实上，深度阅读可以帮助孩子克服任何概念理解上的困难。一个对数学运算或科学概念感到困惑的孩子可能需要更多的时间来对概念进行加工，然后进行实践。帮助这些孩子的一个方法就是把信息打印出来，鼓励他们先专心地默读，再做尝试。有时候，我们急于让孩子"学会"，结果却让他们的内部加工系统短路了。进行内部加工时，孩子需要将注意力集中在文本上，不受任何干扰，而有时，这些干扰恰恰来自我们！我们也可以像切瓦斯科建议的那样，让孩子把学习内容大声地读出来，这么做有很多好处，可以放缓阅读速度，提供听觉反馈，调动注意力。想想成年人是如何大声地朗读驾驶指南的吧！大声地朗读可以帮助孩子集中注意力，从而增进理解。

判断读者是否在进行深度阅读的一个方法是要求他们准确地复述作者的观点（不一定要表示同意，但也不要马上做出批评）。这利用了"叙事疗法"背后的心理学原理，让读者用自己的话复述作者传递的信息，尽量保留作者的原始风格。夫妻疗法和叙事疗法有类似之处，心理治疗师会要求你倾听配偶讲话，不要打断对方，将听到的内容复述出来，但不要对对方的动机加以揣测。这件事听起来容易但做起来难，因为我们往往会立刻根据自己的立场做出揣测。

当作者的观点不符合我们的期望或故事情节令我们感到不安时，倾听式的阅读可能不啻持续的煎熬（这一点也像心理治疗！）。阅读的内容并不总是令人愉快的，但是，倾听作者意味着安静地坐着、忠实地聆听、准确地复述，而不是急于发表自己的意见。线下阅读可以让我们在不舒服的状态下坚持得更久一点。要做到倾听式阅读，我们首先要相信作者是一个理性的人，或者至少要相信作者的思想对他本人来说是有意义的，即使他的思想挑战了既定事实或带有偏差，这种观点也总有其价值。做到这一点并不容易，特别是当我们阅读的文章是一篇阴谋论或指责我们构成了系统性问题的一环时。

深度阅读的优势在于，它可以让我们在需要的时候停下来，坐下来慢慢地思考某个想法或某种经验，而不是匆忙地做出评价。在深度阅读中，我们可以让自己的情感沿着长长的故事线自然发展，而不是被博人眼球的标题或情绪化的短篇博客牵着鼻子走。不仅如此，深度阅读还可以帮助我们在作者和读者之间画一条健康的分界线。在社交媒体上，我们常常觉得自己有必要发表意见，表明我们与社群站在一起，私人化的深度阅读则能让读者看一看他人的想法，而不必表明态度或受到他人的评判。

互联网给我们制造了一个错觉，让我们以为自己想知道的一切都已经准备就绪，我们无须付出多大的努力就可以轻松地得到，结果，我们学会了记住信息的位置，而不是信息本身。对思考来说，这是一种彻头彻尾的损失，它让我们的大脑无法像以前那样轻松地建立联系，而建立联系是产生洞察的前提。我们的孩子知道如何应对数字世界中的多重信息输入，他们可以一边打游戏，一边发短信，一边剪辑视频。我记得我的女儿曾经一边写数学作业，一边打开了6个聊天窗口，将兴奋型专注的非凡灵活性发挥到了极致。可是，要掌握新的数学技巧，这种学习方式是行不通的，她需要全神贯注。作为家长和教师，我们有责任教孩子学会如何从兴奋型专注模式转换到深度型专注模式，帮助他们沉浸到学习中。

培养深度阅读的习惯类似于锻炼身体。为了身体健康，我们会选择参加动感单车课程或马拉松训练，尽管最初的5分钟或几千米会让我们感觉备受煎熬，但我们都知道这种锻炼是对身体有益的。如果想让自己的大脑保持良好状态，我们也需要锻炼大脑，方法就是训练自己放慢速度、有意识地持续专注于一篇文章，即使前5分钟同样让人感到吃力。我们可以先创造有助于进入深度型专注模式的条件，然后提升自己坚持耐心阅读的能力。

**批判性思维工具箱**

- **兴奋型专注**：大脑时刻保持警觉，同时处理多项信息，最终实现自我保护。
- **深度型专注**：在独处时阅读观点，仔细思考，将它同其他想法联系起来。
- **深度阅读**：专心地、长时间地聆听同一个声音，让作者用自己的方式对我们诉说，直到我们能用自己的方式理解作者。

## 思维练习：深度阅读

将注意力集中在一种信息来源（书籍、文章等）上，至少坚持10～15分钟，目标是20分钟。使用纸质书而不是电子书有助于注意力的集中。一般而言，你需要7～10分钟静下心来，15分钟进入深度型专注状态。每周抽出几天时间进行20分钟的默读，这是一个很有益的习惯，你可以同家人或孩子一起培养这样的习惯。

如果你的孩子有阅读困难或容易烦躁，你可以将时长设定得短一些。有些孩子更适合"结伴阅读"的方式，你可以和他们轮流大声地朗读阅读内容。

下面的深度阅读训练需要你家中所有的孩子和至少一个大人参加。所有参与者把自己的手机放进一个篮子，然后把篮子放到另一个房间。所有人都在房间里找个舒适的地方坐下，定好计时器。现在，开始默读，直到计时器响起。

如果孩子还太小，无法一个人一页一页地翻看图书，你可以让他们坐在大人的腿上阅读。这个练习有一个小窍门：在默读的时候点燃一根蜡烛可以帮助年幼的孩子保持安静。蜡烛是一个保持安静的视觉信号，点燃蜡烛后，所有人都要停止讲话，开始专心阅读。阅读时间结束后，你可以让孩子来把它吹灭！

## 深度阅读小贴士

1. 消除干扰（把手机放到另一个房间）。
2. 按从头到尾的顺序读完一本书。
3. 以适中的速度阅读（这不是一场赛跑）。
4. 阅读时不要问问题，也不要起身去吃零食。
5. 与家人一起阅读（类似于学习骑自行车时使用辅助轮）。
6. 掌握一定的深度阅读技巧后，尝试晚上在床上阅读（已经达到专家水平）。
7. 从 5～7 分钟开始，逐渐增加阅读时长（可以定一个计时器）。

目标：每周抽几天时间，不间断地阅读 20 分钟。

在计时器响起后停止阅读。不要急着抛出一堆阅读理解问题，让每个人独自体会自己的反应和情感。当大家都习惯了安静的深度阅读之后，再将难度提升一个等级。在前往牙科诊室或其他需要等待的场合时，带上一本书，而不是平板电脑。

## 深度阅读配套练习

深度阅读能够使孩子接触到各种各样的思想和具有个人意义的重要观点。对成年人来说，阅读文学和非文学类作品既是为了享受，也是为了获取信息。成年人在阅读时往往更加放松，有更多的余力来形成自己的理解，将读到的内容和自己的个人经历及世界观进行对比。孩子也能够建立这种深层的联系，但前提是我们要改变他们对阅读的看法，给他们足够的空间让他们把读到的东西和自身联系起来。

斯坦福大学研究者萨拉·莱文（Sarah Levine）建议向孩子提一些会

引出两极分化回答的问题。她建议使用"拇指向上、拇指向下"的方法来引出孩子对文学作品的反馈，将这种方法概括为"赞成、反对、中立、为什么"。在这种练习中，阅读伙伴（家长或教师）先提出一个具有争议性的问题，比如"故事中的这个场景看起来是积极的还是消极的？"，认为积极的孩子向上比大拇指，认为消极的孩子向下比大拇指，如果有人认为两种特征都有的话，那就一只手拇指向上，一只手拇指向下，然后请孩子解释他们为什么会给出这个答案。在家里做这种练习可能会让孩子感觉到有压力，但是，这么做是很有帮助的，可以让孩子与书中的内容建立联系，而不仅仅是复述信息。

可以用在这种练习中的问题还有：

- 你同情这个角色吗？
- 对这一场景的天气描写暗示着事情会有转机还是会变得更糟？
- 这个叠词的使用引发了积极还是消极的情绪感受？

这些问题能够引导孩子对阅读做出直观反应，有助于他们从阅读中找到个人化的意义。读研究生的时候，我的教授喜欢布置阅读作业，还会要求我们每周就阅读内容写一篇 500 字的读后感。我喜欢这种练习！阅读后与自己的对话引出了一些极具成效的思考。由此可见，在培养批判性思考者的过程中，我们既要发挥深度阅读本身的作用，也不要忘记从写作和讨论中获得的益处，通过写作和讨论，孩子的理解不仅会变得更加清晰，而且对其个人来说会更有价值。可以说，写作是另一种形式的深度型专注和学习。以下练习能够进一步提高深度阅读的价值，使一些重要的联系得以建立，你可以让孩子每个月做一到两次这样的练习。

### 抄写 5~9 岁

抄写小说、戏剧或诗歌中的重要段落已经成为许多学校都会采用的一种练习方法，识读专家们也开始越来越重视抄写的作用。

抄写练习的流程是这样的：让孩子挑选一个段落，把它手抄到笔记本上（也可以将其输入电脑，保存成可以打印的数字文件）。由孩子挑选他们觉得有价值的内容进行抄写。在我家，我们将这些段落称为"黄金段落"。抄写完一个黄金段落后，孩子会附上一两句话，解释选择它的原因。让孩子在每次的抄写后注明日期。过一段时间之后，孩子就拥有了一本珍贵的"相册"，里面记录了他们读过的内容和主要收获。抄写有助于让读者感受到文字的美和力量。我们也要鼓励孩子不时地重读这些抄录的内容。不知不觉间，主题慢慢浮现，联系也逐渐建立起来，而这些在第一次阅读时可能并不明朗。

### 札记 10～12岁

许多作家和学者都喜欢写札记。所谓"札记"，指的就是个人精心编写的笔记，记录了作者本人的想法和反应，以及相关的观点和名言隽语。你可以把它想象成一个"剪贴簿"，不过里面记录的是想法而非事件。札记的内容不像刊物的那样规整统一，而是汇集了各种各样的想法和引用。在培养未来的学者时，我建议你引导他们一边读书，一边写札记，不必每页都写，从每隔几章写一次开始就可以。孩子也可以在札记中草草地记下某个人物的简介、一张地图的概况、一些陌生词语，以及自己的疑问或感受。这本"书"通常会成为孩子某段人生旅程中的珍贵日记。让孩子写札记就像每隔几周给孩子的头脑拍一张照片，最终，你将获得一本完整的心灵相册。

### 反思性随笔 13～18岁

对青少年读者来说，现在是养成在读完一章或一本书后写读后感习惯的好时机。刚开始时，自由写作是最好的形式。自由写作是指预设一定的写作时长，定好计时器，写下这段时间内想到的任何东西，不用考虑字词或标点符号的使用是否正确，只要在想法出现的时候把它照原样记下来就行了。我们让孩子进行自由写作的目的是让他们对自己的阅读做出反思，因此，我建议让孩子针对阅读内容的某个方面展开写作。

以下是对青少年读者提出的几点建议：

- 从今天的阅读中选出一个写作关键词。例如，你可能读的是关于"个性"或"不公正"的内容，那你就可以拿出一张纸，在最上方写下一个关键词，然后开始写作。每当你感觉卡住了的时候，就另起一行，重新写下一个关键词，然后继续写。将纸张横放、使用没有格子的白纸，或画一个方框来总结自己的想法，这些做法都很有帮助。
- 如果读的是小说，那你可以写一写它使用的文学手法、某个角色的动机、刚刚看过的某个情节引发的感触或引用小说中的一句话。
- 如果读的是非虚构类作品，你可以用自己的话对论点或事实信息进行复述，或者用 5 岁孩子能够理解的语言复述这些想法或论证过程，还可以写一写那些给你留下深刻印象的新信息或新视角。

接下来的步骤是让孩子从这些随笔中挑选一篇，润色成一篇 500 字的读后感。这个过程的重点在于让孩子完善或澄清之前"卡住"自己的想法。让孩子把最新的想法写下来，告诉他们可以让自己的思维自由地发散。深度阅读和开放式反思为更深层次的批判性思考奠定了坚实的基础。

现在，孩子们已经发现了阅读的力量，接下来就轮到经验出场了！在第 9 章中，我们将探讨如何利用直接经验、间接经验和想象力来帮助孩子加深与学习主题之间的联系。

# RAISING CRITICAL THINKERS

## 09

**把3种经验加入批判性思维工具箱，
发现熟悉与神秘**

RAISING
CRITICAL
THINKERS

**批判性思维故事汇**

　　大卫·C.罗伊是一位艺术家，有物理学背景，而他的妻子是一位雕塑家。在妻子的帮助下，罗伊创作了300多件动态雕塑，这些由机械驱动的木制艺术品能以一种赏心悦目的方式旋转往复，不需要使用任何电子元件。他设计得最成功的一套发条装置可以让雕塑持续运转48小时。罗伊解释说，他和妻子的目标是设计出"能够实现自我充能和可控释能"的作品。他们的雕塑作品令人着迷，然而罗伊在接受《连线》杂志采访时表示，他的大部分工作都是在试错。

通过行动获得一种新的思考方式比通过思考获得一种新的行动方式更容易。

——正向偏差应用之父　杰里·斯特宁

大多数人都会赞同"阅读是获得良好教育的关键"的说法，其实，阅读也可能对学业造成危害，愿意承认这一点的人就没那么多了。我知道，在很多人看来，这简直是胡说八道！阅读能够提供无法从直接经验中获得的细节，然而，如果不对这些细节加以检视和证明，不把它们从里到外审查一番，去掉巧妙的网站设计附加的光环，就容易得出过度简化和自以为是的结论。能够对观点进行检验的，就是经验。

举个例子：你在洗澡的时候忽然想到了一个点子，你觉得它很棒，想把它写下来，但在动笔的那一刻，头脑中的字句仿佛消失了。把想法写出来，这个尝试立刻揭露了它还不够清晰的事实。这就是经验的力量，它会驱使你做到精确，它揭露了哪些是你确实知道的，哪些是你不知道的。正如写作会揭示思想中的疏漏，经验也能揭示学习中的漏洞。它破除了我们的盲目自信（"我已经掌握了这些知识"），让我们意识到自己仍然是一个新手（"其实，我还没有完全掌握"），然后，在一段时间之后，引领我们成为真正的专家（"现在，我已经熟练掌握了"）。

想象你阅读了钢琴乐谱，然后把手放在了琴键上。一开始，你无法记起刚刚看过的谱子，尽管看的时候你感觉自己已经全都搞明白了。你的双手不肯听从大脑的指挥，你知道应该弯起手指，按快板的节奏弹奏，但你手忙脚乱，在应该弹黑键的时候错弹了白键。这种经历令人恼火却也带来了启迪。练习能够搭建起大脑中的神经通路，让你的手知道该做什么、怎么做以及什么时候做。直接经验的获得者、获得媒介和受益者都是身体本身。如果你在阅读音乐类书籍的同时也能学一学如何演奏钢琴，那么在接下来的人生中，你对音乐的鉴赏能力将会达到一个完全不同的层次，你的洞察力将来自直接的经验，而不是读过的书。

与直接经验类似，间接经验也会影响思考的质量。历史题材小说、电影、戏剧、音乐剧，以及纪录片、新闻报道、音乐会和采访能够让我们接触到我们永远无法亲自去了解的人物、地点和事件。一部还原了某个历史时代的服装和背景的电影可以极大地丰富我们对这一时代的看法。通过观看一位国家领导人的采访视频，我们可以获得报纸文章上没有的信息（例如领导人的肢体语言和语调）。间接经验为我们的思考增添了复杂的细节。

深化批判性思考的另一种方法是唤起想象力。在无法获得直接或间接经验时，如果你知道如何适当地使用想象力，就可以在想象中让模糊的印象变得清晰起来。例如，小说可以帮助读者深入地设想另一个人的观点。英国小说家E. M. 福斯特（E. M. Forster）在其系列讲座"小说面面观"（Aspects of the Novel）中说："在日常生活中，我们从来没有彼此理解过，既不存在无所不知的千里眼，也不存在毫无隐瞒的自白……但只要小说家愿意，小说中的人物可以被读者完全地理解，他们的内心和外在生活都可以暴露在读者面前。"通过想象与人物的亲密接触（先由作者分享给我们，再由我们在脑海中再现），我们获得的不仅仅是对历史的直接记录。直接、间接和想象中的经验增加了我们理解的深度。

我们的孩子是天生的近视眼（事实上，成年人也一样）。我们透过身份打造的种种镜头看世界（参见第6章内容），而经验能够扩大我们的视野，让我们看到其他人的感知和逻辑故事。如果把批判性思考看作一场由三段旅程组成的旅行，那么无论从哪个角度看，经验都是承上启下的第二段，是至关重要的一段。

## 经验重塑大脑，练习促成进步

学校里的一些课程比其他课程提供了更多的经验，比如化学实验课，然而，大多数的核心课程采用的并不是这样的教学方式。这或许就是科学展览、数学竞赛、历史剧目和文学杂志如此受欢迎的原因，我们希望用这些侧重于经验的活动让核心课程变得生动起来。可是，如果你问青少年在学校里最喜欢上哪些课，最有可能获得提名的仍然是音乐、摄影、艺术、手工、计算机编程、戏剧或体育。这些课程和社会课、数学课、英语课有什么不同？答案是它们会鼓励孩子们动手去做，会把工具交到孩子们的手中（例如，让孩子们吹大号、传球、写代码、制作陶罐、用彩灯装饰舞台）。孩子们生来就倾向于为了应用而思考。讽刺的是，他们喜欢的大多数课程都被视为"课外活动"，就好像我们已经认定，真正的教育注定是枯燥的，而除此之外的都是娱乐。

事实证明，选修课触及了良好教育的核心。直接经验会重塑大脑的神经通路，让孩子能更好地集中注意力，更快地掌握技能。你可能有过这样的记忆：你在考试前临时抱佛脚，顺利通过了考试，但两周后你意识到，如果现在再考一次，你已经很难拿到及格的分数了。与此不同的是，一个在乐队比赛中负责吹长笛的孩子很可能在一个月或更长时间后还能演奏同一首曲子。这二者之间的区别是什么呢？

你"背诵"的所有东西都会暂存在工作记忆中，但不一定能进入长时记忆。我很喜欢尼古拉斯·卡尔对这两种记忆的定义："如果说工作记忆是大脑的草稿本，那么长时记忆就是大脑的档案室。"工作记忆强的孩子通常成绩更好，在考试时比工作记忆弱的孩子更有优势，他们能够快速地记住学习内容，并在第二天的考试中轻松地回忆起这些内容，可以把课堂笔记复制到大脑的剪贴板上，为第二天的考试做好准备。然而，如果希望获得更有意义、更加持久的洞察，学到的知识需要转化为长时记忆。长时记忆能够使复杂的概念（研究者称之为"图式"）得以形成,能够让我们在不同种类的信息(如主题、记忆、关系、语言、技能和个人感知)间建立起联系。事实上,这就是形象视觉能够帮助学生记住阅读内容的一个原因。"信息需要从有限的工作记忆跃迁到更强大的长时记忆中,要加速这一进程,最有效的一个方法是给文字配上相应的图像。研究表明,我们能记住的书面或口头信息大约只有10%～20%,但形象化呈现的信息能记住65%左右。"我们甚至能够记得某段内容出现在书的哪个位置:它位于页面右上角,出现在整本书约1/3的位置。这个例子向我们展示了阅读中的感官经验是如何帮助我们记住读过的内容的。事实上,这也是很多人喜欢纸质书胜过电子书的原因。大脑会利用形象记忆帮助我们记住对应的内容。

经验能够帮助孩子深入理解所学内容,这种理解是个人化的,而且很有用处,极具价值。讽刺的是,今天的孩子常常觉得,没有必要将读过的信息一一记住,只要动动手指,在网上搜索一下,任何信息都唾手可得(成年人也会这么认为!)。我们很清楚,我们想知道的一切都可以在手机里找到,所以就不再关注繁杂的细节。我们知道,我们无须记住所有的信息,所以就不再费力去记忆。互联网并没有让我们变得更聪明,而是变得更有依赖性,更难以集中注意力。

这让我想起了自己在观看高中生橄榄球比赛直播时的经历。我发现,虽然自己紧盯着球场,但常常看不到触地得分是如何发生的。每到得分时刻,我的大脑就想看一看回放。对我来说,实时捕捉动作非常困难,我的大脑已经知道摄影师会比我更密切地关注赛况。在看橄榄球大联盟的比赛时,我依靠电视回放才能"真正地"看到触地得分的过程,但大多数高中生体育比赛没有回放,一旦你错过了得分的那一刻,你就永远错过了!事实上,你甚至可以一边观看,一边却漏看了它,问题的关键就在于——我们期待有人替我们集中注意力。

孩子们可能会问:"为什么我要去费心注意这些事情呢?所有的信息都已经存在我的手机、计算器、笔记本电脑或云空间里了。"诚然,这些都是了不起的发明,它们能够实时为全人类存储数据,并且允许我们对数据进行更新,但同时,这些发明也让我们面临困境。除了在我们偶尔使用这些信息的时候,储存起来的信息与我们的日常生活是脱节的。信息一方面唾手可得（例如税务问题及其答案），另一方面却晦涩难懂（同样，例如税务问题及其答案）。如果我在这个领域没有足够的经验，无法运用读到的信息，再多的信息对我来说又有什么用呢？虽然我很难看懂网上的税务知识，但我很擅长阅读食谱，只要看一看配方和烘焙过程，我就能知道哪些糕点会好吃，哪些不会。这是有原因的。我在厨房里忙活了 30 年，这些实践经验教会了我如何读懂食谱，能够帮助我做出准确的判断。

神经学家大卫·伊格曼[①]解释说，每当我们获得一种经验时，大脑的神经通路就会改变。大脑为什么要做出这种改变呢？答案是它要为最有效的行为方式进行编码。伊格曼认为，**天赋来自数千小时的练习**，这就是为什么你可以表现得越来越好，而且看起来毫不费力。练习确实会重塑大脑，这既影响了学习过程，也影响了认知结果。最有天赋的那些运动员、演员和军人往往也是最自律的。他们严格训练，大脑不断地从经验中汲取信息并对其进行加工，这让他们在需要的时候可以自动做出反应。这样的神经重组也可以在数学、艺术、写作和经济学研究等领域见到。如果我们有意寻找，就会发现任何学科都包含了一定的经验成分。练习促成进步。优秀的表现背后，是与其相匹配的大脑。

根据大脑研究者芭芭拉·奥克利（Barbara Oakley）博士的说法，儿童学习者基本可以分为两种类型，她给二者分别起了昵称，将其中一类称为"赛车手"，另一类称为"徒步者"。

一些学生确实拥有类似于赛车的大脑，他们思维敏捷，在课堂上经常第一个举手，但正如我即将讲到的，速度不一定是优势。你可以这样

---

[①] 大卫·伊格曼（David Eagleman），脑科学家，大脑可塑性、时间感知、联觉和神经律等方面的权威人物。其著作《1 立方厘米银河系的我》《三磅皱褶的创造力》《皱巴巴果冻的绚丽人生》《粉红色柔软的学习者》《死亡的故事》中文简体字版已由湛庐引进、浙江科学技术出版社及北京联合出版公司出版。——编者注

类比：赛车手能够很快到达终点，但他们看到的景色一片模糊；徒步者的速度要慢得多，但他们可以伸手触摸树叶，闻到空气中的松叶清香，看到小兔子的足迹，听到鸟儿的鸣叫。徒步者的经验与赛车手的全然不同，在某些方面，徒步者的经验更丰富、更深刻。

在学校里，"赛车手"学生一般会得到更多的奖励。学得快被认为是聪明的表现，较慢的学习者不会因为缓慢的速度得到称赞，而会经常被归入"后进生"或"不够聪明的学生"的行列。奥克利指出，这两类学习者之间的区别可能仅仅在于使用工作记忆和长时记忆的方式不同："'工作记忆'和'智力'这两个术语描述的是相互关联的内在过程……如果工作记忆较弱的人建立并加强了长时记忆中的神经连接，那么，这些连接将反过来增强他们对该主题的工作记忆。"

奥克利想要说明的是，工作记忆强的孩子不一定擅长批判性思考。他们往往会透过正确答案的棱镜来看待学习，而不是将学习视作提升认知深度和广度的工具。由于在存储信息时付出的努力较少，他们可能没有对所有的含义进行过彻底的思考，我们在第3章的单选题测验中已经见识了这种情况。这就是经验的重要意义所在，所有类型的学生都需要综合使用多种学习方法，那些工作记忆较弱的学生尤其如此。将阅读与经验相结合可以为神经连接的建立创造最佳条件，正是这些连接让学到的知识能够在需要时发挥作用。

奥克利还告诫说，不要做单纯重复且缺乏意义的练习："当然，没有人喜欢通过设计糟糕的'死记硬背'来建立和强化神经连接……如果给予工作记忆较弱的人更多的时间和精心设计的练习，他们可以在自己的专业领域中表现得和工作记忆强的人一样好，甚至更好。"奥克利并不否认某些"死记硬背"式训练的价值，它们可以为进一步的学习打下基础。例如，音阶知识对学钢琴很有用，背诵乘法表可以为数学学习提供方便，但缺乏意义的机械练习会让学习变得枯燥乏味，让学生感觉难以投入。

选修课的存在使学校教育变得更加平衡。每个人都必须在实践中检验自己的答案，而不仅仅是记住正确的信息。高中阶段成绩不佳的成年人常常会自豪地回忆起自己负责组织才艺表演或担任排球队队长的经历，缺乏应试能力并不会影响他们在课外活动中的表现。

## 直接经验是通向批判性思维的捷径

将深度阅读和直接经验结合起来可以帮助我们获得最佳的学习效果。如果你想要掌握一项园艺技能或学会一门乐器，成为杰出的厨师或外科医生，学会修理汽车或分析剃须膏配方的安全性，能够驾驶飞机或利用风能，仅依赖书本是远远不够的。高等教育工作者已经认识到这一点，在经过书本和课堂学习之后，学生必须参加培训和实习，接受真正的训练——动手实践！我可不希望找一名考试全优但从未实操过的医生为我治疗脚踝，我希望我的医生真正地做过几台手术，成功地接好过受伤的骨头。

作为一个外行，你或许能看懂网站上关于"如何重新铺设厨房下水管道"的文字说明，然而，只有在你完成修理、打开水龙头的那一刻，我们才会知道你究竟理解了多少！在试卷上通过测验和在厨房里通过测验是不一样的。当孩子们把学到的知识付诸实践，而不仅仅将它们用于书面考试时，他们的批判性思维就会被激活。

我想到了来自康涅狄格州的一位艺术家——大卫·C. 罗伊（David C. Roy）。罗伊有物理学背景，而他的妻子是一位雕塑家。在妻子的帮助下，罗伊创作了300多件动态雕塑，这些由机械驱动的木制艺术品能以一种赏心悦目的方式旋转往复，不需要使用任何电子元件。他设计得最成功的一套发条装置可以让雕塑持续运转48小时。罗伊解释说，他和妻子的目标是设计出"能够实现自我充能和可控释能"的作品。他们的雕塑作品令人着迷，然而罗伊在接受《连线》(Wired)杂志采访时表示，他的大部分工作都是在试错。他的这句话让我大吃一惊：他受过那么多的物理训练，但在设计机械构造时仍然需要不断地测试，他受过的训练并没有自动给出所有答案。我喜欢窥探他的工作状态，观察他的想象力、教育经历和问题解决能力是如何完美地交织在一起的。基础教育和经验是非常好的合作伙伴，它们可以共同激发尝试的意愿，启发深刻的洞察，引出更好的解决方案。

你有没有看过孩子们摆好一排蜿蜒的多米诺骨牌，再轻轻一推把它们全部打翻？我曾经把这种活动当作一种愉快的消遣、一件适合雨天做的趣事，但看过罗伊的工作方式后，我突然想起了我的儿子对多米诺骨牌的痴迷。摆放骨牌是一项艰苦的工作，你要为两块牌设置合适的间距，通过不断试错搭出曲线的形状，构思搭一个上坡还是下坡。在这个过程中，我的儿子需要不断地推理、猜想、试验（将一个分支接入主体结构前要对其进行测试），只有在他把骨牌推倒的那一刻，我才能看出他从每次尝试中究竟收获了多少。这期间出现了很多令人沮丧的时刻，比如不小心提前碰倒了一长排骨牌，两块骨牌相隔太远导致无法相继倒下，弯道太急或坡道太陡。在第一块多米诺骨牌被推倒之前，大家都屏息静气。急促的碰撞声响起后，观众们焦急地等待着，期盼这些蜿蜒排列的骨牌能迅速倒下，直到最后一块被撞倒在地，发出象征胜利的"咔嗒"一声。这体现出的就是直接经验的力量。

此刻，也许你想知道如何将批判性思维的强大力量运用到传统学科的教学当中。不管什么信息，如果我们希望它对个人产生意义，换言之，希望它与个人的精神世界产生千丝万缕的联系，那么不妨借助直接经验的力量。

在家中教自己的孩子学习数学时，我很担心会把自己那糟糕的数学技能也传给他们，为了避免这种情况出现，我研究了如何通过动手操作教授基础运算。我和女儿做了一次很棒的尝试，我们是这样做的：

- 挑选一种物品（如贝壳）作为计数工具。
- 通过不同的排列方式将乘法表中的运算表示出来：
  每组放2个贝壳，一共3组，总共就有6个贝壳。
  将这6个贝壳重新分成2组，每组会分到3个。以此类推……

我让女儿用一罐贝壳把乘法表中用到数字"2"的运算表示出来。她开始动手拼拼摆摆后，我就去给婴儿换尿布了。回来的时候，我发现我那 9 岁的孩子用贝壳摆出了一个漂亮的图案——先是一个看起来像是数字"2"的图形，接着是一个摆放规整的"×"，然后是另一个"2"，后面跟着两条横线，最后是数字"4"。她没有理解我想让她做什么，只是用贝壳代替铅笔，写出了一个等式。她当时是怎么向我解释的呢？她说："这就是乘法表的样子。"她记住了问题的模样，但没有理解背后的数学原理。

这个"失败"的练习也有好处，它让我们一起发现了隐藏在她脑海中的关于乘法的漏洞。如果她正确地回答了练习册上的问题，这个漏洞就会被忽略过去了。通过这个任务，她发现了在数学的外在形式和内在原理之间缺失的一环。我们一起摆弄了许多计数道具（始终远离纸笔），直到她对这些加法的简便算法有了充分的理解。除此之外，我们还把计算过程写在了卡片上，将阅读用作我们的备份系统。事后再看，我意识到这也正是我的数学学习中缺失的一步。通过将实践操作和阅读结合起来，我女儿的数学水平得到了提高。

玛利亚·蒙台梭利（Maria Montessori）说，在传统的课堂中，我们经常可以听到学生大喊："我没法独立完成！"在蒙台梭利学校里，孩子们的声音会变成："让我独立完成吧！"

如果孩子说："我想用电钻！"你听到后会怎么做，是给他们找一本关于电钻用法的书吗？事实上，这是一个和孩子一起动手实践的机会。今天的孩子们都被保护得很好，不会受到各种各样的伤害——换言之，无法拥有各种各样的经验。难怪电子游戏的世界对他们如此有吸引力！电子游戏仍然是一个充满冒险的未知领域，孩子们可以在里面自主地操控各种工具（比如显微镜、萨克斯、斧头，或者主板和显卡），获得有意义的实际体验。**直接经验是通向批判性思维的捷径**，孩子们可以根据现实世界的反馈调整自己的想法和行为。

孩子们会自然而然地爱上一些直接经验，我们通常称之为"兴趣"或"爱好"。他们对某个爱好或活动研究得越深入、越细致入微，从中学到的批判性思维技能就会越多。然而，如果想要培养更广泛的批判性思维技能，有时，其他领域的新奇经验会是更好的老师。一个被滑板运动的速度和敏捷深深吸引的孩子，可以在学着打理花园时收获一些其他批判性思维技能。放慢节奏，耐心地等待结果，每天除草和浇水，关注自然、天气和季节，这些都能让孩子收获新的习惯和品质，例如坚持不懈、敏锐观察、遵守时间规划、热爱自然和乐于照顾他人。想象一下，一个孩子通过滑板运动提高了身体的灵活度和视觉的敏锐度，提升了自己的速度感知能力和反应能力，这时如果再参与一下需要耐心和细心的园艺活动，这对他来说会是多么好的一种补充。如果你想让孩子掌握某种技能，不妨考虑引入全新的直接经验来帮助他们学习。引入新鲜经验的最好方法是和孩子一起参与实践。你可以借助他们已经了解的事物来帮助他们驾驭新的事物："还记得你是如何学会那个滑板动作的吗？你连续练习了一小时，一刻都没有休息。给花园除草也是这样，随着时间的推移，重复的工作会让你得到一个美妙的结果。"

## 用间接经验调动批判性思维

我们还可以通过间接参与的方式将经验引入学习过程。不是所有我们想了解的事情都可以亲自经历（比如历史），而且我们也没有足够的时间把想知道的一切都变成一手经验。谁会为了更好地了解木琴和钹而去学习演奏管弦乐队中的每一种乐器呢？我们会求助于各个领域的专家，因为他们拥有足够的经验，可以为我们提供指导、帮助或消遣。间接经验可以让我们对一个主题有更多的了解和认识。

间接经验的获取方式可以分为以下两种：

- 观察专业人士的行为。
- 获得近似的体验。

我们可能永远都不知道如何演奏一种乐器，但我们可以去听音乐会，观看专业音乐家的表演，从而提高对音乐和音乐才能的欣赏能力。纪录片为我们提供了专家的见解，其内容几乎覆盖了所有主题，从玻璃吹制艺术到其他国家的传统节日，再到本国司法系统的运作方式，不一而足。通过参观工厂、农场、学校或体育场馆，我们可以接触到实际工作中的专业人士。

另一种间接参与的方法是对直接经验进行模拟。我的孩子们很喜欢鸟，他们想知道鸟类是如何在冰冷的水中保持体温的。我们了解到鸟类的尾巴上有一个尾脂腺，它会分泌一层保护膜来防止出现体温过低的情况。我们做了一个实验来模拟这种机制：我们先在一个桶里装满了冰和水。接着，我们在一只手上涂满了起酥油。我们先把没有涂油的手伸进冰桶，接受寒冷的考验，并记录自己能够坚持多长时间，又将涂满油的手伸入冰桶，测量能够坚持的时长。结果让我们大为惊叹，涂了起酥油的手一直都保持着温暖（只要有足够的耐心，我们就可以一直坚持下去）。做完这个实验后，我们对后院里的鸟更加了解了！

近似的体验可以通过很多方法获得。阅读能够让我们接触到过去的事件、遥远的地点和永远无法遇见的人。历史小说为我们提供了背景细节，让我们对古人的行为动机、思维习惯和面临的挑战有了更加生动、具体的认识。除非有时间机器，否则我们无法获得关于历史的直接经验，只能通过复制品来尽可能地体验，例如游览博物馆或观看古装影视剧。我们可以在烛光下度过一个夜晚，体验没有电的时代的生活。在古战场上走一走或参观老兵墓地，能够让我们真切感受到死亡数据的沉重。表演像《悲惨世界》这样的戏剧，能够让学生对法国革命的紧张局势产生切身的体会。音乐剧《汉密尔顿》则为当代的美国学生提供了近似的体验，剧中的歌曲为理解美国建国时期的各种文件提供了关键线索。

家庭版的化学实验，例如瓶子里的龙卷风、变色的康乃馨，以及一直很受欢迎的小苏打火山，提供的大多是间接经验。游戏也特别适合用来提供间接经验，比如做生意、使用地图、照顾宠物或家人、建设世界、成为侦探、体验新的身份、了解其他文化。间接经验可以调动我们的批判性思维，让我们推翻先入为主的想法,从简单的理解开始,一步步将其"复杂化",不断加入细节,最后获得对主题的整体把握。

## 运用想象力,代入他人的视角看世界

另一种在学习中活用经验的方法是利用孩子强大的想象力。对长时记忆的最新研究表明,记忆的形成是一个活跃的过程,而不是简单地把一堆事实装进一组心理文件夹。在谈到记忆和学习时,我们有时会忽略它们的动态性。正如埃德蒙·布莱尔·博尔斯(Edmund Blair Bolles)在其开创性作品《记忆与遗忘》(Remembering and Forgetting)中指出的:"情绪、感觉和回忆线索都会激发想象。想象,而非储存,才是记忆的基础。"当情感和想象力被唤起时,我们便能更快地记住或提取长时记忆中的内容。

儿童生来就会运用想象力去亲近自己喜欢的事物。小孩子们会扮成自己最喜欢的超级英雄,假装自己拥有特殊的超能力。我给大儿子读完罗宾汉的故事后,他管我要了一件绿色的斗篷和一顶帽子。好几个月的时间里,他老是穿着这套装束,不时地进入他的幻想身份。戏剧表演提供了同样的体验,演戏时,你可以凭借想象进入一个不属于你的视角。换装的小孩子和表演戏剧的大孩子发现了一个鲜为人知的关于想象力的秘密:他们可以有意地把自己的身份和假扮的身份区分开。

发现这个秘密意味着即使我的孩子会扮成罗宾汉劫富(我的食品柜)济贫(他的小妹妹),我也不需要担心他会在现实世界里抢劫别人。这就像他给自己施加了一个临时的咒语,让自己体验一下进入别人的视角会有怎样的感觉。孩子们假装自己是小狗,在地上爬来爬去,从碗里直接吃东西,只是为了从小狗的角度看一看世界。他们还会扮作老师、女王、战争中的孤儿、著名运动员……作为成年人,我们应当支持他们做这种游戏,这种根植于想象的经验不会动摇我们在家庭中倡导的价值观。

登台表演的青少年把假扮游戏提升到了一个新的层次。他们进入故事的情节中，确定角色的动机，上演了一出"大变活人"的把戏：所有的选择和动机都属于舞台上呈现的那个角色，而非他们本人。现在站在舞台上的是一个病态的骗子、一个残疾人、一个贪婪的独裁者、一个天真的少女……表演允许演员在内心制造一面墙，把正在表演的自己和被表演的角色分隔开。没有人在看完演出后，会认为一位少年演员和他扮演的角色拥有相同的信念，然而，通过表演，孩子近距离地了解了另一种视角的逻辑故事。

同样，风格各异的电子游戏也能够让孩子们走进不同的世界生活，创造全新的身份，有时还能体验情感上的共鸣。有些游戏特别擅长将孩子引入一种全新的世界观。例如，被誉为"世界游戏"的《永不孤单》以阿拉斯加原住民为主角，向玩家展现了因纽皮雅特人的生活和价值观。"它把一个默默无闻的民族带到了全球的舞台上，将它的传统和价值观展示给众人。"这款游戏让玩家可以通过想象力进入这个世界，感受一种全新的世界观，而对因纽皮雅特人来说，这款游戏把他们的传统讲述给了全世界，让他们能够被看到、被了解。

想象力驱动的经验让孩子有机会改换其他视角而不用担心背叛自己的身份。在读历史记录时，我们常常会从自己的身份出发，对内容产生种种情绪上的反应，然而，当我们进入想象的空间，以他人的方式观察世界时（无论是通过电影、历史小说还是戏剧表演），这种认同或反对的需要就消失了，我们获得了一个临时的身份。想象能够让一个人尝试其他视角，从另一个角度看一看事情的全貌（我们在第2章讨论绘画中的透视手法时也谈及了这一点）。

## 用魔术戏法启发孩子检验可信度

在培养批判性思维的过程中，想象力还有另外一种作用。孩子们很聪明，他们一直都心怀疑惑，只是没有宣之于口："这次经验、这架秋千、这个成年人、这种感觉、这种信仰、这个家庭、这些数据、这只手、这位老师、这个观点、这个社群值得信任吗？"记住，对可信度进行审查是批判性思维中的一个关键技能。早期的"受骗"经历会对孩子的思维方式产生很大的影响。想一想用纸牌或徒手变的那些小戏法吧！这些魔术在带来快乐的同时，也让孩子们感到困惑。先前可靠的认知方式似乎不再起作用，那些事情根本不可能是真的！"我感觉不到耳朵后面有硬币，但它确实在那儿！它就在我眼前被变出来了！"突然之间，孩子明白了什么叫作"我看到的远非事情的全部"。一些被人们广泛接受的"骗局"，例如西方圣诞老人的故事，同样能激发孩子的想象力。一开始，孩子对这些故事深信不疑，认为它们非常神奇、非常美妙，但总有一天，他们心中的幻象会被打破，他们开始认识到圣诞老人的故事只是一种幻想。当孩子第一次接触到不符合感知或信念的现实时，一股强大的认知力量会被激发出来。隐藏在视线之外或突然出现在视线中的东西会给孩子留下持久的印象，他们的大脑会迅速将这些新信息融入他们的世界观——不是所有看到或相信的东西都是可靠的。

在学习任何主题时，一个合格的思考者都会想知道这些讨论中有没有什么隐藏的环节，想知道一份报告是否可信。孩子能够意识到讨论中有某项内容被略去了吗？会对未被提及的观点感到好奇吗？有能力评估某次经验是好是坏、是否重要吗？能够注意到经过歪曲的统计数据并将它指出来吗？这些技能是熟练的批判性思考者的法宝。人文学科的学术训练，特别是历史、文学、社会学、政治学、心理学、神学、传播学、语言学、哲学的学习，是离不开这些技能的。

## 通过尊重历史文化的经验塑造活动进行学习

通过经验进行学习的复杂之处在于，我们的主观性会被自己的感知和理解层层包裹起来，难以被察觉。任何人的思考都会受到积极事件和创伤事件的影响，所以，我们为孩子选择的经验应该能够引导他们去肯定自己的身份，而不是去轻视其他人的身份，尊重每个人的身份是健全教育的必要基础。许多重大历史事件给亲身经历过的人造成了严重创伤，直到今天，这些创伤仍在他们的后代身上延续。

前面提到，戏剧表演有助于在学生的教育中引入经验，然而，有一种特殊的表演可能会起到负面作用——在课堂上重演历史事件可能导致对真实历史的不尊重和可怕的误解。

在《纽约时报》发起的"1619 项目"中就出现了这种令人不安的尝试，奴隶制的惨痛历史变成了课堂上的浅薄经验。一次课堂辩论给 33 岁的简·志（Jane Zhi）留下了深刻的印象，她这样写道："我是反对奴隶制的一方。当时，我站起来，在班上讲述家庭被撕裂、婴儿被从母亲的怀里夺走的经历。我认为我方的论点很容易证明，我们会轻而易举地获胜，所以，当评委们给我们投下反对票时，我震惊极了。"让儿童对奴隶制进行投票表决合乎道德吗？还有一位印第安纳州的老师想让 8 年级的学生体验所谓的"中间航道"（奴隶们在运奴船的船舱中经历的跨大西洋航行，超过 200 万非洲人在此期间死亡）。她让学生们躺在地板上，像胎儿一样蜷缩在课桌下面，然后一边播放令人毛骨悚然的雷声和海浪声，一边不停地开关电灯。她告诉学生，这就是黑人在那次危险航行中的感受。将非洲人被绑架、被暴力虐待、被强行卖为奴隶的真实创伤转化为轻描淡写的课堂体验，这是不可接受的。

2021 年冬天，密西西比州的一位中学老师给学生布置了一篇作文，要求他们以奴隶的身份写一封信。作业指导中提到，他们可以给非洲的家人讲一讲种植园的生活和自己侍奉的家庭，描述一下日常工作或休息时的消遣，也可以写一写他们对"中间航道"的记忆。就算不提奴隶被禁止学习识字和书写的真实遭遇，这个写信的作业也严重歪曲了被奴役者的经历。在教室里进行模拟可能把严肃的历史事件变成一场闹剧。的确，我们有必要让学生体验历史事件，但不一定要把个人经验作为理解的出发点（第 10 章中会有更多介绍）。以"凡事都有两面性"的态度来看待历史是有风险的，这一准则并不适用于所有的事情。不管什么时候，奴隶制都是绝对错误的。试图想象自己处于那些经历中至少是一种轻视，最糟糕的情况下会导致严重的误解。

这类课堂体验和重演活动被称为"亲历历史"，在过去的几十年间，它在教育界很受欢迎，但最近几年开始遭到批评。经验可以教给我们很多事情，但我们必须留意从中学到的东西。在"亲历历史"活动中，搞清楚哪些故事没有被提及、哪些观点没有被考虑进去非常重要。

在研究重现历史上的创伤事件可能造成的影响时，我偶然间看到了一篇由"亲历历史"活动支持者撰写的文章。在文章中，这位老师介绍了自己的一名学生如何为全班同学设计了一场活动来体验美国原住民的生活。这名学生穿戴着自制的原住民服装和头饰，布置了一堆假的篝火，一边在同学间传递一个自制的和平烟斗，一边讲述"她的"部落生活的方方面面。这位老师回忆说，学生们听得全神贯注，他由此得出结论，认为这节课上得很成功。美国原住民将这些传统视作神圣的仪式，他们的和平烟斗、他们的头饰、他们在仪式上使用的羽毛，不是给部落之外的人使用或模仿的，在这个例子中，"亲历历史"活动塑造了错误的经验。重演活动将一个群体视为神圣或创伤的事件搬到另一个群体中，哪怕用意是好的，也仍然会贬损它们的价值。我们可以通过其他尊重文化的方式来获得经验，其中一种方法就是参观历史古迹。

## 通过参观历史古迹获得经验

和孩子们居住在加州时，我和他们一起读了许多关于奴隶制和废除奴隶制的书，在举家搬到俄亥俄州后，我和丈夫看到了一个让阅读变得更加丰富立体的机会。在一月的一个寒冷冬日，我们一家人开车前往俄亥俄州南部旅行，参观了兰金之家，这是北上的"地下铁路"①上的一站，是废奴主义者提供的一系列慈善性质的中转站之一。兰金之家位于俄亥俄河河畔，从那里可以清楚地看到对岸的肯塔基州。约翰·兰金（John Rankin）和他的家人被誉为"地下铁路"上最活跃的一批"售票员"。

---

① 19世纪初至南北战争之前，有许多人前往美国南方种植园解救黑人奴隶，将他们从南方各州带到北方的自由州或早已废除奴隶制的加拿大。这些被拯救的黑奴北上的路线被称为"地下铁路"，它并不是全在地下，也不完全是铁路。——编者注

我们参观兰金之家旧址的那天，室外温度只有零下 9 摄氏度。作为曾经的加州居民，我们觉得气温低于零下 5 摄氏度的时候就不适合出门了。我们穿着借来的外套，戴着不成对的连指手套，蜷缩在汽车座椅里，开了很长一段路才抵达目的地。从停车场走到那栋不起眼的砖房的途中，寒风不断地抽打着我们的脸颊。考虑到约翰·兰金有 13 个孩子，这栋房子小得让我们惊讶。我们走到院子尽头的瞭望台，雪开始落下，我们一家人俯瞰着汹涌的河水和河面上的浮冰，这时，一个孩子惊叫道："什么样的人才能活着渡过俄亥俄河？"我们想象着这些勇敢的人是如何渡过湍急的河水，在浑身湿透的情况下爬上山顶，忍着寒冷走到这栋拯救生命的房子的，想到这里，我们不禁肃然起敬。

我们的先辈为逃脱奴役所付出的勇气和努力让我们深受震撼。让我们同样心生谦卑的是，为了保护这些冒着巨大风险、长途跋涉的人安全地奔向自由，兰金夫妇主动承担起风险，慷慨地把自己的小房子提供给他们使用。没有哪一部关于废奴的作品对我们产生的影响能和一月那个寒冷的日子相提并论。经验能够激发批判性思维，因为它激活了我们的情感、技能和想象力。当我们把经验加入自己的批判性思维工具箱时，它将帮助我们发现熟悉与神秘。

**批判性思维工具箱**

- **直接经验**：一手经验，通过实践获得。
- **间接经验**：分为两类，一是观察专业人士的行为，二是获得近似的体验。
- **想象力驱动的经验**：运用想象力，以他人的方式观察世界，尝试其他视角，从另一个角度看事情的全貌。

## 思维练习：反思性问题

如果孩子有自己坚持的观点，你可以问一问他们这个问题：你在这方面（关于议题、人物、主题、机构）有哪些经验？

在教学中，你可以问一问自己下面这两个问题：

- 我是否在阐述主题时加入了直接或间接经验？
- 如何合理地使用想象力，增进孩子对这一主题的了解？

阅读和经验都是深入了解某个领域的基本渠道。在提升思维质量的"三驾马车"中，还有最后一种工具，它能够强有力地推翻先入为主的观念和假设，这就是培育心智最有力的手段——相遇。

# RAISING CRITICAL THINKERS

## 10

**制造"相遇",推翻先入为主的观念与假设**

RAISING
CRITICAL
THINKERS

**批判性思维
故事汇**

　　我的同胞不是乘坐第一批船或五月花号来的。二年级的时候,我坐在教室里,知道老师讲的不是我的故事。我的祖辈是乘别的船来的,没错,我的同胞曾被奴役,但他们也曾积极抵抗。白人定居者抵达的既不是一片空旷的荒野,也不是一个全新的世界,早就有人在北美洲生活,并建立了自己的社会。这些原住民被打败了,被迫离开自己的土地,很多人被杀死。事情还没有结束——这些人的后代坐在美国的教室里,却听不到自己祖先的故事。

爱和同情必须延伸得足够广阔，将受害者和加害者都包含进来……在相遇的行为伦理中，最关键的是改变一个人在社会中的位置，打破社会隔离和两极分化，跨越种种差别，去同他人分享生活。

——《相遇的伦理》作者　马库斯·梅舍尔

读研究生的时候，我选修的一门课程改变了我的人生。上课的第一天，教授做了一场精彩的演讲：

美国的故事是这样开始的：三艘船（尼尼亚号、平塔号和圣玛丽亚号）载着哥伦布和船员穿越险恶的海洋，抵达了新大陆，一个遍地都是机遇的地方。很多年后，另一艘名为五月花号的船载着更多的欧洲人横渡大西洋，为建设这个新世界中的自由社会打下了基础。这些朝圣者逃离宗教迫害，建立了一个新型的政府，这个政府平等地对待所有人，保护上帝赋予的、不可侵犯的权利，促进宗教自由。

听着这些话，我想：好吧，这套陈词滥调又来了，让我们来谈谈美利坚合众国的往事。

这时，教授停顿了一下，问道："哪些人搭乘的不是这几艘船？哪些人的故

## 10 制造"相遇",推翻先入为主的观念与假设

事没有被讲到?现在坐在教室里的同学们,有谁认为这不是你的故事吗?"

砰!我被击中了,好像有人给我的肚子上来了一拳。我从来没有考虑过这些问题,而事实是——我的祖先也不在这些船上。我的祖先来自爱尔兰,他们是在几个世纪之后,为了躲避"马铃薯饥荒"才来到美国的,但不知何故,我仍然对最初的移民们产生了认同。

教授继续讲述着:"其实,还有许多其他船,比如阿米斯塔德号等运奴船。沦为奴隶的非洲人被这些船强行运往大洋彼岸,他们为了自保而暴动,他们反抗奴役,他们受到了残酷的对待。有人讲过这个故事吗?你们几岁的时候在学校听到过这个故事?"

我很确定,我从来没有在学校听到过这样的故事。

教授又停顿了一下,然后继续说道:"我的同胞不是乘坐第一批船或五月花号来的。二年级的时候,我坐在教室里,知道老师讲的不是我的故事。我的祖辈是乘别的船来的,没错,我的同胞曾被奴役,但他们也曾积极抵抗。白人定居者抵达的既不是一片空旷的荒野,也不是一个全新的世界,早就有人在北美洲生活,并建立了自己的社会。这些原住民被打败了,被迫离开自己的土地,很多人被杀死。事情还没有结束——这些人的后代坐在美国的教室里,却听不到自己祖先的故事。"

这与我听过的美国建国史截然不同。就像在接触到我在第 1 章中提到的那个关于"三只小猪"的全新故事时那样,我面临着视角的转变。关于美国的历史,我的脑海中有一个占主导地位的故事版本,我认为那个版本最真实,因为它被重复了无数次。现在,我受邀去听其他人的故事,它要求我扩大视野,纳入更多的视角,并重新思考被我视作理所当然的那个故事。那一天是我人生的转折点。让我改变想法的不是阅读,不是实地考察,也不是历史重演,而是受邀去遇见、去面对我的教授那段完全不同的经历和他对小学二年级的记忆。这就是相遇。

要成为老练的批判性思考者，方法之一是通过细致、深入的阅读来拓宽知识面，方法之二是全身心地去体验，这些经验会自然而然地镌刻在长时记忆里。除此之外，还有第三种方法，也是我认为最重要的一种提升批判性思考能力的方法。这是一种强大而危险的工具，就像一把锋利的刀，既打破了学习的枯燥感，同时也打碎了我们习以为常但实际上模糊不清的确定性。这把利刃就是"相遇"，它刺破了惯常的理解，为我们带来启发、顿悟和"灵光一现"的时刻。相遇通过"第一次"（例如第一次听到一个观点或拥有一种体验）来发挥它的效力，有时，违反规则也会引起相遇，不过，与其他人相识，听他们讲述自己的故事，这样的相遇最为有力。

对于"相遇"一词，我们熟悉的定义是与对手的遭遇。这让我想起了童话故事中的经典情节，天真无邪的小女孩遇到了女巫或大灰狼。对这个小女孩来说，连与仙女的相遇都让她不知所措——她满心疑惑地琢磨，那位拿着魔杖的女士究竟是好是坏。相遇意味着直面未知，这个过程天然地带有危险性。相遇用突如其来的力量，把我们从确定感中驱逐出来，让我们的无知与无能暴露无遗。谁会喜欢这种感觉呢？然而，如果我们能坚持下去，勉力度过这个阶段，那我们将会收获多少值得分享的故事啊！每一次相遇都会打开一个探索的宝库，里面装满了新的认识、新的联系、才能、谦逊、对未知事物的觉察以及在此基础上形成的深刻理解。从相遇中学到的东西不仅容易记住，而且对个人来说更具意义。相遇擅长挑战我们的个人认知，以及要求我们对社群叙事做出评估。每一次相遇都会给我们带来一次转变。

相遇会让学习者对自己发起挑战，有时，这就像让他们放下已有的理解和技能，勇敢地后退一步。想一想学习外语时的情景吧！第一天，你从能够流畅使用母语的成年人变成了咿呀学语的孩童。相遇让人迷惘，有时甚至让人崩溃。原本的得心应手变成了无所适从，已经知晓的事物将经过重新审视。相遇有助于培养更加丰富的批判性思维技能，比如理性地冒险、忍耐不适、对自己的想法加以反思、对不同的理解或生活方式产生共情，以及摆脱我们的自以为是。

植物学家罗宾·沃尔·基默尔在《编结茅香》（*Braiding Sweetgrass*）一书中完美地诠释了我所说的"相遇"。每个学期，基默尔都会带领一群大学生去森林里露营。他们会在没有任何现代用品的情况下，在森林里度过一个周末。这些年轻人要用植物搭建庇护所，采摘香蒲作为食物，寻找治疗外伤和晒伤的天然药物，还要挖掘草根来编篮子。对城市居民来说，这趟旅程令人生畏，在学生们的预想中，他们要和自然进行对抗。基默尔安慰他们说："森林几乎是世界上最安全的地方。"然而，当她要求学生们涉水进入没过大腿的泥泞沼泽时，他们还是退缩了。为了让他们安心，基默尔列举了一些在沼泽里不会遇见的东西，比如水蛇、流沙和可怕的啮龟（它们发现有人就会躲起来）。

在鼓励声中，胆大的学生踮起脚，迈进浑浊的水里，然后叫其他人跟上；他们采摘香蒲，学习如何在火上烤香蒲饼；他们在森林的土地上搜寻材料，搭起庇护所；他们用天然植物治疗同伴的擦伤和晒伤。随着周末的时间缓缓流逝，这些学生变得越来越自如。他们的个人感知受到了挑战——森林非但不危险，还给人们提供了足够的生存资料；他们的社群身份也发生了变化——现在他们不仅是城市居民，还是荒野生存学员。他们向拥有数千小时野外生存经验的教授学习实用技能，他们从恐惧走向兴奋和着迷。当他们回到课堂中时，他们的观点已经发生了转变。在那个周末之前，许多人说自己对自然世界不感兴趣，而露营结束后，他们对它产生了一种亲近感和保护欲。学生们最初的恐惧并非来自现实，而是与想象中的个人感知（森林很可怕）以及城市居民的逻辑故事（自然属于野生生物，而不是人类）有关。一开始，这次相遇让他们不知所措、心惊胆战，但当周末结束时，他们对露营的印象发生了翻天覆地的变化，他们与自然的关系也发生了转变。这就是相遇。

一次相遇会将你抛出舒适区，迫使你面对知识和技能的欠乏，意识到此前的学问见识并不足以帮你走出窘境。经验将你置于事件的中心（我是一个游客，正在寻找喜欢的旅游景点），相遇则让你脱离中心（我是一个生活在国外的侨民，语言不够流利，还在努力融入当地的风俗习惯）。你可以选择自己的经验，但你无法选择每一次相遇。普通的经验是建立在你已经掌握的技能之上的，当然，其中也会有挑战，但这种挑战是可以预期的。例如，一旦你学会了看五线谱，你就可以计划学习演奏乐器；如果你发现下厨房很有乐趣，你就可以将烘焙糕点作为更大的挑战。这也是学校教育的设计逻辑——逐步地引入知识，让孩子以先前的成功为基础，不断地接纳新的材料。

相遇能够激发一种与此不同的思考和学习，它动摇了学生眼中的理所当然，从而帮助他们获得我所说的"顿悟"。以周末露营为例，基默尔的学生们早就和大自然打过交道，只是他们从未依赖过它。在他们看来，池塘和森林只是遥远的户外风景，而非生存的一部分。当这些学生花了一个周末的时间，在森林和沼泽中寻找过食物和庇护之后，他们终于与大自然相遇了。他们获得了怎样的顿悟呢？他们认识到森林是一份礼物，它为人类的生存提供支持，而非对其造成威胁，他们与森林的亲近感取代了以前的漠然。大部分的相遇是戏剧性的，会动摇情绪、破坏稳定，首次经历（比如在森林里过周末）大多属于这一类。"第一次"总有办法将自己铭刻在我们的身份里，它们令人难忘，因为它们是全然新鲜的。其他类型的相遇则会持续一段时间，不断地向我们发出挑战，例如抚养小孩、做追踪研究或移居海外。相遇促使我们重新思考，去包容，去欣赏，去反复琢磨。

有时我们会主动奔向一次相遇（结婚、学习外语、参加活动、改变宗教信仰、接受治疗、抚养小孩、了解一个全新的观点等），有时我们会被动卷入其中（离婚、确诊癌症、发现孩子残疾、卷入诉讼、意外成名、坠入爱河、遭遇龙卷风）。相遇改变了我们对当前现实的看法，我们认为理所当然的事物突然就被颠覆了，迫使我们必须重新调整和组织自己的观点。

## 拥抱"相遇"，引入全新的观察方式

在批判性思维的各种工具中，相遇的优点是能够加深我们与任何个人或主题的联系。在《相遇的伦理》一书中，马库斯·梅舍尔探讨了他所说的"相遇文化"的特征。他是这样定义相遇的："相遇让我们得以一窥未知的世界。从这一窥中，我们意识到关于我们自己、他人和世界，总有更多的东西需要了解……每次相遇都带来了一次选择：关注或忽视，接受或拒绝。"这个定义暗示着相遇是一种会带来转变的动态。相遇中的关键时刻是我们意识到自己现有的资源无法应对挑战的那个瞬间，这种失衡的状态会让我们直接接触到新的观察角度。好消息是，通过训练，我们可以让自己和孩子更好地辨认出相遇的时刻，这样一来，我们就会将注意力放在它能够教给我们的东西上，而不是受困于自己的头脑，恐惧、抵制、批判它。

在第 2 章中，我提到了一种被称为"总观效应"的原理。当宇航员在太空中俯瞰地球时，他们从地球人的视角中解放了出来。虽然这些宇航员已经在地球上生活了半辈子，但在这一刻，他们重新与地球"相遇"了。同样，我们也可以在学校课程和人际关系中唤起这种总观效应，帮助孩子长时间地跳出自我，从不同的角度看待问题。并不是所有的相遇都像飞入太空那样意义重大，有些相遇只是认知上的一次小小震动。例如，我在帮助女儿学习乘法时使用了"贝壳策略"，她因此取得了突破，这是一次与数学的相遇。

在语言艺术方面，我在指导孩子们写作时提出了一个方法，帮助他们用新的视角看待自己的写作。我建议他们用三倍行距打印自己的初稿，然后把打印出来的文章剪成一条一条的独立句子，堆放在地板上。孩子们站在纸条旁边，低头仔细观察。这个视角让单个句子从屏幕或纸张上解放出来，成为独立的个体。由此，他们发现了写作的可塑性，会自动地进入编辑的工作模式，用全新的眼光审视自己的作品。这种相遇是有意为之的，旨在引入全新的观察方式，从而激发顿悟。

相遇有很多种，但让我们先来看一看引发相遇的 3 种方式：

- 应对"第一次"，主动寻求理性的冒险。
- 打破规则，努力形成个人化的理解。
- 与他人相遇，设法结识各种各样的人。

## 应对"第一次",主动寻求理性的冒险

永远不要低估新鲜事物的力量,我们的大脑非常喜欢新奇的事物!让大脑感知到新奇是激发各种奇妙的内在反思的关键。"第一次"是记忆制造者,它会让我们鼓起勇气,进入未知的世界。阅读、谈话或相关的亲身经历都可以让孩子为初次相遇做好准备,一旦做好准备,就轮到主角——推动孩子探索新领域的新奇相遇出场了。所有的"第一次"都会为孩子带来新的收获,提高他们的问题解决能力。除此之外,孩子在应对这些挑战时需要付出努力,这还会增强他们迎接下一个挑战的意愿。

有一种批判性思维工具可以帮助我们更好地接受新鲜事物,那就是冒险的意愿。教育家亚瑟·科斯塔在提出 16 种思维习惯时把卓越的思考者描述为愿意挑战自己的能力极限的人。这些人会开启他所说的"理性的冒险",主动选择体验那些需要高度灵活性、自发性和有失败风险的经历。他们会利用过去的经验和背景信息来评估风险,然后即兴创作,追求创新,拓展想象。人们在玩大多数电子游戏时的行为完美地符合这些描述,新的关卡和挑战会引发一个接一个的相遇。提升技术的确是一种挑战,但目标并非遥不可及,因为玩家已经有之前的技巧作为基础了。

具有巨大影响力的"第一次"包括获得水肺潜水证书、救助动物、加入开源游戏社区编写代码、成为交换生、参加模拟联合国活动、学习演奏乐器、背包旅行、创业、登台表演、在后院建造火箭……这个列表可以无限延伸下去。寻求冒险有助于培养孩子的风险管理能力,虽然他们从中学到的具体技能各不相同,但有一些收获是相通的,例如信心的提升、在压力下解决问题的经验、与他人合作的经验,以及继续尝试新方法、新策略的意愿。

在孩子开始第一次尝试之前,我们需要给他们一些提醒。如果"第一次"是一个单一事件,只是偶然发生了一次,那么它将很容易造成误解,只有能够持续一段时间的相遇才有可能成为强大的反思工具。关于这一点,我的儿子给我讲过

一个很有代表性的故事。

他的一位朋友曾以卢斯学者的身份前往印度学习。这位学者到达新德里的第一天，就看到一头大象在城市的街道上漫步。他的第一个念头是：不愧是印度啊！多年来的道听途说造就了这个美国人头脑中根深蒂固的刻板印象。好笑的是，他在印度生活了整整一年，却在那天之后再也没有见过大象在街上游荡。与印度的持续相遇让他对哪些事物常见、哪些事物不常见有了全方位的了解，知道了大象在街上行走其实是很罕见的。惊鸿一瞥不是相遇，而是一个迷失的瞬间，如果任由它发展下去，就可能造成潜在的偏差或偏见。当孩子第一次遇到某个问题时，我们要提醒他们，单一事件无法反映问题的全貌，不要急着下结论。第一天只是一段相遇、一段关系的开始。

## 打破规则，努力形成个人化的理解

正如我在前文中提到的，当我们遇到其他社群叙事时，相遇能够揭露我们的个人感知。我们文化中的一种教育观点认为，如果学生清楚自己应该学习哪些知识，然后接受有关规则和方法的教导，他们就受到了良好的教育。然而，学生是否能将外在教学和内在意义联系起来呢？他们的感知有没有经过检验呢？一个孩子或许能够做对所有关于逗号的题目，实际写作时却不能正确地使用它们。当教育中用到的主要方法仅仅是念书、背诵和考试时，学生不太可能长久地记住学习内容，对意义的洞察更是无从谈起。

在看到我的孩子费力地去记忆各种规则，例如大写字母的用法或者求公分母的方法时，我问自己："为什么他们记不住我教的东西呢？"我想到了人们在现实中是如何行事的——大多数成年人做事时依靠的其实是反思能力和自我纠正能力。我们依靠的不是规则，而是习惯、个人化的理解和正确与否的感觉。我希望我的孩子现在就能养成这种习惯。

我将教学目标更改为：鼓励孩子去寻找意义。我想知道：如果我们先去打破规则，看一看错误的答案是什么样子，或者先去了解一下不被接受的理论，孩子的学习效果会有所提升吗？

我选择从标点符号入手。标点符号可以被视为一门需要学习的"语言"，其形式会随着语言和书写系统的不同而变化。它是一系列与读者沟通的点和线，有时单个出现（一个圈是句号，一条曲线是逗号），有时以多个一组的形式出现（两条曲线是引号，六个点是省略号，两个点上下排列是冒号），有时是不同形状的组合（曲线上方加一个点是分号，点上方加一条直线是感叹号，点上方加一段直线再加一段曲线是问号）。想要掌握标点符号的全部规则几乎是不可能的，然而，大多数人在写作时都能够自如地运用这些标点符号，达到令人满意的正确率。这是为什么呢？因为在多年的学习和工作中，我们已经同标点符号之间建立了一种个人化的联系，换言之，我们已经了解了标点符号的核心意义。

常见的教学方法是把标点符号的用法作为一系列规则来讲授，然后通过用刺眼的红色标记指出孩子在写作时犯的错误来提醒他们注意。在这种教学方法下，孩子们经常会犯同样的错误，很多人直到成年也拿不准逗号和分号的用法。

我决定和孩子们一起做个实验。我没有讲解逗号在句子中出现的正确时机和位置，而是准备了一节"打破规则"的课。首先，我给他们读了一个带逗号的句子：

他站在那里，做着接球和投球的动作。

我在逗号处自然地停顿，然后提问："在我朗读的时候，你们注意到什么了吗？"孩子们什么都没有注意到，在他们看来，我只是像往常一样在大声地朗读，所以，我的下一步就是在每个词后面都加了一个逗号。我把写着这句话的纸递给一个孩子，让他按着逗号的停顿节奏大声地把句子念出来。

他按照自然的节奏念起了句子，没有在逗号处停顿。我打断了他，向他示范了前5个字应该怎么读,我在每个逗号出现的地方都做了停顿。

  他,站在,那里……

  做完示范后,我把纸还给孩子,要求他按照这个规则再读一次。

  他,站在,那里,做着,接球,和,投球,的,动作。

  这一次,笑声四起。加入多余的停顿后,这个句子听起来很滑稽,感觉很不通顺。这时,我建议孩子按照自己的喜好删掉几个逗号,然后再朗读一次。他随意删去了几个位置的逗号,又读了一遍。句子听起来仍然很好笑!我们继续摆弄逗号的位置,最后发现最佳选择就是它们最初的位置。我们大声地读了一遍句子,这一次,我们意识到自己会按照逗号的指示在正确的地方做出停顿。

  接下来,我们又念了一个句子。这次,我先是去掉了句子中所有的逗号。我们飞快地读完了句子,没有做任何停顿。这时,我问道:"你们有什么感觉?想在哪里停一下吗?"我们又读了一遍,在读的过程中留意自然的呼吸节奏会在哪些地方打断我们的朗读,然后尝试在这些位置加上逗号。最后,我们将加好逗号的句子与原句进行比较,结果发现我们的方案虽然与原作者的不同,但也是可行的。这引出了一场关于作者对不同语气的运用的讨论,我们甚至谈到了逗号除指示停顿节奏之外的那些语法用法。通过与逗号"相遇",了解它的方方面面,体会它的特点和作用,孩子们学会了如何使用逗号。

  在今天这个数字时代,我们可以将这类活动设计得更加灵活多样。我永远不会忘记自己发送的一条普普通通的短信在我念大学的女儿身上引起了怎样的反应。她发来的信息原本语气热情友好,中间不时地夹杂着有趣的表情符号,但从某一条开始,她的语气忽然变得拘谨、正式起来。我问她怎么了,她回复道:"你的上一条短信结尾用了句号。你为什么生我的气?"为了澄清这件事,我给她打了个电话。原来,除非想表明结束对话的意愿,否则她的同龄人从来不在短信结尾处使用句号，因为句号代表了恼怒或对话结束，可是在我看来，句号只是一个很常用的标点符号而已！今天的数字原住民们有大量时间都是在网上度过的，这让他们开始重新定义标点符号的用法。一些社交媒体平台对单条内容的字数做出了限制，论坛的文本编辑器中有大量可以替代文字的表情符号可供使用，在这种环境下，人们养成了新的交流习惯，开始用新的方式表达恭敬或嘲弄。

如果今天再要通过打破规则的方法来制造相遇，我会让孩子们用即时通信应用发送各种标点使用混乱的文本，然后讨论它们分别引起了怎样的感受。把感叹号放在一个句子的开头和把感叹号放在一个句子的末尾有什么不同吗？我们可以不用任何文字，只靠表情符号来交流吗？我记得几年前有一个网络挑战是用表情符号复述小说情节。我朋友帕特里斯的女儿蒙塔娜用法国国旗、面包、步枪和人脸的表情符号把《悲惨世界》的情节完整地复述了出来。如果你对《悲惨世界》的故事有所了解，你就可以毫无阻碍地看懂这篇由一个个小符号组成的文章。

我们还可以问一问别的问题："动图在信息传达中扮演了什么角色？""你希望人们改变哪些标点符号的使用方式？""不同年龄层的人使用标点符号的风格有何不同？"这种打破规则的教学方法能够引发反思和自我纠正，让意义变得个人化。

下面是一些其他打破规则的相遇：

- 创造新的标点符号。用一条弯弯曲曲的线表示读者在读到此处时应感到惊讶，这个主意怎么样？用一个椭圆形来表示重读一遍句子或一个词怎么样？
- 让孩子先阅读一本图画书的最后一页，然后提问："阅读最后一页让你对故事有了哪些了解？你猜这本书会讲些什么？"在孩子阅读完整本书后，让他们对自己的回答进行反思。换本书再试一次，这次，让孩子随便挑选一页读，然后提问："从这一页的内容中，你知道了哪些关于这本书的事情？"在孩子阅读完整本书后再次提问："你刚

## 10 制造"相遇",推翻先入为主的观念与假设

才的猜想是正确的吗?"
- 让孩子从一本书的最后一页开始,从后向前读,一直读到开头。问一问他们有什么感受。
- 改编剧本。让孩子为听过的绘本故事编写对话,将其改编成剧本(或带有对话的漫画)。他们能做到吗?仅用对话的形式让故事发生了怎样的变化?
- 把电影中的反派变成正面人物,重新讲一遍这个故事。把正面人物变成反派,再讲一次。
- 在不求公分母的情况下,如何做分数加法?在不取第二个数的倒数的情况下,如何做分数除法?如何用面粉和量杯来解决分数问题?让孩子试一试,然后对比这些打破规则的方法和"正确"的解题方法。他们从中学到了什么?
- 想象历史的另一种可能性。如果奴隶贸易从未发生过会怎么样?如果同盟国在第二次世界大战中战败了会怎么样?如果宪法是由女性起草的会怎么样?会出现哪些不同?这些问题可能需要做些研究才能回答。
- 尝试用不同的方法输掉游戏(棋牌游戏或电子游戏都可以)。孩子能找到多少种输法?
- 思考社会问题。如果人们认为同工同酬无关紧要会发生什么事情?如果企业家决定根据员工的家庭规模来支付工资(换言之,有5个子女的人比没有子女的人赚得多)会发生什么事情?这会对家庭规模或员工对工作的看法造成怎样的影响?
- 把一首诗改写成散文,把一段散文改写成诗。
- 按照食谱制作菜肴,将其中一些原料的分量加倍,另一些原料的分量减半。孩子从中学到了什么?
- 改变一项运动的计分方式。以篮球为例,如果抢下篮板得5分,扣篮得1分,罚球命中得4分,球员的比赛战略发生怎样的变化?
- 在网上找一篇孩子赞同的观点类文章,让他们从相反的角度重写这篇文章,不要在文章中暴露他们的真实想法。

- 把一篇文章中所有的人称代词都换成相反性别的人称代词。孩子从中发现了什么？

打破规则，就是创建一种与原来的行为或思维模式不同的联系，这种相遇会极大地颠覆人们的思维习惯。

## 与他人相遇，设法结识各种各样的人

我喜欢将他人比作"自由基"，他人不会按照我们对其身份或行动模式的设想行事，他们有自己的复杂身份、社群叙事和个人感知等需要应对和调和。在看待或处理同样的事情时，他们持有的信念和我们的不同，或者他们的理解可能看上去和我们的并无二致，但仔细分辨就会发现，他们做出判断的理由和我们的不一样。培育心智最快的方法是结识各种各样的人，给他人留出充分的空间，让他们按自己的方式行事。要做到这一点，最简单的方式是利用间接经验，比如阅读小说、关注个人博客、观察电影里的角色、观看线上演讲。在从旁观察一个人的故事或世界观时，我们既可以看到他的生活是如何徐徐展开的，又无须顾虑自己的反应。我们可以一边听一边留意故事的讲述方式，即使表露出自己轻蔑的态度也不用担心冒犯别人。我们有充分的私人空间和充裕的时间去接纳那些令人不安或完全新鲜的事物。

尽管如此，但如果你有机会和真人直接接触，一定要抓住它。如果你想了解难民的经历，如果你想知道天体物理学家是如何工作的，最有效、最直接的方法就是和这些人成为朋友。这个世界上有无数的人、无数的观点等着你去了解。想要增进孩子对广袤世界的理解，关键的一点在于不要让他们远离那些和你的家庭或社群持不同想法的人。与他人建立联系能够减少刻板印象的形成，同时有助于我们掌握新的人生技能，例如学会做别人的拿手菜。

在养育孩子的过程中，我们可能会犯的一个错误是让他们的自我认同变得过于强烈，以至于他们在遇到世界观截然不同的人时会感到不知所措。在让孩子独自面对其他人之前,我们有必要让他们了解一下不同的信仰和生活方式。我还记得我的孩子们刚加入青少年莎士比亚剧团时发生的事情。第一天回家时,他们充满好奇地问了我一大堆和他们的新朋友相关的问题,那些孩子来自不同的种族,有着不同的宗教信仰、政治观点和性别认同。在接下来的 4 年间,我的孩子们持续不断地与不同背景的人相遇,这种相遇成了检验他们心智发育水平的试金石。在与他人面对面时,我们是否赞同对方的观点并不重要,因为人际关系并非论文题目。在相遇的过程中,我们需要用到一种重要的批判性思维工具——"忍耐",不过,请允许我先解释一下,我对这个词的定义可能与你熟知的不同。

## 忍耐,让相遇促成真正的转变

如果将人生比作一场游戏,所有人都会希望自己的游戏同伴能抽到"忍耐"这张牌。我们想要被理解、被接纳,而不是被批判、被指责,然而,我们在遇到来自其他社群的人时并不会马上表现出这样的修养。许多接受民意调查的美国人都表示,他们渴望在两个极端之间找到一点宽容的精神,他们指出,忍耐和同情是如今最为稀缺的品质。持这种观点的人认为,如果我们愿意减少对彼此的批评,我们在面对差异时就不再容易感到不安。父母敦促孩子更加宽容地对待弱势群体或看起来有些"古怪"的孩子。教育工作者设计了很多活动来培养孩子的同理心,教导青少年更多地去了解不同的观点。社会背景的巨大差异造成了深刻的裂痕和人与人之间的不信任,对此,这些人认为,我们的唯一对策就是忍耐。尽管实际感受到的是愤怒和沮丧,我们也要使出吃奶的力气坚持彼此以礼相待。

在我看来,这个目标似乎偏离了关键。怎样才能去了解一个和我们自身不一样的人呢?我认为最重要的不是忍耐对方,而是忍耐自己的不适。这意味着我们要时刻留意自己的身体反应、反射性的防御思维,以及为了自我保护而产生的刻板印象。其中的关键就是自我觉察。

在摩洛哥时,我曾深刻地体会过相遇带来的转变力量。当然,在国外生活本身就意味着不断地相遇,从语言到食物,从购物习惯到交友方式,很多事都会变得不同，然而，说到忍耐自己的不适，我总是会想起一段让我印象深刻的经历，那次忍耐让我收获了突破性的洞察。当时，我住在一个离城镇几千米远的社区，去市中心最方便的方法是乘出租车。在摩洛哥，想要打车的人会聚在一个打车点的标志下。第一次去那里的时候，我以为自己排在了正在等待的队伍里，有三四个人站在一起，排在我前面，然而，当出租车到达时，一件让我感到震惊的事情发生了：排在队伍最前面的人竟然没有上车，反而被挤到了一旁，站在她身后的一名女子迅速上前，抓住车门把手，拖着自己的女儿上了车，同时高声喊叫着让其他人退后。我感到心力交瘁，心中充满了失望和愤怒。为什么这些人不能好好地排队呢？这样的话，身高还不到一米六的我怎么可能打到出租车呢？我在打车点站了一小时，看着人们一个接一个地涌向正在驶来的出租车，抢在其他人之前把自己塞进车门。

我的脑子里一团乱麻，我鼓不起勇气与人群搏斗，但我得去城里。这种相遇让我完全不知所措。我看不惯这里的打车秩序，但这毫无用处。我一次又一次地做着心理斗争，但每次都失败了。这种做法完全不合理，必须有人阻止这疯狂的行为，然而，如果我希望今后能打到车，就必须面对现实，而不是纠结于自己的看法。我站在那里，沉浸在自己的焦虑情绪中，这时，一位摩洛哥朋友突然抓住我的胳膊，拉着我坐进了一辆出租车。我在心里大声尖叫，喊着抢夺出租车的做法是可笑的。如果你来自一个需要排队等候的国家，你当时可能也会这么想。

此时，我需要学会的不是忍耐摩洛哥的规则，对我认为难以理解的当地风俗点头示好，因为不管我怎么想，我的邻居们就是这样打车的。我需要学会的是忍耐它带来的不适，我要忍耐自己的愤怒，忍耐自己对这套系统的不满，忍耐自己对排队等候的优越感。终于，我学会了如何打车，而这意味着有更多的不适需要忍耐：我必须表现得咄咄逼人，将别人撞开，大喊大叫，为自己杀出一条路来。

时间流逝，几个月过去了，我已经可以熟练地打车了。我的好姐妹埃琳来摩洛哥看我时，我们一起走去打车点打车，但我忘了事先给她提个醒。几个月之后，我终于明白这套打车流程中其实存在着一种无形的秩序：永远不要抢第一辆出租车，但是，也不要指望别人会把机会让给你。我已经找到了上车的最佳时机——让两三拨人先上，然后就果断出手。打车点聚集了一群人，过了一会儿，我意识到是我出击的时候了，我猛地拉住埃琳的胳膊，把她拽进了一辆出租车。她大喊："你在干什么？"而此刻，我正忙着挡住车门，不让其他人进来。我用阿拉伯语喊道："退后！轮到我了！"听了这话，人群慢慢安静了下来。就这样，我们高高兴兴地坐在车上，驶向了市中心。和几个月前的我一样，埃琳震惊极了，迫不及待地问我这是怎么回事，而我也吃了一惊——不知从什么时候开始，我已经不再觉得这种做法很可怕了。

忍耐并不是摆出一副高傲的姿态去俯就他人，而是在对自我有了充分的觉察之后，愿意为了真正看清眼前的事物并从中学习而长久地忍耐不适。对激烈情绪和极端想法的忍耐有助于让相遇发挥作用，促成真正的转变。我想到了方济各教皇，他号召人们进行一场"温柔革命"。他告诫说，人们已经习惯了冷漠，这种冷漠源自人们之间的疏离——远离他人，编造关于其他群体的故事，阅读这些编造的故事，而不是与他们见面。我们宣称自己是"宽容的"，不过，我们其实对他人一无所知。为了增强我们的责任感，加强彼此之间的联系，我们需要一种相遇的文化，与他人面对面地接触，而不仅仅是在思想上表现出容忍。正如方济各教皇在一次演讲中分享的，"如果我不停下脚步，如果我不去看，如果我不和人接触，如果我不说话，我就不能创造一次相遇，我就无助于打造一种相遇的文化"。如果我们能够愿意在停下来看、听、学习的时候忍耐自己的不适，我们就能够更好地与他人相遇。相遇的本质不是对他人的生活方式做出肯定或否定，相遇是一个产生洞察、形成理解的机会。

**批判性思维工具箱** / RAISING CRITICAL THINKERS

**成为批判性思考者的三种方法**：
- 通过细致、深入的阅读来拓宽知识面。
- 全身心地去体验，这些经验会自然而然地储存于长时记忆中。
- 通过相遇一窥未知的世界。

## 思维练习：相遇的力量

这些练习适用于所有年龄段的儿童。根据你对孩子的了解来调整问题难度，选择相应的练习内容。

### 观点性问题

我的女儿接受的是在家教育，在开始学习美国历史的时候，她宣称自己已经厌倦了那些从男性角度讲述的美国故事，渴望了解女性在这个国家的建立和发展中扮演的角色。毫无疑问，"美国女孩"玩偶启发了她的这种意识，让她认识到研究美国历史时应当同样重视女性起到的作用。为此，我选了莉萨·格伦沃尔德（Lisa Grunwald）和史蒂芬·阿德勒（Stephen Adler）编纂的《女性书信集》（Women's Letters）一书作为学习材料。这本书汇集了从独立战争时期至21世纪期间由美国女性写作的原始书信，这些直接报告是研究历史的重要资料。我们一起阅读了其中的许多信件，包括阿比盖尔·亚当斯（Abigail Adams）[1]和索杰纳·特鲁斯（Sojourner Truth）[2]的信件，以及一位切罗基妇女在1818年写给政府官员的一封信。在这些信件的启

---

[1] 美国第二任总统约翰·亚当斯之妻，第六任总统约翰·昆西·亚当斯之母。——编者注
[2] 美国早期妇女权益运动、废奴主义倡导者。——编者注

## 10 制造"相遇",推翻先入为主的观念与假设

发下,我们提出了一些重要的问题,例如"在建国时期,哪些权利是女性想要获得但没有得到的",以及"有色人种女性和原住民女性如何参与妇女权益运动"。这些信件超越了时间,好像在和我们直接对话。

通过对历史故事、文学作品、政治事件和社会运动的讲述,孩子们有机会认识各种各样的人。通过提出一些挑战现有社群叙事的问题,我们可以引发孩子与这些人物的相遇。例如,你可以想象一下要如何教孩子认识欧洲殖民时期的美国。记住,要避免告诉孩子:"有一个版本的故事是永远正确的,其他版本都不那么真实。"讲述你目前最熟悉的故事版本,然后提出以下观点性问题:

- 哪些人讲的是这个版本的故事?哪些人是故事中的主要角色?在这个版本的故事中,哪些人没有被提到?我们对他们有多少了解?
- 第一批探险家的目标是什么?谁有权力在北美建立殖民地?哪些人认可他们的权力,哪些人不认可?
- 第一批移民的使命是什么?哪些人从中受益,哪些人没有?
- 在历史上,谁是英雄,谁是反派?这是由谁、根据什么标准决定的?
- 在这个故事中,谁的声音被忽略了?谁的声音被放大了?
- 这个故事宣扬了怎样的价值观?这种价值观是通过哪些角色宣传的?这种价值观有哪些优点和局限?

除了提出观点性问题,你还可以引导孩子监测自己的反应,让他们学会忍耐不适感,甚至是胜利感。下面的问题可以帮助他们在思考中保持自我觉察:

- 你希望哪些事是真的?为什么你会有这样的希望?
- 你担心哪些事是真的?为什么你会对这个版本的故事感到害怕?
- 这个版本的故事对你的自我认知产生了怎样的影响?
- 你现在能觉察到什么情绪或身体感觉吗?这是一种怎样的情绪或感觉?

- 你认为是什么激发了这些情绪或感觉？你能解释一下原因吗？

这类问题能够促成孩子和这个主题的相遇。现在也是重温第 6 章中那个关于世界观的表格的好时机。要求孩子注意分辨，他们的反应和想法是源于个人感知还是社群道理。

接下来，换个角度重新讲述这段历史。当我们采用其他故事讲述者的视角时，甚至连故事的结构都会改变。例如，对美国原住民来说，"发现"美洲的故事是不成立的，在他们口中，这片大陆被称为"龟岛"，他们以不同的方式构建自己与龟岛之间的关系。你可以参考上面的示例，设计一些新的问题来分析这个版本的故事。

## 多样性环境

如果可能的话，相遇最好以第一人称视角展开，原创文章中、电视采访里、亲自会面时的相遇都是如此。在第 7 章中，我曾建议你打造一个"多样性图书馆"，在本章中，我建议你用"多样性环境"来充实孩子的生活。

- 信件、日记、手稿、航海日志、录音、录像、报道，这些都是研究历史问题时的宝贵资源。即使你只使用其中的几种来进行教学，也能够帮助孩子深刻地了解历史中的真实人物，这会对他们的成长产生深远的影响。你可以利用互联网搜寻这些记录的影像或图片，假如有机会让孩子亲眼见到珍贵的原件，那就更是会给那些冷冰冰的历史档案赋予个人化的力量。我清晰地记得，当我在华盛顿亲眼看到《独立宣言》的复制件时，我感受到的那种震撼简直无法言喻。我惊讶地发现手稿的尺寸原来如此巨大，约翰·汉考克（John Hancock）的签名也比我以前看过的大得多。这种直接经验会在孩子的内心深处留下深刻的印象，其价值值得你不遗余力地去挖掘。
- 纪录片是让孩子与历史人物或历史事件相遇的有效工具。如果可能的话，寻

## 10 制造"相遇",推翻先入为主的观念与假设

找包含原始记录镜头或考古挖掘现场影像的纪录片,它们提供了历史事件的可视化背景。记住,必须根据孩子的年龄选取适合的内容,有些镜头可能会对他们的心灵造成创伤。

- 你还可以鼓励孩子和与他们不一样的人交朋友,和来自其他国家的家庭见面,接待交换生,出门旅行,学习一门新的语言。

激发新思维最快的方法是直面差异。在这个过程中,你既可以帮助孩子驾驭复杂性和差异性,也可以向他们展示如何更好地融入一个充满多样性的世界。他们应对差异的能力越强(不代表必须认同这些差异),他们的思维技巧就会变得越纯熟。这就引出了本书的第三部分,现在,是时候来讨论一下如何应对那些在阅读、经验和相遇中浮现出来的复杂差异了。对于那些和我们自己的价值观、习惯及信仰相冲突的想法和观点,我们要如何评估?让我们一起来找出答案。

# RAISING CRITICAL THINKERS

第三部分
多元观点共存，激发新思维

> 许多智力工作都涉及可能性的艺术,就像考古一样,你深入地挖掘真相,而随着新信息的逐渐浮现,真相也在不断变化。
>
> 贝尔·胡克斯(Bell Hooks),
> 《批判性思维教学》(*Teaching Critical Thinking*)

第三部分　多元观点共存，激发新思维

何谓想象？想象就像角色扮演的服装、面部彩绘或儿童游戏，能够唤起人们对平凡生活的感触。在谈到研究论文或实验报告时，我们提及想象的次数有多少？很少，非常少。想象的提及频率不应该更高才对吗？

教育改革家贝尔·胡克斯对人们关于学习的普遍看法提出了挑战。对于想象力在教育中的作用，她的见解尤为深刻："在我们生活的这个世界里，小孩子被鼓励着去想象，去涂鸦，去绘画，去创造想象中的朋友和新的身份，去尽情地发散思绪。然后，随着他们的逐渐长大，想象渐渐被视为一种危险，一种可能会妨碍知识获取的力量。一个人在学习的阶梯上爬得越高，要他忘记想象的力量就越强（除非他走上了创作的道路，如从事艺术研究、电影制作等）。"在学术活动中，想象力的存在空间不断缩小，这会是"记诵病"带来的一种后果吗？我们曾在第3章中讨论过"记诵病"，它是保罗·弗莱雷总结的一种现象，即学术上的成功往往依赖于复述、改写和雄辩（论证）的能力。

现在，我们要对批判性思维进行批判性思考。我们还能向这锅智慧之汤中加入哪些原料呢？

本书的第一部分和第二部分介绍了关于批判性思维的基础知识，包括术语、讲故事的人、敏锐观察、数据和来源核查、身份形成、阅读、经验和相遇等。主动的、擅长自我觉察的批判性思考者的另一个基本特征是拥有所谓的"修辞想象力"。能够运用修辞想象力的孩子会对学科进行创造性、分析性和共情性的考察。他们做出假设、进行评估、尝试诠释、解决问题，除此之外，他们还能冷静地将种种相互矛盾的观点放在一起思考。这些富有想象力的思考者会站在高处总览问题，会在诠释或研究中思考发展趋势的前因后果，而不是只关注最新的发现。科学工作者也会从修辞想象力中受益——"创造力和批判性思维在科学研究中特别重要"，因为突破和洞察产生于发现信息并对信息的用途和效果展开想象的过程。科学不仅是一组有待证明的事实，还是一种探索和发现的方法。

另一个急需重新定义的术语是"修辞"。善用修辞被认为代表着学术上的成熟，意味着更精确的用词、更完善的论证、更敏锐的洞察。我在搜索引擎上快速搜索时，曾见过一个让我忍俊不禁的定义："修辞，一种语言手法，旨在说服受众或对其产生深刻的影响，但通常被认为不够真诚或缺乏具有实际意义的内容。"

什么？"不够真诚"？

我深受震撼，于是在记事本上草草写下了一个极具讽刺意味的说法："'修辞'教育，即缺乏诚意的教育。"我不想承认现在的教育大都是"修辞"教育，但有时，我确实会有这种感觉。在高中和大学教育中，学习被视作一场障碍赛，学生对学习内容的感受无人在意。论证能力被过分强调，以致完全挤占了对洞察的关注。很多时候，学生在"学习"时没有调动自己的情感、运用自己的智力或道德判断能力，只是匆匆忙忙地翻过一篇又一篇文献，为自己的立场或最容易证明的立场寻找证据。这种"修辞"教育令人厌倦，它对学生的要求只是"获取信息，装作已经理解的样子把它们复述出来，完成学业，找到一份工作"。

我对这种教育形式很有意见，我相信你也一样！

和青少年一起学习时，我多次被他们在真正用心的学习中展现出的洞察力所震惊。青少年还没有多少生活经验，因此他们在参与一个话题讨论时，经常需要依靠自己的想象力提出一些创新的主意和新鲜的观点。怎么能让孩子做出这种卓具价值的探索呢？在做了 20 年相关研究之后，我再次向艺术寻求答案。正如在第 4 章中讨论过的那样，绘画让我意识到想要准确地描绘一个形象，必须学会用不同的方式去看。贝蒂·艾德华解释说，每个人的大脑中都有一种"我早就知道它长什么样子"的机制，正是这种机制让我们无法真正看到眼前的事物。艾德华要求想要掌握写实绘画技法的人丢掉这些自以为是，去看、去感知事物真正的样子。她建议学生把画纸上下颠倒，以找到新的观察角度。我注意到，在采用这个方法时，我将注意力集中在了那些没有名字的线条和轮廓上，我开始关注它们之间的关系，而不是笼统地给它们贴上"嘴巴"或"鼻子"的标签。令人惊讶的是，这种方法使我的作画准确度大大提高，我脱离了"寻找正确答案"的思维，进入了"感知和洞察"的思维模式。

现在，我们也要求孩子在阅读任何一本书或任何一个历史故事时都这样做，让他们抛弃自以为知道的东西，对新事物保持开放的态度。新事物并非对错误思想的修正，它们提供了一个丰富知识、增长见闻的机会，一个让思考者和学习内容建立起联系的机会。我们的目标是帮助孩子，特别是青少年，跳出先入之见或对真理的预期，我们要鼓励他们运用自己的修辞想象力。在本书的第三部分中，我设计了各种练习来帮助他们做到这一点。

在这个教育阶段，鼓励孩子在学习时对各种关系展开想象可以让他们获得最充分的成长。你可以对他们提出以下要求，引导他们展开想象。

- 站在作者的角度想象一下当时的生活。
- 想象一下某个时代的生活。
- 想象一下普通人和皇室贵族的生活以及二者之间的差别。
- 想象一种痛苦。
- 想象自己来自书中提到的那个地方。
- 想象一下处在某个季节、某种天气下的感觉。

- 想象一个概念可以与另一个概念产生的关联。
- 想象一下你的观点在你看来完全正确，对方的观点在他看来也是如此。
- 想象一下精准的统计数据也可能造成误解。
- 想象一下童年的经历会对成年人的选择造成哪些影响。
- 想象一下认知所能达到的极限。
- 想象一下某个观点可能造成的积极和消极影响。
- 想象一次与重要人物的见面。
- 想象一下你的方案可能不是唯一或最好的方案。
- 想象一下作者的判断或观点可能是错误的。
- 想象一下作者说的可能是事实或者真实情况。
- 想象一下人们的认知还可以进一步发展。
- 想象一下迷信盛行的时代。
- 想象回到过去，找回已经遗失的真相。
- 想象一个可以检验某个理论的研究项目。
- 想象一些解决老问题的新方法。
- 想象一下如何结合两个学科，找出新的解决方案。
- 想象一个小说或故事框架，把枯燥的事实讲得生动有趣。
- 想象如何将历史事件讲述得生动鲜活。

修辞想象是批判性思维的关键，它使得我们能够在学习时将自己的信念和正在尝试理解的内容分隔开来，能够坚定地站在作者一边，支持他们阐述自己的观点，即使最终我们并不赞同他们的结论也能够耐心地听他们讲完。在读到任何观点时，我们要做的第一件事都应该是理解，而不是加以评判。

为了帮助可畏的后生们培养批判性思维，我不再关注教学大纲，而是对人类如何形成观点产生了兴趣。是什么力量激发了思考？是什么让我们认定自己是对的，别人是错的？我开始对感知而非评判感到好奇，想知道对社群的忠诚心和归属感对人有什么影响。我开始深入地研究直觉和洞察是如何产生的，各种想法之间是如何产生关联的,以及凭直觉做事会得到怎样的结果。

我想知道如何让孩子投入而不是信服。究竟是什么塑造了人们的观点?人们都是被什么说服的?如何引导孩子认识明喻和暗喻、类比和对比?他们解读原文的时候能够暂时放下自己的先入之见吗?他们阅读观点的时候能够不去寻找证据证实自己的偏差吗?如何让他们在做研究时保持对不同观点的好奇,而不是一味地维护某一个观点?他们能够带着敏锐的观察和深刻的自我觉察来诠释自己的阅读、经验和相遇吗?

学习的目标远远不止被大学录取或者找到一份赚钱的工作。充满活力的教育需要让孩子去寻找意义,比较个人观点与社群价值观,评估科学研究和数据,搜集更多的信息以供思考。真正的思考者需要意识到自我与研究主题之间的交流是动态的。我把修辞想象看作让洞察和创造之船起航的风,它解放了那些在其他情况下会被忽视的想法,让同理心和觉察得以生长,什么学科的学习不会从中受益呢?修辞想象让我们超越当下,进入可能的未来。除非我们能够看到或者能够想象,否则理解、欣赏或评估都无从谈起。我们来听一听贝尔·胡克斯的忠告吧,"当老师在课堂上将学生无拘无束的想象释放出来时,变革性教育便成为可能"。

# RAISING CRITICAL THINKERS

## 11

审视不同观点,尊重差异

**RAISING CRITICAL THINKERS**

**批判性思维故事汇**

20世纪90年代，俄勒冈州为某些特定的医疗服务提供补贴，但该补贴只面向身体健全的人，残疾人无权领取。当有人要求修改这项不公平的政策时，政府给出的解释令人震惊："官员们认为，他们是基于客观判断做出的这一决定，判断的根据是他们对俄勒冈州居民进行的电话调查。"在电话调查中，官员们要求身体健全的受访者想象自己坐在轮椅上，或者想象自己是一个盲人或聋哑人。大多数受访者表示，他们宁愿死，也不愿被困在轮椅上或者失去某种感官。官员们由此做出判断，残疾人不应获得与健全人相同的补贴。

> 在头脑意识到之前，身体早就知道了。
> ——《蜜蜂的秘密生活》作者 苏·蒙克·基德

想象一下，你正在同人交谈，想要更多地了解关于这个主题的信息，这时，你的交谈对象提出了一个和你的信念格格不入的观点，你会有怎样的反应？你是否会紧闭双唇，感到胃里翻腾不止？是否会感到恼怒的情绪像滚烫的熔岩一样在你的身体里流淌？如果这时你的交谈对象要你"保持思想开放"，你能做到吗？大多数时候，我们会忙着开动脑筋，却忽视了自己的身体反应。我们急于想出一套论证方法，好捍卫自己的观点。

当你的观点受到抨击时，你会有怎样的反应？你是否会心跳加速，气得满脸通红，感到肾上腺素水平飙升？对对方提出的证据，你是否会不以为然、暗自腹诽？你会不自觉地怀疑对方的信息来源吗？如果你采取行动，切实地去核查对方提出的证据，最后在正直感的驱使下得出结论，"这些证据是真实的，对方是正确的"，那你又会做出怎样的反应？你能让自己平静下来吗？你会承认错误吗？你会改变自己的想法吗？如果错误的观点是你坚持已久的观点，你又会怎么做呢？想象一下，如果你对生活方式的选择、你的理财决策都是基于这个观点做出的，那么这个错误意味着什么？假设你所属社群的信仰与新的证据存在冲突，你能够不受社群的影响，根据新的信息调整自己的观点和行为吗？

我还是加利福尼亚大学洛杉矶分校的一名本科生时，曾因为一篇论文的写作陷入这样的困境。我寻找证据来支持自己的观点，我也确实找到了……但是，我偶然间发现了一份阐释相反观点的重要资料。我感到脸颊发烫，忐忑不安，仿佛挨了当头一棒。我不想让这些新的事实影响自己的论证。我没有修正文章的论点，更没有重新构思整篇论文，而只是假装支持相反观点的证据并不存在，将其完全忽略。研究人员将这类心态称为"鸵鸟心态"，我选择把头埋进沙子，不去看那些自己不喜欢的资料。我为什么要这么做？写论文难道不是为了更好地学习吗？是什么驱使我故意逃避这样的学习呢？这就是我们在本章中要探讨的问题——是什么阻碍了我们，让我们不能对关于所有主题的所有信息一视同仁？

## 小心思想饱和，注重自我觉察

"开放的思想"是最常被提及的一种批判性思维工具，在我看过的思维工具清单中，它几乎从未缺席，但每次看到它我都嗤之以鼻——真的存在这种东西吗？开放意味着有足够的空间，然而，我们的头脑中早就塞满了各种难以撼动的观点。我们真正需要做的是整理自己的情感、思想、观点、经验和信念，以便在思想的书架上为新的观念腾出位置，特别是在遇到对我们自己持有的观点发出挑战的观念时。一个更好的忠告应该是："小心思想饱和！"

拥有开放的思想意味着我们可以有意识地将自己的情绪、思想、身体感觉、社群身份、对社群的忠诚心以及根深蒂固的是非观与我们研究的东西区分开，而事实是，人类根本不擅长这么做。各种未经检验的偏差左右着我们的思想，"要努力做到"这样的命令对解决问题毫无帮助。我们并不擅长说服自己接受那些不符合预期的观点。要想拥有开放的思想，我们还需要运用一些别的手段。

就批判性思维的培养而言，如果我们想要从迄今为止讨论过的所有技巧中有所获益，关键的一步并不是开放思想，而是自我觉察。如果不把镜头对准自己，那么我们在研究、观察和相遇上付出的所有努力最终都会进一步强化那些先入之见。这是为什么呢？因为我们总是忠于自己的思维习惯。我们用最喜欢的颜色装饰了自己的思考空间，在里面摆放了一张舒适的大椅子，让自己陷在里面，欣赏自己精心打磨而成的观点。要求任何人开放思想，无异于要求他们重做自己最得意的研究。

你有没有和狂热的球迷一起看过体育比赛？当裁判做出一个有争议的判罚时，我们很容易猜到哪些球迷会支持这个判罚，哪些会反对。这与球迷的逻辑思维没什么关系，与球队站在一起的决心压倒了对证据持开放态度的能力。球迷们会立即编出一个逻辑故事，激动地解释为什么裁判的判罚合理或不合理。要求球迷保持思想开放？拜托，那不过是徒劳的尝试罢了！

当然，有些人会以自己的客观为傲，他们会说"没错，裁判是对的"或者"不论我做何感想，这都是事实"，哪怕这个事实不利于他们支持的球队。当代价不大时，我们大多数人在证据面前都会让步。例如，你可能会说："这款洗衣粉的增白效果确实比我现在用的那款的更好。"然而，当代价很大时，情况就全然不同了，如果你家开了一家洗衣粉公司，你从小就使用自家的产品，那么你可能就不会认为其他洗衣粉更好用了。允许相反的证据推翻那些你期盼为真或你的社群认定为真的判断是非常困难的！有研究指出，在我们对社群产生依恋时，我们的身体会分泌催产素，而催产素是一种能够带来快乐和亲近感的强大激素。

如果你不仅仅是相信某个"真相"，还做出了相应的行为承诺，那么你会更加抵触相反的证据。"承诺升级"（即承诺偏差）会削弱你接受信念挑战的能力，任何"开放思想"的告诫都不能解决问题，你甚至会将开放思想视作一种危险。无论是官方团体还是由一群有着相同立场的人组成的临时团体，社群总是格外重视自己坚信的那个版本的真相，社群成员会将一切挑战视为"异端邪说"，而不是需要考虑的新证据。

有时，过分执着于某个观念会对自己造成危害。我见过一个做健身教练的朋友因为营养不良住进了医院，却仍然否认他为了瘦身而让自己长期挨饿的事实。我见过一些实行在家教育的父母坚信自己的孩子总有一天会学会阅读，不肯请专业人士来教导他们。我们与社群之间的利害关系越密切，就越难对相反的事实保持开放的态度。观点的变化通常会伴随着行为的改变，而且你还免不了向社群袒露这种变化，这可能导致社群对你的排斥。孩子在家庭中会陷入同样的困境，如果他们提出的不同意见有悖于父母的信念，焦虑不安的情绪就会袭来。

许多有关批判性思维的文章中还提到了另一个可以消除偏差对思考的一切妨碍的方法。除了开放思想，我们还被要求像科学家一样思考，换言之，我们应该更加注重获得正确的理解，而不是做一个永不出错的人。这种观点认为，只要我们希望获得正确的理解，就会遵循证据的指引。这听起来是个多好的方法啊！可是，它真的有用吗？正如我在前文中提到的，研究和对发现的诠释每年都在变化，每个时代都在变化。强调"正确的理解"意味着承认我们遇到的难题永远只有一个正确的答案（还记得单选题困境吗？），然而，我们仔细观察就会发现，多数争议性问题都很复杂，有很多细微之处需要思考，我们需要的不只是找到正确的答案。"正确的理解"可能对孩子没有什么帮助，当他们面对相互矛盾的多种信息时尤其如此。例如，在调查开设动物园对动物保护是否有利时，孩子很容易找到相互矛盾的研究资料。究竟哪项研究是正确的？在追寻"正确的理解"时，孩子要怎样才能调和这些矛盾？这时，他们更容易把自己不喜欢的研究排除在外，固守原有的立场，而不是对新的事物展开思考。

## 追求洞察，不要匆忙下结论

在讨论自我觉察的诸多技能之前，我们先来谈一谈它们服务的"蜂后"本身——"洞察女士"。雷娜特·凯恩和杰弗里·凯恩在《建立联系》（Making Connections）一书中解释了大脑是如何构建意义的："在教育中，洞察比记忆重要得多。对意义的感知开始于一种无法表述的对关系的觉察，在伴随顿悟的那一声'啊'中达到高潮。"他们解释说，洞察能唤起满足感、敬畏心、愉悦感、放松感和活力。如果我们不再催促孩子找出正确的答案，而是把注意力转移到产生洞察上面，情况会发生怎样的变化呢？洞察意味着能够看到事物的内在本质，对主题（人、问题、话题、阅读、经验、相遇）有透彻的认识。获得洞察与认可某种逻辑推理或验证某个研究观点不同，透过洞察，我们体会到的是一种关系中的意义感。我们还可以从另一个角度理解洞察，它是一种新的理解突然拼合成形的时刻。凯恩夫妇称之为"完形"，而我喜欢将这些"啊，现在我明白了！"的时刻称为"顿悟"，也就是说，我们会从"到底是怎么回事？"过渡到"啊，现在我明白了！"洞察并不总是与同情或同理心有关。例如，我们能够对某人做出卑鄙行为的可怕动机产生洞察。洞察并非一早就存在于头脑中，它仿佛"砰"的一响，让我们感到豁然开朗。洞察可能表现为寒战、刺痛、惊叹、解脱、恐惧或更深的好奇。洞察并非确定不移，而是总是在变化，它使我们能够了解重要的信息，理解他人的经历，同时保持自己的身份认同。洞察的优势就在于它是暂时性的，而且很容易改进。

想象一下，你正在听一个持相反观点的人说话，你将关注点放在从中获得新发现，而不是判断自己是否赞同他的观点上，现在，目标就变成了"我希望获得一种顿悟，理解这个人为何会持有这个观点"。你的任务不是找出论证中的漏洞，你不必支持对方的立场，也无须承认其论点的合理性，甚至不需要理解他的观点，你唯一的任务就是用新的眼光去"看"，目标是获得"了解"，而不是"正确的理解"。你可能会突然意识到受害者的痛苦，或者对施暴者的动机越来越反感，可能会对某个观点的个人背景或某个主题的历史渊源有更好的理解，可能会发现某人对某个观念（甚至是在你看来令人厌恶或不道德的观念）如此坚定是因为一个相关的信念在其中充当了控制镜头。"了解"意味着与你正在学习的内容进行真正的接触，它让学习的任务从掌握信息、完善论证变为发挥作用，用更通俗的话来说就是"我正在学习的内容对这个世界有何作用？"。这是一个需要洞察才能回答的问题，如果你还没有答案，那么你多半还没有领悟。在对相互矛盾的研究进行探索时，我们也可以采取类似的态度，告诉自己："我阅读这篇研究报告的目的是了解作者想要表达的观点。"与其匆忙下结论，不如先确定作者在

11 审视不同观点，尊重差异

这篇研究报告中提出了哪些在研究该主题时应当考虑的重要因素。

我在第一次对动物园的价值加以审视时，曾有过这样的经历。俄亥俄州城市辛辛那提拥有一家全美顶级的动物园，我的几个孩子都是典型的动物园狂热爱好者，然而，随着渐渐的长大，他们开始刨根问底："动物园里的动物是否得到了妥善的照顾？这种生活对它们来说是好是坏？"为此，我做了一些调查，发现了许多矛盾之处。一些研究表明，开设动物园提升了人类对濒危物种的保护意识，有利于对野生动物的保护。另外，动物园将这些稀有动物圈养起来可以保护它们，让它们远离捕食者。我记得有一项研究让我很受触动，该研究断言，动物园里的动物在圈养环境中过着比在野外更快乐、更无忧无虑的生活。动物园帮它们省去了捕食的辛劳，也替它们消除了来自捕食者的威胁，为它们提供了稳定的饮食和安全的生存环境，因此，在很多情况下，动物园里的动物比野外的动物活得更久。另一些研究的发现则截然相反。有研究表明，动物园里的动物如果伤及人类就会被杀死，无论人类的行为是否失当。在辛辛那提动物园，我们最喜爱的一只猿猴在一个蹒跚学步的幼童穿过护栏进入展览场地后被射杀，这只猿猴没有任何过错，但为了保护孩子，它最终被杀死了。还有研究表明，动物园的生活环境违背了动物的天性，其所在地的气候也常常与物种自然栖息地的气候相差甚远。这类研究还指出，园内的场地设计通常以满足人类的喜好为宗旨，这会给动物带来许多压力。

读到这些研究报告时，我的第一反应是确定哪种观点才是正确的，但接下来，我让自己慢下来，换到低速挡。我利用"总观效应"来审视这些研究，把它们置于更广阔的背景中加以考量。我注意到，在围绕动物园的讨论中，争论双方声称想要达到的目标是一致的——拯救濒危物种，保护生物多样性。我没有把这两类研究视作需要评判的对象，没有认为它们正在等待我的赞成或否定。只要能够确定研究人员具有足够的专业水准，我就会接纳他们的观点，去感知这些论点所带来的最终影响。这个过程需要一定的时间，我花了一年多的时间来仔细思考，阅读文章，并向该领域的工作人员征询意见。对洞察的追求让思维变得灵活起来。在把这两个看似矛盾的立场放在一起审视时，我获得了领悟。我意识到，所有人在意的问题都是如何鼓励人们去保护地球上的动物。我对这场争论更感兴趣了，却不再坚定地相信某个结论。

我坚持追寻洞察，没有将两种研究结果对立起来，没有接受一方、抛弃另一方。当然，我们必须承认，有时一项研究的发现会推翻另一项研究的结论，但情况并非总是如此，这也不是我们在研究一个主题时的首要假设。了解多方的观点就像观看一场乒乓球比赛，我们需要在各类事实和结论之间不断地做往复运动，这有助于超越争论，提出更重要的问题，无论我们研究的是什么主题都是如此。在动物园这个主题中，这个问题就是："如何让人类在感受动物带来的欢乐的同时积极地去保护它们？"

洞察是流动的，是具有启发性的，它将一个想法与另一个想法联系起来，从而孕育出更加深刻的思考。帮助孩子认识洞察的一个方法是向他们描述获得洞察时的感觉。那一刻，身体通常会感受到喜出望外、豁然开朗或如释重负，人们可能会为发现一个全新的想法而感到开心。我记得 11 岁那年，我发现了玫瑰花和刺的象征意义——美丽与痛苦相互依存。这种突如其来的深刻领悟让我感到兴奋不已。尽管几百年来，诗人们一直在描绘这种关联，但这次的领悟是属于我自己的。这就是一次洞察的体验。洞察的概念是多面的、复杂的，但通过体察其种种细微之处，孩子就可以获得更好的理解。洞察不是大人能直接教给孩子的，它来自我们每个人的内心，我们能做的就是创造条件，让其蓬勃发展，这些条件包括：

- 自由：结论可以是初步的、不成熟的。
- 空间：给深刻的感受留出足够的空间。
- 支持：帮助孩子度过危机时刻——"这个发现毁了我的论文！"
- 时间：对观点加以仔细斟酌。

洞察是自我觉察的结果。接下来，我们将对促进自我觉察的方法和工具加以探索。

在与孩子一起学习的 25 年间，我发现，事实上，我们可以向他们示范如何放下学习时的自我防御，克服刚刚接触新数据、新想法和新观点时的抵触心理。我们可以采取一些做法引导孩子做出更深层的探索，而不是条件反射般地放弃学习（又是这个例子——大学论文）。本章接下来的内容中穿插了针对低龄儿童的启蒙活动以及适合初中生和高中生的挑战性练习。我建议你先亲自尝试一下，体验情绪和身体反应的微妙变化，以及这些变化对你构建意义的过程有何影响，这有助于你更好地指导孩子。另外，你最好让孩子从他们还未形成成熟观点的"低风险"主题开始练习，因为在还未拥有坚定的立场时，他们能更好地注意到自己的思维是如何被影响的。我总结了自我觉察的批判性思考中的三个关键点：

- 揭露第一印象，允许洞察浮现。
- 认识差异，用"获得了解"代替"感同身受"。
- 发掘忠诚心，了解从属的社群。

## 揭露第一印象，允许洞察浮现

我们的身体和大脑运转得很快，即使我们试图加以控制，也还是会产生情绪和即时的反应。我们对某个问题的第一印象很快就会成为信息评估时的控制镜头，如果身体向我们发送了一波焦虑或胜利的巨浪，洞察将很难浮现出来。第一印象包括与主题联系在一起的词汇、熟悉的格言和标语、个体抱有的偏见或"预先判断"，以及个人预见。我喜欢这样定义"预见"：预见是一个人关于世界怎样才能变得更好的内在信念，例如"我的预见是，如果女性能获得与男性同样的薪酬，职场环境将变得更加公平"。我们在有时间进行充分的研究、对预期或想象加以验证之前，常常会将预见作为观点表达出来。

现在，我们就一起来探索一下第一印象。

## 工具：第一印象

回答下列问题时，"活泼好奇（5～9岁）"阶段的孩子可以针对自己喜爱或厌恶的某样东西（例如一种食物、一个玩具）或者大自然中的事物（例如花、松果、太阳、海洋）进行思考。

"反应迅速（10～12岁）"阶段的孩子可以思考一个自己喜欢或讨厌的具体主题（例如棋类游戏、天文学、漫画、数学定律、奇幻小说、机器人）。

"思维敏捷（13～18岁）"阶段的孩子可以关注一些有争议的主题（例如无人驾驶汽车、电子烟、狩猎、回家时间限制）。

### 研究开始前

- 当你想到这个主题时，你的身体有什么反应？
  - 你觉察到什么感觉了吗？是什么样的感觉？出现在身体的哪些部位？
  - 你是否感到轻松自在或者兴奋急切？
  - 你是否感到紧张或警觉？
  - 你是否感到双唇紧闭或心脏怦怦直跳？
  - 你还有什么其他感觉吗，还是你没有任何身体上的感觉？
- 评估你的想法。
  - 找出与该主题相关联的词汇，列一张词汇表（附带或不附带定义都可以）。
  - 列出有关的格言和标语（积极的、消极的、中性的格言和标语都可以）。即使是"海洋"这样的具体事物也会让人想起"乘风破浪"和"享受人生吧，就当它是一次海滩度假！"这样的话语。
  - 留意你对他人（包括赞同和反对你的人）的偏见或"预

先判断"。
- 确定你的预见。如果你现在的观点被采纳了,你认为这会让人们的生活变得更好吗?例如,"活泼好奇"阶段,"太阳":有了阳光,人们就可以在户外玩耍;"反应迅速"阶段,"棋类游戏":玩棋类游戏时,家人们可以欢聚在一起;"思维敏捷"阶段,"回家时间限制":父母们应当信任青少年,允许他们在自己觉得合适的时间回家,而不是规定最晚回家时间。

下面,让孩子对选定的主题展开阅读和探索。如果你的孩子年龄尚小,那么可以引导他们想一想与其印象相反的情况。例如,如果他们正在思考灿烂的阳光,那让他们想一下,阳光在哪些时候是令人不快或无益的,以及哪些人会因为充足的阳光受益,哪些人不会。这个活动的目的是让孩子对太阳的认知变得"复杂化",对小孩子来说,这种程度的研究就足够了。如果你的孩子年龄更大,那么是时候让他们利用外部研究来展开探索了,而不是仅凭自己现有的印象进行思考。让他们选择至少三篇文章来阅读,这样他们就可以接触到不止一个观点。在网络浏览器的搜索栏中键入主题名称和"争议"二字,可以帮助孩子找到持不同观点的文章。

### 研究结束后

针对孩子阅读的每一篇文章,询问以下问题:
- 文章中的哪些内容引起了你的身体反应?你能将读到的内容与感受到的恐惧、担心、愤怒、高兴、抵触等情绪联系起来吗?
- 在研究开始前列出的词汇能够准确地反映你刚刚读到或学到的内容吗?哪些新术语加深了你对这个主题的理解?通过研究,哪些术语的含义变得更加详细或丰富了?
- 你如何看待之前的"预先判断"和预见?你想对它们做出什么

修改吗？

不必把这些问题看作一份调查问卷，在咖啡店边喝拿铁边聊天时，你也可以向孩子提出这些问题。一旦孩子有机会对自己的第一印象进行思考，你就可以向他们提出以下问题：

- 你产生了怎样的洞察（顿悟、新的想法、引人深思的问题）？
- 这些洞察是如何改变你以前对这个主题的理解的？

揭露第一印象是一种需要培养的习惯。追踪观点造成的影响的其中一种方法是注意你有什么身体反应，以及它是如何随着新信息的出现变化的。在我撰写大学论文时，相反的证据曾让我的心一下子沉了下来，扑通扑通跳个不停。为了不让自己惊慌失措，我把那篇文章藏了起来，假装它不存在，但接着我又开始担心，如果教授知道我故意隐瞒，肯定会给我打一个很低的分数。所有这些感觉都阻碍了我进一步了解这个主题，也阻碍了我构建一个完善的观点，我害怕抛弃自己的第一印象。

## 摆脱框架对第一印象的影响

框架会影响我们的第一印象。艺术品在被悬挂上墙之前，通常要经过一番装裱。一幅画的画框向观众暗示了它的水准、地位、审美风格，以及它是如何与房间内的其他画作相互呼应的。精美的画框会突出艺术品本身的价值，让它看起来更加夺目，糟糕的画框则会遮蔽画作的魅力。同样，孩子读到的每一份研究资料也都有其框架。框架可能是教师、教科书或学术期刊的视角，可能是资料的体裁（是历史小说还是晚间新闻报道），也可能是信息传递的载体（图书封面的艺术风格是什么样的，纪录片是彩色的还是黑白的，信息出自音频还是印刷品，等等）。要想摆脱框架的迷惑，我们需要意识到它的存在，并了解它是如何引导第一印象的。下面的问题最适合请"反应迅速"和"思维敏捷"阶段（10～18岁）的孩子回答。

## 工具：框架

向孩子提出以下问题：

- 你的第一印象是源自某个人吗？如果是，这个人是如何影响你的反应的，是通过他的服装、发型或者声音吗？这个人是权威人士还是你的好朋友？他是在讲述自己的亲身经历还是别人的经历？这个人的发言有权威性吗？他有哪些资质证明？是什么让你对这个人抱有全然的信任或一开始就对他的话感到怀疑的？

- 如果你的第一印象源自纸质图书，它的装帧是什么样子的？它是一本装帧精美的书吗？这本书的书页带有精心烫制的金边还是裁切粗糙的毛边？它是平装书吗？封面设计是什么样的？是否在关键位置上标明了相关专家的信息？这本书是由哪家出版社出版的？

- 如果你的第一印象源自媒体或数字媒介，这个来源属于哪种类型？它是某个组织的网站、多媒体展示介绍、对亲历者的采访、书信汇编，还是线上演讲、广播节目、录音、考古挖掘的影像记录？

- 这个框架对你对内容的看法产生了什么影响？你认为这个内容可信吗？为什么？是什么导致你对它产生或失去了信任？你能把它和其他来源（持不同观点的网站、相同主题的其他图书、有声版或印刷版图书、其他电视台的节目）的内容比较一下吗？通过这种比较，你是否注意到了自己对信息来源的情绪反应？你觉得哪些来源可信，哪些不可信？为什么？

- 这个框架想要暗示什么或者希望引起怎样的反应？

|  |  |  |
|---|---|---|
| ◆ 客观性 | ◆ 行动 | ◆ 敬畏 |
| ◆ 可靠性 | ◆ 反思 | ◆ 共情 |
| ◆ 时效性 | ◆ 愤怒 | ◆ 抗议 |
| ◆ 情感联系 | ◆ 尊重 | ◆ 其他 |

- 这个框架是支持现状的（事情目前是怎样的）还是挑战现状的（事情应该是怎样的）？例如，一封请愿书的目的可能是推动变革，一篇曝光文章的目的可能是结束当前的常见叙事，一份报告的目的可能是支持已有的发现。这个信息来源属于哪一种？信息来源的目的对你阅读时的预期有什么影响？
- 这个框架与某个权威人物、有资质的专家或者有直接经验的人有关吗？

## 认识差异，用"获得了解"代替"感同身受"

下一种促进自我觉察的工具与更深层的情感相关。许多教育工作者要求学生使用一种叫作"共情"的技巧来理解他人对世界的感知，然而，正如"保持思想开放"的要求往往会无疾而终一样，对共情的呼吁也是如此。共情要求我们去构建他人的感受，尝试用对方的眼睛看世界，想象我们有同样的经历，由此实现彼此理解。对此，匹兹堡大学公共与国际事务教授艾丽斯·玛丽昂·杨（Iris Marion Young）提出了反对意见。虽然想象力是一个强大的工具，但杨指出，我们在生活中的位置并非像自己和镜子里的像一样完全对等，或者用她的话说，这种身份背景是"不可逆的"。我们每个人的生活经验、过往经历、情感习惯和努力目标都各不相同。杨认为，我们在相信自己可以站在别人的立场上思考问题时，"往往会向对方投射一种与自身视角互补的视角"，而不是那个人的真正视角。我们想象的不是他人的感受，而是如果我们处在他们的境遇里，我们自己会怎么样。她举了一个有力的例子来说明这种投射会造成什么样的可怕后果。

20世纪90年代，俄勒冈州为某些特定的医疗服务提供补贴，但该补贴只面向身体健全的人，残疾人无权领取。当有人要求修改这项不公平的政策时，政府给出的解释令人震惊："官员们认为，他们是基于客观判断做出的这一决定，判断的根据是他们对俄勒冈州居民进行的电话调查。"在电话调查中，官员们要求身体健全的受访者想象自己坐在轮椅上，或者想象自己是一个盲人或聋哑人。大多数受访者表示，他们宁愿死，也不愿被困在轮椅上或者失去某种感官。官员们由此做出判断，残疾人不应获得与健全人相同的补贴，然而杨指出，研究表明，残疾人的自杀率很低，他们认为自己的生命很有价值。这项政策最终因违反了《美国残疾人保护法》而被推翻，但杨的观点得以流传下来："当被要求把自己置于残疾人的位置上时，人们想象的并非他人的看法，他们会将自己的恐惧和幻想投射到他人身上。"

为了避免这种倾向，杨建议我们遵循一种叫作"非对称性互惠"的交往原则。我们的目标是尊重彼此之间的根本差异，并在此基础上做出道德和学术判断，而不是掩耳盗铃地认为我们能体会到和他人一致的感受。事实上，她认为，人们之间的友好关系应该建立在对道德的维护和遵守上，而不是理解他人处境的能力上。在孩子身上，这种交往原则常能发挥独特的作用。有时，孩子很难想象自己会对他人造成怎样的影响。青少年可能会参与网络霸凌，小孩子可能会动手打自己的朋友。要求施暴者想象自己在受到同样的对待时会有什么感觉可能不会有任何效果。青少年可能会说："我才不在乎呢，我会一笑置之！"小孩子可能会说："他活该，他偷了我的玩具！"在这种情况下，非对称性互惠的原则会很有帮助。我们需要做的是让孩子了解他人的真实感受，认识到对方可以持有完全不同的观点，甚至是孩子不能完全理解的观点。成为一个批判性思考者意味着能够意识到他人的经验有其内在固有的价值，能否得到感知或理解并不会影响它们的价值。他人的观点自成一体，施暴者或缺乏类似经验的人不能任加贬低。因此，我们的关注点应当向真正的受害者倾斜，而不是向不受影响的人或对痛苦浑然不觉的人倾斜。

杨提出了两种方法来帮助人们更好地做到这种非对称性互惠。她建议的第一种方法是我们带着"好奇"的心态去接触对方。这里的"好奇"指的是我们想要知道对方如何理解自己的观点，而不是想象我们处在他们的位置上会有怎样的感受。这也是洞察力再次发挥作用的地方。在学习的过程中，孩子应当对作者的需求、兴趣、看法和价值观保持关注，而不是努力想象自己处于类似的环境中。我们的目标是"获得了解"，而不是"感同身受"。杨解释说："这意味着我们要谦逊地承认，尽管在和对方交流之后，我们对他的观点和经验有了很多的了解……但其中总有遗漏，我们不了解的事情还有很多。"例如，一个残疾人说出了行动不便、必须依赖轮椅给自己造成的困扰，而健全人就算知道了这些不便并试图想象自己是一个残疾人，其经验仍然和真正的轮椅生活不同。一边是沉甸甸的真实生活，另一边只是轻飘飘的想象。按照杨的说法，如果我们想要寻求更加深入的理解，我们首先要意识到自己在倾听别人的观点时获得的经验是"非对称"的。

当孩子对某种经验或观点感到困惑或反感时，我们可以提醒他们保持尊重和好奇，让他们认识到自己的立场在别人眼中也同样难以理解。表达好奇的方式是提出问题，而不是做出假设。我们可以引导孩子在阅读时提出问题并在阅读的过程中寻找作者的回答。如果有机会和一个人见面（相遇），充满好奇的提问将能展现出更大的力量。杨解释说："提问能够向对方表示一种特殊的尊重，它表明提问者对对方的表达感兴趣，而且愿意坦承自己不知道对方的看法。"也就是说，提问不是盘问或测试，每个人都可以根据自己的喜好选择回答或不回答。"尊重他人的倾听既意味着关注，也意味着感兴趣的提问，而回答则是他人赠予的礼物。"这样的态度为好奇心和兴趣提供了成长的温床，能够让洞察结出果实。秉持着这种态度的思考者能够认识到潜藏的权力差异（例如父母和孩子之间、年长的青少年和年幼的弟弟妹妹之间、主流观点和其他观点之间的权力差异）。每一次相遇都是新鲜的，酝酿着新的洞察。好奇心不受观念的限制，它可以让不同的经验得到揭示和提炼。

尊重差异的第二种方法是构建杨所说的"扩大的思想"。修辞想象力允许一个人同时在头脑中容纳多种观点，而不是立刻做出判断。当我们做到以下两点时，我们接纳不同思想的能力就会得到提升：第一，不再把自己的立场看得至关重要，而是把它视作众多立场中的一个；第二，开始思考更多的观点，而不只是考虑两个极端情况（即摆脱二元思维）。"扩大的思想"具有"道德判断"的特征，对此，杨解释道："道德的视角意味着一个人在思考问题或计划行动时，不仅仅考虑自己，还会考虑到其他人的需求、目标以及可能受到的影响。"通过强调学习的目的，我们可以让孩子更加关注产生实际的影响，而不仅仅是收集更多的信息或验证自己的信念。道德判断要求孩子在形成观点时能够考虑到更多的人、更多的经验和背景，而不只是维护自己在这个世界上的位置。一个通过"扩大的思想"形成的完善观点可以有效地弥合人们之间的差异，而不仅仅是"两害相权取其轻"或"选择对我最有利的那个观点"。我们教导孩子多去聆听不同的声音，他们就能了解到更多的观点，就能更好地理解群体的共同认知，并做出对社会和个人都有益的判断。对差异的认识可以让所有人都超越自身利益，保持尊重和好奇。

### 发掘忠诚心，了解从属的社群

批判性思维的最大障碍往往是看不见的，对社群的忠诚心和从中获得的宝贵归属感一直影响着我们。各类社群在其遵循的范式上有一个共同之处，那就是都会采用"注定要相互比较的思维模式"。我们的社会范式通常是二元对立的，例如世俗和宗教、农村和城市、在家教育和公共教育。我们会被社群接纳还是拒绝，取决于我们是否愿意遵循它的范式。没有人愿意失去朋友、家庭或志同道合的盟友，而对社群根深蒂固的信念和价值观发起挑战，就有失去社群成员身份的风险。我们对归属感的渴望既强烈又广泛，而且由来已久，人类的生理机制让我们很难摆脱"失去了同伴就会失去一切"的想法。

在深入探索一项与忠诚对象的观念相冲突的研究前，你可以先让孩子尝试回答以下问题：

- 对这项研究的探索可能引发哪些风险？
- 如果要改变自己的想法，我必须放弃什么？
- 如果我改变了观点，谁会对我感到失望？
- 如果要不偏不倚地对这个主题进行探讨，我需要违背哪些价值观？
- 在我从属的社群中，哪些人是权威？他们会对这个主题有什么看法？
- 如果我改变看法，其他社群成员会怎么看我？我会失去自己的社群成员身份吗？
- 持有这种观点的是哪些人？我将他们视作朋友、敌人还是中立群体？
- 我在生活中的哪些行为做法与我现在的观点有关？
- 如果采纳另一种观点，我需要改变哪些行为？
- 这种观点与我熟悉的社群逻辑故事之间存在哪些冲突？

你也可以让孩子回答一些与持不同意见的社群相关的问题：

- 他们是如何证明自己的观点符合道德或正确的？
- 他们是用哪些逻辑故事来支持自己的观点的？
- 在他们形成自己的看法时，哪些预见在起作用？
- 这个社群对我从属的社群有什么看法？他们将我们视为朋友、敌人还是中立群体？这种态度对我对他们的看法有什么影响？
- 这个社群有哪些习俗？这些习俗是具有社会价值还是个人意义的？我能将二者区分开来吗？
- 哪些人是这个社群中的权威？我从属的社群对他们的权威有什么看法？这些看法是如何形成的？

我们从属的社群非常多样，远远超过人口普查表中列出的数量。正如我在第 6 章中讲到的那样，这些社群会对我们的个人感知做出解释，为我们提供逻辑故事，让我们确定自己在世界中的位置。它们也让我们遇见了和自己志同道合的人，例如乐队歌迷、业余爱好者和在家教育支持者。每当你确立了一种身份，就能找到一群认同你的人。如果你想了解他人，就去了解一下他们从属的社群吧！记住，你需要倾听他们的社群领袖和成员的声音，而不是你的社群对"另一些人"的解读。

批判性思维中的自我觉察是一个持续的过程，而不是一次性的发现。我们可以先从培养这个习惯开始：暂时离开主题，以更好地评估个人看法和社群逻辑故事。

如果我们追求的是获得深刻的见解而非在争论中取胜，我们就会将讨论焦点集中在复杂的细节上，而不会为了得出有说服力的论点而消灭差异。换言之，我们会希望最后的结论是符合道德的，既尊重了个人经验，同时也考虑了不同的社群。要记住，我们首先是人，其次才是学生。

在第 12 章中，我们要将关注点转向文本。如何诠释现代和古代作品？如何在研究这些文本时获得深入的理解和洞察？

**批判性思维工具箱**

- **鸵鸟心态**：假装支持相反观点的证据不存在，将其完全忽略。
- **洞察**：看到事物的内在本质，对主题有透彻的认识。
- **预见**：一个人关于世界怎样才能变得更好的内在信念。

## 思维练习：电影评论

### 我是影评人 10~12岁 13~18岁

对政治或社会问题的讨论可能让血压迅速升高，为了降低风险，我经常采用研究电影评论的方法来帮助孩子感受同一主题下不同观点的力量。影评人经常对相同的内容（同一部电影）做出不同的诠释和分析。通过阅读正面和负面的评论，孩子可以直接体会到行文和措辞的说服力，而不用担心背叛自己的身份。这个练习适合"反应迅速"和"思维敏捷"阶段的孩子。

让孩子挑选一部自己喜欢的电影，重新看一遍，现在就看。让孩子列出这部电影吸引自己的地方，写得具体一些。可以让他们参考以下方面：

- 参演演员。
- 对白。
- 布景、服装、化妆。
- 武打动作设计。
- 故事线。
- 特效。

接下来，让孩子打开影评网站，首先阅读那些正面评论，留意它们在哪些地方与自己的观点一致，以及它们还列举了哪些自己没有想到的影片优点。

现在，让孩子挑些负面评论读一读，注意评论者是如何使用不同的标准来诠释相同的内容的。看看你的孩子能否找出这些标准。例如，孩子喜欢的故事线惨遭差评，原因是评论者对可能引发的社会问题有所担忧（比如，影片对女性形象的塑造存在不妥之处）或者发现了影片中的历史错误。让孩子记录自己在阅读这些评论时的全部情绪反应。

- 孩子的态度是防御性的吗？
- 孩子想用什么理由来反驳评论者的观点？
- 有没有哪个评论者的言论让孩子的立场发生了动摇？哪些评论或分析做到了这一点？为什么？

可以使用以下几个问题，鼓励孩子保持好奇。

- 孩子可以保持好奇而不是执着于自己的感受吗？做不到的话也没关系，这种能力的培养很难一蹴而就。如果孩子难以保持好奇，那就让他们继续关注自己的身体和情绪反应。
- 在思考负面评论时，孩子对电影的评价发生转变了吗？如果发生了，发生了怎样的转变？
- 孩子可以同时接受正面和负面的评价吗？如果做不到的话，原因是什么？面对自己喜欢的电影，孩子能不能用"扩大的思想"接纳所有针对它的批评？

结论没有正误之分，孩子不必对负面评论表示妥协或同意。这个练习的目的是让孩子在面对一个不希望为真的观点时可以用这个方法来监测自己的反应。通过这个练习，我们还能够注意到相同的原始素材是如何产生两种完全不同的"拍摄效果"的。

# RAISING CRITICAL THINKERS

## 12

融合两种视野，走向批判性思维之旅的终点

RAISING
CRITICAL
THINKERS

**批判性思维
故事汇**

　　劳拉·英格尔斯·怀尔德的小说《大森林里的小木屋》于1932年出版。随后出版的"小木屋"系列极为畅销,屡获殊荣,售出了几百万册,多次荣获纽伯瑞奖,甚至还诞生了以怀尔德的名字命名的一个儿童文学奖项。然而,2018年美国图书馆协会将"劳拉·英格尔斯·怀尔德儿童奖"更名为"儿童文学遗产奖",去掉了怀尔德的名字,认为她的作品代表的价值观不再符合当代读者对儿童文学的期待。

> 问题不在于找出作者书写的真相，而在于认识到读者眼中的真相以及它是如何在诠释者心中变得鲜活起来的。
>
> ——英国中央兰开夏大学讲师　保罗·里根

读到这里，你已经快要抵达这段旅程的终点了。所有的批判性思维都指向同一个终点——诠释。我们会对与他人的相遇、看到的符号、视觉媒体、书籍和文章、专家意见、目击者的陈述、对话、新闻报道、家庭中的互动以及自己的经历进行解读，换句话说，这就是一个诠释"文本"的过程。这里的"文本"指的是我们正在"阅读"并尝试理解的人际交流。诠释是无法停止的，因为人类会不由自主地寻找意义。大多数诠释都是凭直觉进行的，这意味着我们在做出诠释时没有经过什么思考。在每次与他人的互动中，我们都会"阅读"他人的肢体语言、语气、音量、语境、关系、身份、语法和期望。如果一个朋友对你说："你还是跳到湖里凉快凉快吧！"你不太可能照他说的做，因为你知道虽然这个朋友有些粗鲁，但这句话只是一个玩笑，然而，如果你的铁人三项教练正在对你进行长距离游泳的训练，当他要你"跳到湖里"时，你就会脱下T恤衫跳下去，因为你知道，他要表达的就是字面上的意思。

诠释是一门艺术，不是讲求精确的科学实践。诠释需要游戏精神，它就像一场由信息发送者和信息接收者共同参与的游戏。发送者在自己所处的语境中将意图和信息一起发送出去，之后再由接收者在新的语境中加以接收。当这两种视角发生碰撞时，对文本的全新诠释就会产生。诠释不是一次性的，它始终在变化，这就是为什么诠释可以被视为一门艺术，而非科学。

## 语境对诠释的影响不可忽视

在出版行业，"内容决定一切"，那在批判性思维中呢？语境决定一切。语境是阅读中的多棱镜，德国哲学家汉斯-格奥尔格·伽达默尔（Hans-Georg Gadamer）在其开创性著作《真理与方法》（Truth and Method）中说明了语境在诠释中的重要性。根据伽达默尔的说法，每篇原始文本都会反映两个主要的语境——作者的视野（作者写作时的世界观）和读者的视野（读者阅读时的世界观），这两种视野的融合影响着我们的阅读和诠释。伽达默尔用优美的语言做出了总结："理解一篇文章的关键并不在于利用理性的分析回到过去，而在于以现在的自我参与到作者的讲述中去……对过去的思考总是涉及在当时的观点和自己的想法之间进行调和。"也就是说，每次阅读时，我们都需要将当前的语境和原始的语境区分开来，这样才能做出有意义的全新诠释。

语境至关重要，因为对我们具有持久影响力的并非文本的真实性或准确性，而是我们对它的看法。无论作者最初的意图是什么，读者的个人理解才是塑造其感知的关键。两种视野之间的对话可以朝着任何一方倾斜，有时，原始语境带有重要的信息，我们需要根据这些信息调整当下的看法。例如，在古代，雨水也和阳光一样被视为上天的恩赐，因为它决定了农业文明能否延续下去，而现代的农业经济不再依赖降雨，人类与天气之间的关系发生了改变，这让我们倾向于把雨水视为一种烦恼或者悲伤的象征（你可以在几乎所有的言情剧中找到这样的例子），然而，如果正在读一篇古代的作品，你就应当明白，雨水在文章中代表的不是迫害或惩罚，而是上天的慷慨和仁慈，这一点非常关键。

语境还可以通过作者采用的视角影响诠释。社会评论家杰克逊·卡茨（Jackson Katz）指出，在美国，我们习惯用被动语态来讲述女性遭受的暴力，仿佛做坏事的人不存在一样。他认为，在讨论针对女性的暴力侵害时，我们的谈论方式影响了对这些行为的诠释，让它们显得没那么严重了。在这种情况下，语法结构（被动语态）影响了我们对信息的感知。

  我们谈论去年有多少女性被强奸，而不是有多少男性强奸了女性。我们谈论去年一个学区中有多少女孩受到了骚扰，而不是有多少男孩骚扰了女孩。我们谈论去年佛蒙特州有多少未成年少女怀孕，而不是有多少男性导致了少女怀孕。从这些例子中，你可以看到被动语态是如何产生政治性影响的，它将焦点从男性身上转移到了女性身上。

这些被动语态将人们的关注点引向了受害者而非施暴者，这是解读任何文本时都需要注意的一类控制镜头。

## 不同时代的语境影响对文学经典的诠释

让我们以经典文学作品为例，来看一看我们在阅读时，特别是在和孩子一起阅读时，两种视野之间的互动是如何发生的。一本书的流行和失宠常常取决于不同时代的语境。在一个时代广受欢迎的作品，可能被下一个时代的读者视为带有种族主义色彩。劳拉·英格尔斯·怀尔德（Laura Ingalls Wilder）的"小木屋"系列就是一个典型例子。这一系列的第一部作品《大森林里的小木屋》于1932年出版。"小木屋"系列不仅极为畅销，而且屡获殊荣，售出了几百万册，多次荣获纽伯瑞奖，甚至还诞生了以怀尔德的名字命名的儿童文学奖项。我购入了这个系列的精装书，不仅自己读过无数遍，还给我的孩子们读过很多次。我还曾和家人一起前往南达科他州迪斯梅特镇参观怀尔德故居。几十年来，这些书被誉为优秀儿童文学的典范，我喜欢怀尔德温和、简洁的写作风格和轻松、幽默的讽刺手法，然而，故事并没有到此结束，读者们一直忽视了作者在描写那个时代的种族主义行为时是多么无动于衷。《草原上的小木屋》中引用的"只有死掉的印第安人才是好印第安人"，以及《草原小镇》中对爸爸和朋友们涂黑面部表演"黑脸秀"的轻快描写，都被认为是对19世纪晚期边疆生活的真实反映，得到了广泛的接受，20世纪的读者几乎没有对此做出任何批判。

儿时的我完全没有注意到怀尔德对黑人和美洲原住民的歧视性描写，但是，当我在21世纪给孩子们读这些书时，这些种族主义的表达让我大为震惊。我决定把这次阅读当成一个认识种族主义罪恶的机会。确切地说，这只是第一步。今天，我们的文化正在经历一场更加深入的意识变革。怀尔德作品中出现的种族主义仍然存在于我们的家庭和学校中，因此，任何背景的读者都应当考虑到阅读怀尔德的作品可能对原住民和黑人儿童造成的影响。此外，家长和教师还要思考这类刻板印象会在幼小的孩子身上留下怎样的印记，以及这些故事会如何塑造儿童的想象世界。随着社会文化对历史进行反思，我们对内容的诠释在发生变化，对经典的定义也在发生变化。换句话说，对于任何文本，都不存在一劳永逸的诠释。

2018年，美国图书馆协会将"劳拉·英格尔斯·怀尔德奖"更名为"儿童文学遗产奖"，去掉了怀尔德的名字，认为她的作品代表的价值观不再符合当代读者对儿童文学的期待。这一年距离《大森林里的小木屋》首次出版已经过去了86年。"怀尔德的作品是她作为19世纪美国移民的生活经历和观点的产物。"协会主席吉姆·尼尔（Jim Neal）和美国儿童图书馆服务协会主席尼娜·林赛（Nina Lindsay）在声明中说，"她的作品反映了对原住民和有色人种过时的文化态度，有悖于当代社会对多样化社群的接纳、欢迎和理解。"

在对一本书做出诠释时，我们会同时受到作者的视野和读者的视野的约束。将近一个世纪之后，"小木屋"系列的读者们彻底改变了对书中价值观的看法，对作品的诠释也因此发生了变化。当然，我们可以带着批判的眼光去阅读这些书，认识到它们反映的是边疆白人定居者的视角。成年人更有可能做到这一点，因为我们能够批判性地去看待怀尔德所处的政治和社会背景，然而，批判性地阅读怀尔德的作品，这种态度本身就是这个时代新的诠释结果。在将近一个世纪的时间里，这些书被亲切地读给孩子们听，很少有人注意到它们助长了一直存在却未被察觉的种族主义。

## 多次阅读有利于做出更加完善的诠释

诠释一段文本（尤其是脱离原始语境的文本）的第一步是意识到看懂文字和理解作者的意图是不一样的。从第一眼开始，读者惯用的词汇、文化价值观、期望、个人感知和社群逻辑故事就会对文本的诠释产生影响，这种初始印象会不可避免地导致诠释出现缺陷。

在教孩子高中写作时，我会要求他们阅读一篇著名的女权主义文章——朱迪·布雷迪（Judy Brady）的《我为什么想要一个妻子》（Why I Want a Wife）。这是一篇纯粹的讽刺文章，揭露了20世纪中期妻子在家庭中扮演的角色。布雷迪将妻子描写成丈夫的家仆，她在文中嘲讽道，即使是妻子也会因为有自己的妻子而受益。21世纪初，当我让接受在家教育的孩子们阅读这篇文章时，他们中的许多人对它很抵触。他们的母亲选择留在家中扮演传统的妻子角色，所以，一开始，阅读这篇文章让他们感觉受到了威胁，它似乎贬低了他们母亲的价值。这个时候，我的孩子们还没有学会从历史的角度看待问题，他们没有看到，与1971年的"妻子"相比，今天留在家中的妈妈们拥有更多的选择。有趣的是，在过去的5年里，我发现他们对这篇文章的抵触情绪有所缓和。今天，许多全职妈妈会以某种形式参与工作，此外，孩子们还可以看到自己的父亲经常参与传统的家务劳动。我们对任何文本的理解都是暂时性的，会受到文化变迁的影响。个人感知是一个强大的控制镜头，在第一次的阅读中尤其如此。当孩子对一篇文章进行诠释时，提醒他们初次阅读并不是终点，他们以后还会收获其他洞察，需要再次做出尝试才能获得更加深刻的理解。下面的练习是为"思维敏捷（13～18岁）"阶段的孩子准备的，这些问题都很有挑战性，孩子需要先掌握我在本书中提及的其他技能，再尝试回答。

**批判性思维工具箱**

- **诠释**：对与他人的相遇、看到的符号、视觉媒体、书籍和文章、专家意见、目击者的陈述、对话、新闻报道、家庭中的互动以及自己的经历进行解读。
- **作者的视野**：文本视野，作者写作时的世界观。
- **读者的视野**：诠释者视野，读者阅读时的世界观。

## 思维练习：诠释问卷 13～18岁

培养孩子的文本诠释技巧的一个好方法是在阅读时提出一些反思性的问题。接下来的练习能够很好地引导孩子进行思考。告诉孩子："要坦诚，要实事求是，没有其他人会看。"我在自己最喜欢的那些书的空白处写下了很多自己的真实想法，把自己的无知统统暴露了出来。当我做了更多的研究之后，这些涂涂写写就像一个时间胶囊，让我能够看到自己的想法与最初相比已经有了多少改变。接下来的练习受到了汉斯-格奥尔格·伽达默尔的启发，我对他提出的"诠释的视野"进行了加工，打造了一个更适合青少年的版本。

下面的问卷是为诠释者——也就是你的孩子设计的。让他们为这个练习挑选一段文字，小说、诗歌、演讲、历史记录或文件、哲学论文、教科书、文学批评、电影评论、日记、报纸文章……体裁不限，从不超过 2 000 字的文章开始。

接下来，要求孩子按步骤完成练习。

1. 将选好的文章复印或打印出来，留出较大的页边距。如果可以的话，把书拆开，复印（必要时可以缩印）时留出足够的页边距（5～8厘米）。如果文本难以直接复印，可以自己录入并打印出来，打印时设置三倍行距。
2. 在空白处写下自己想要提出的问题。将要提问的地方标记出来，在旁边写下你的问题，记录你的真实反应。例如，"这到底是什么意思"或"我不敢相信作者竟然如此无知"，这样的评论完全没有问题。这些第一印象可以帮你找出自己的偏差和兴趣点。你可能一开始感到困惑或愤怒，但读到最后，发现这篇文章其实是有道理的，或者你可能一开始同意文章的观点，但最后这个观点受到了挑战。将所有的想法都写在空白处。

3. 将多次出现的术语、语句、证据和文学手法标记出来。除了对文本提出问题，你还要留意作者的写作技巧。作者是否反复提及了某个术语？文章是否引用了确凿的证据或可靠的研究？留意各种文学手法（如押韵、谐音、反问等）产生的效果。找出所有的隐喻和类比。用星号标出用来佐证观点的逸事或作者的个人经历。

4. 根据初步的阅读做一些研究备注。你可以顺着空白处的注释和问题快速找到那些引发了思考的段落。如果你要针对这篇文章写一篇论文，它们可以在你构思论点或论证角度时提供很大的帮助。你可以做一些研究备注，例如"将这个想法与某位作家在某本书中提出的理论进行对比""核查这个数据的有效性"，这类笔记可以帮助你定位重要的信息，以便展开进一步思考。

在读完文章、记下问题、标出段落、做了备注之后，你就该问自己一些问题了。对于较短的文本（如诗歌和演讲），反复阅读将有助于更好地回答这些问题。如果文章的篇幅比较长，你可能没有时间重读，这时，你可以通过快速浏览相关段落来寻找答案。

## 诠释者视野（你的视野）

问自己以下问题：

## 12 融合两种视野，走向批判性思维之旅的终点

### 倾向

- 你希望在文章中看到什么？
- 你在阅读时抱有哪些怀疑？你是带着"赞同"的态度还是"反对"的态度阅读的？换句话说，你是一个乐于接受的读者还是一个充满怀疑的读者？回答是哪一种即可。
- 读到什么内容时会让你感到愤怒？
- 读到什么内容时会让你感到惊讶？
- 读到什么内容时会让你感到如释重负？

### 反应

- 这篇文章在你的脑海中唤起了怎样的图像？（如果你需要一些关于图像的问题作为启发，请参考我在第4章中为"思维敏捷"阶段的孩子设计的敏锐观察练习。）
- 文章的语言风格让你产生了怎样的感受？文章中是否出现了刻板印象、观点攻击（强硬但无根据的断言）或人身攻击？在提到相反的观点时，作者是否做到了克制、公正、细致入微？
- 你相信作者吗？为什么？
- 你对文章的第一反应是什么？（参考你做的页边注，它们对回答这个问题很有帮助。）
- 文章中有你想要跳过的内容吗？
- 你在阅读时是否受到了其他人（例如家人或社群成员）的看法的影响？（如果你想要进一步探究这个问题，可以参考第11章中对社群身份和忠诚心的提问。）

- 在你的脑海中，谁的声音最响亮，是你最喜欢的作家、你的一个朋友还是某位领袖人物？

**印象**

- 这篇文章和你的个人经验有什么联系吗？你对文章的内容感到熟悉还是陌生？
- 你是谁？对你在世界中的位置（你的经济地位、宗教、种族、国籍、年龄、性别、性取向、教育经历），文章是表示了肯定、质疑还是什么也没说？记住：你是多面性的，在回答这个问题时，需要考虑到自己的多重身份。
- 文章有没有暗示出一个充满希望的未来？作者是如何做出这种暗示的？
- 文章有没有暗示出悲观的前景？作者是如何做出这种暗示的？
- 你为什么阅读这篇文章？（如果它是由家长或教师选定的，那么他们选定这篇文章有什么明确的目的吗？）找出一个"教学要求"之外的原因，通常来说，需要批判性思维参与的分析工作都有一个明确的目标。
- 你已经完成了阅读，也已经做了一番思考，你对这篇文章的总体印象是什么？

完成这份问卷后，你可以花几分钟时间进行自由写作，把杂乱的想法整理成几个自然展开、不加润色的段落，这将对你很有帮助。完成自由写作后，开始下一项练习。在继续之前，你可能想休息一会儿，甚至一天。

### 文本视野（作者的视野）

每篇文章都是在特定的语境中酝酿而成的。文章的发表时间越近，我们对它的文化、政治和语言背景就把握得越准确。然而，在大多数的学习中，我们需要阅读和评论的文章常常出自某个相距甚远的社会、历史或文化背景，有时我们甚至要研究从其他语言翻译过来的文本（引进版图书或配有字幕的外语电影）。准确的解读需要我们对历史、社会经济、种族和政治背景有一定的了解，同样，语言和文化也会影响作者的写作方式。接下来，我们就来看看应该如何对文本及写作本身进行探索。

重读一遍文章，思考以下问题：

## 文本本身

- 你阅读的是什么体裁的文本？确定这篇文章属于小说、历史、评论、研究报告、诗歌、新闻报道还是其他体裁。体裁（文本的类型）决定了人们在阅读时的态度。如果你读的是一篇传说，你在阅读时的态度就会和读历史记录时不同。在进行下一步之前，先搞清楚这类体裁的特点。（第 7 章中的体裁列表可能对你有所帮助。）
- 你是怎么找到这篇文章的？它有什么重要价值？哪些人认为它具有重要价值？
- 作者是用什么语言写作的？你读的是哪种语言版本的文章？文章中是否有对你不熟悉的术语、图片或引用进行说明的注释？查找并阅读相关资料。

## 写作手法

- 文章的行文有什么特点，符合议论文、记叙文、诗歌、记录的行文特点吗？
- 文章中的叙述使用的是第几人称？你能找出讲述者是谁吗？
- 你认为文章内容会让某些读者感到愤怒吗？作者的创作目的是提供消遣、进行说服、发出警告还是提供安慰？

- 作者试图通过哪些方法来调动读者的情绪，是否使用了特殊的隐喻、意象、类比来帮助读者"感受"自己的意图？你知道当时的读者是如何理解这些隐喻的吗？它们在今天还能发挥同样的作用吗？
- 总结文章的逻辑。作者使用了哪些手法或证据来支持自己的观点？如果它是一篇文学故事，描述主要的故事情节并指出高潮部分。作者是如何引出高潮的，效果如何？如果它是一首诗，哪些地方让你觉得极为讽刺，哪些地方让你感触良多？诗人是怎么做到这一点的？如果它是一篇新闻报道，最重要的事实是什么？作者是按什么顺序介绍事实的？

### 受众

- 谁是第一批读者？他们是"目标"受众吗？例如，一场演讲可能是讲给不在现场的人听的，因为演讲者知道它会被发布出来，被真正的目标受众听到。你能看出文章的目的吗？它是受权威机构委托创作的吗？写这篇文章是否会让作者面临危险？
- 第一批读者是怎么看到这篇文章的？
- 文章的意图是巩固权力还是颠覆权力？如果你读的是一篇小说，它是否涉及了特定的社会政治背景？具体是什么背景？
- 阅读时是否有必要理解的文化背景？具体是什么文化背景？这篇文章是否引用或化用了某个神话、传说、隐喻、想法或主题，需要读者对其进行单独的分析和理解？

### 意义

- 文章试图回答什么问题？作者根据哪些时代背景做出了这样的回答？

- 文章的历史背景是什么？当时的主流科学观点是什么（例如地球是平的，牛顿理论还没有出现，天气是由上帝控制的，经验主义盛行）？当时的掌权者是谁？文章对上层阶级表示支持还是反对？
- 这篇文章是如何评价当时的经济形势的？
- 作者是一个怎样的人？从历史角度看，人们了解他的教育背景、家庭背景、经济状况、社会地位和声誉吗？
- 你觉得诠释这篇文章困难吗？还有哪些人认为值得对它进行诠释？前人的诠释对如今的阅读造成了怎样的影响？

### 融合视野（你的视野 + 作者的视野）

现在你就可以对文本进行诠释了！诠释是一种权利，它属于那些专注于理解而不做任何假设的人，属于那些愿意为阅读内容做出改变的人。诠释是一门艺术，因此，每个人的诠释都带有其独特的洞察，这意味着不存在一种"通用"的诠释。然而，在许多情况下，不同的诠释者可能会有重叠的认识。无论在哪个时代，学术界总是忙着争论哪种解读更令人信服，但人们也意识到，不同的解读能够催生极具价值的差异性观点。

诠释的艺术就像制作陶罐、缝制拼布盖被，或者画一幅风景画，把许多部分融合在一起才能形成最后的解释。当前你对文本的理解是以艺术的形式呈现出来的，即使你努力做到客观、公正，诠释中也会留下你的独特印记。耐心、好奇、细致的态度会让文本诠释变成一种享受。根据你对两种视野（你的视野和作者的视野）的思考回答以下问题。你可能无法对所有问题做出回答，如果问题与你的阅读内容无关，请跳到下一题。

对文本进行诠释，思考下列问题：

## 目标

- 文章中存在哪些矛盾冲突？这是整个诠释过程中的关键问题。例如，在小说《傲慢与偏见》中，社会习俗和个人追求之间的关系受到了审视和批判。这部作品中的冲突发生在什么地方？你可以回答："冲突发生在英国的阶级结构和越来越受重视的个人选择之间。"问问自己："在这篇文章中，急需解决的矛盾是什么？当时的读者需要解决的矛盾是什么？对当今时代的人们来说，文章带来了哪些挑战？"
- 文章试图回答哪些问题，不能回答哪些问题？如果这些问题仍然存在的话，后来的人们找到答案了吗？
- 文章的哪些地方触动了你？你进行了怎样的思考？你的观点颠覆了常见的看法吗，具有启发性吗？文章的目的是找到解决方案还是引人反思？
- 总结你认为作者想要传达的信息。
- 哪些次要情节或细节引起了你的注意？
- 文章有什么缺漏之处吗？
- 文章对你的世界观造成了哪些挑战？

## 局限

- 文章驳斥了哪些偏见，没有驳斥哪些偏见？
- 你认为这篇文章对当时的时代造成了怎样的影响或做出了怎样的评价？它会如何评价当今的时代？
- 文章与你从属的社群有什么联系吗（你可以考虑信仰、国籍、种族、经济地位、性别等）？文章为你及你的社群打开了更加开阔的未来还是颠覆了你们的根基？你在阅读时意识到自己对社群的忠诚心了吗？

- 这篇文章的内容消除或限制了哪些可能性?
- 如果作者参加一个访谈节目,你认为他会对今天的观众说些什么?

## 反思

- 你的观点或态度在诠释过程中发生了什么改变?
- 你最初的预见或看法是如何被改变的,或者为什么没有发生改变?
- 你有没有尝试控制自己的诠释过程?为什么?
- 还有什么没有提到的问题吗?你还有什么其他想知道的吗?

## 初步诠释

现在,你已经答完了所有的引导问题,对自己的想法进行了梳理和收集,是时候尝试做出初步的诠释了。请记住以下原则:

- 先停下来思考几天,再尝试将想法综合起来,这有助于你做出更好的诠释。
- 你可以改变自己的观点。你或许在最初浏览文本的时候就做出了大致的判断,请注意这些想法在回答引导问题和再次阅读时是否发生了改变,找出发生变化的原因。通过确定文本是如何改变读者想法的,你可以更好地做出诠释。

## 具体步骤

在需要写一篇论文或阐明一个观点时,下面这套流程可以帮助你整合从诠释问卷中获得的发现。

- 写一写作者讨论了哪些观点。参照夫妻疗法的原则,不要加入自己的评价,尽可能去掉所有评判性的语言、临时浮现的猜想和你自己的看法，忠实地复述作者的观点，无论你是否赞同。

- 写一写你和文章之间的联系，寻找你们之间的关联点（例如经验、理想、场景、趣事、概念或看法）。
- 列出你对文章的所有质疑或批评。文章有哪些地方让你觉得存在缺陷、前后不一或令人不安？写一写你对这些部分的看法。
- 回顾你在融合视野部分的回答，找出那些值得进一步探究的想法。以原文为基础，进一步探究这些想法，同时说明当代的哪些独特语境对文本诠释造成了影响。
- 最后一步，与其他读者的诠释进行比较。有时你会发现，即使自己在诠释时尽力做到客观、真诚，也仍然会犯一些错误或者忽略某些关键信息。在结束全部诠释工作之前，不要忘记考虑到这一点。

在完成视野融合时，游戏精神是必不可少的。伽达默尔指出，每个时代都会不可避免地更改前一个时代的诠释。人们不仅会在文章面世时解读它在当时的意义，还会在其他年代重新思考它的含义。

归根结底，批判性思维也是一种诠释。我们越是努力地帮助孩子学会向自己提问，让他们成为认真、用心、表达清晰的学习者，他们的诠释能力就会越强。诠释中最具挑战性的部分是认识到一个人做出的任何诠释都可能在将来的某个时候经受新的审视和修正。我们越早帮助孩子认识到他们不是在追寻一种永久的信条，而是在为涌动的思想潮流做贡献，他们就会越早体验到批判性思维和诠释的艺术，将其用于表达自我、与他人的关系和了不起的思想。

# RAISING CRITICAL THINKERS

## 13

改变自我,多元观点共存

RAISING
CRITICAL
THINKERS

**批判性思维
故事汇**

  1973年,美国联邦最高法院大法官哈里·布莱克门在罗诉韦德案判决书中掷地有声地写道,"一个人的处世哲学、一个人的经历、一个人对人类边缘化生存境地的体察、一个人的宗教训练、一个人对生活和家庭的态度与价值观,以及一个人建立和遵循的道德标准"都会影响他对争议话题的理解。

# 13 改变自我，多元观点共存

你有权改变自己的想法。

——美国脱口秀节目主持人　奥普拉·温弗瑞

关于我们自己的观点，最难接受的一个事实是它并不总能得到身边人的认可。无论你如何辩论、澄清、说理、解释、倾诉自己的经历、从对方的角度分析、引用趣闻逸事和数据，最终的结果可能仍然是——对方的看法和你的不同。我发现这种时候，往往要付出很多努力才能放下固执，转而询问对方："你觉得如何？你是怎么看的？"然后，我会鼓起所有的勇气，抱着尊重的态度，尝试理解为什么对方会持有不同的观点。在这个过程中，我会留意自己的反应，找出哪些东西（如观点、想法、社群身份等）受到了威胁，将它们暂时放在一边。

- 我试着理解其他立场的内在逻辑。
- 我想象对方有自己的观念和社群逻辑故事，这些会影响他的思考方式。
- 我问自己是否有新信息——任何被我忽略、可能对原有想法有所补充的信息需要考虑。
- 如果对方愿意重新考虑自己的观点，或者仅仅是听听我的看法，我会试着找出他们想要努力维护的究竟是什么。

我告诉孩子，这些技能的培养不可能一蹴而就，有时候，令人不舒服的想法可能在数周、数月甚至数年的时间里一直缠着我们，但是，保持交流十分重要，从个人和社群成员两个角度来理解他人也能带来很大的收益。我会记住对一些不希望成真的观点加以思考给我的人生带来哪些风险，这让我能够由己及人，更好地理解我的"对手"所要面对和感受到的挣扎。

老实说，这是我觉得最难完成的任务，而且自己完成得也不够好，但我发现这种尝试是值得的。我希望曾经有人为我做过这些，我希望我们能这样培养孩子。学会在多元观点共存的群体中生活需要时间，和志同道合的人待在一起实在是太愉快了，因为他们会一直赞同我们。追求立场一致是人类的天性，我们喜欢共同的、确定的东西，即使它们经常只是一种幻觉也难以让我们改变这种观念。容忍异见者的存在，就像让一颗石子留在舒适的鞋子里一样。然而，批判性思考者知道，只有接纳不同的意见，我们才能够成长并受到启发去做更多的探索。在生活中，我们可以同时为两者腾出空间，将社群建立在共同的信念之上，同时也欢迎丰富多样的思想。

相互理解没有捷径可走，任何事实都不能一锤定音，让人们团结一致，批判性思维需要动用大量的情感资源来处理这种复杂关系。我们要让孩子知道，懂得暂停很重要，幽默感也很有帮助，要和爱好不同的人多相处，而不是一味地反对他们。我们可以向孩子做出示范，让他们了解并非每次讨论都要奋力达成一致，没有得出双方都满意的结论没关系，改天再讨论就可以。我们可以创造一个空间，在这里专注于愉快和放松的事情，远离繁重的评估和分析工作。正如凯恩夫妇所说的，"有时候，尝试理解反而会阻碍理解"。我发现，面对社交媒体中的敏感话题，最好的应对方式是将讨论的框架设定为获取更多的信息、更多的见解，更多地发现争论结果对一个人的利害影响，而不是达成一个公认的观点。这样做可以打造出良好的讨论氛围，让我们更好地理解哪些因素塑造了一个人的坚定主张。

对此，我在写作道路上的导师彼得·埃尔伯（Peter Elbow）博士是这样说的：

"大多数对优秀思维的定义都属于我所谓的'怀疑游戏',只是版本略有不同。'怀疑游戏'需要的是发现他人思维错误的能力,如果错误难以被大多数人察觉,这一能力就会显得格外有价值。这类能力通常涉及逻辑思考。"埃尔伯对优秀思维的常见定义发出了质疑,他提出,在面对那些乍看上去并不正确的想法时,我们需要采用更好的方法对它们进行审视。找出思维中存在的错误后,我们往往会立刻加以否定,但我们能否让这种条件反射暂停一下呢?对此,埃尔伯的建议是开始他所谓的"相信游戏":"'相信游戏'需要我们深入观点的内部进行理解。它使用的不是评判性的语言,而是有助于加深对某个想法的感受的语言,即想象的、隐喻的、叙事的、个人化的甚至诗意的语言。除了文字,这种语言还包括了图像、声音和肢体动作,它们可以帮助我们学会采纳不同的视角,尝试扮演其他角色,以及——没错,不要急于发言。当有人说了一些荒谬的观点时,我们能做出的最有益的回应往往是倾听,强迫自己不要做出任何反应。"虽然情感左右着我们自己的理解,但在说服别人时,我们总是习惯于依赖逻辑和论据,这真是太不可思议了!事实证明,通过克制住本能反应,开始试着了解他人的理解,我们可以更加有效地推进对话。正如我们在这场关于批判性思维的对话中发现的那样,社群故事深刻地影响了人类的思维方式。对话双方就这些故事交流得越多,就越能欣赏复杂的冲突思想,而不是互相贬低,将对方视为"邪恶"的化身。通过充分挖掘主题的各个方面,我们还会发现,有意义的解决方案必须考虑到每个人。

有时候,我们能做的最有益的事情就是承认一个话题是棘手的、多面的,值得我们做出更多的研究和思考。1973年,美国联邦最高法院大法官哈里·布莱克门(Harry Blackmun)在罗诉韦德案判决书中掷地有声地写道,"一个人的处世哲学、一个人的经历、一个人对人类边缘化生存境地的体察、一个人的宗教训练、一个人对生活和家庭的态度与价值观,以及一个人建立和遵循的道德标准"都会影响他对争议话题的理解。难怪我们在和其他人一起思考时总要付出更多的努力!

在与孩子的相处中,我们需要允许不同意见出现,这是我们在培养批判思考者时面临的最大挑战。我们可能发现这很难做到，特别是当孩子的想法与成人更加合理的世界观发生偏离的时候，然而，如果我们计划把孩子培养成一个敢于面对新证据、敢于发问、敢于挑战现状、遵循信息指引的人，那么他们必定会对我们的信念进行审视。对这类冲突的处理方式很大程度上关系到子女在成年后和我们的亲密程度。我们需要让孩子知道，有些人是不会因为他们是批判性的、细致入微的、灵活的思考者而拒绝他们的，这些人就是他们的家人，而且如果在家中找不到支持者，他们极有可能在学校中找到。

通过提出一些优质的问题，我们可以帮助孩子把自己的想法拿出来"晾晒"一番，看一看他们在向别人解释这些想法时，能否讲出让人信服的道理。我们要真诚地鼓励，而不是横加质疑。我们要相信，坦诚的思想交流会带来更精确的信息和更深刻的见解，这是拉近距离、孕育亲密关系的前提条件。无论是在社交媒体、同好社团还是朋友群体中，孩子如果偏离了一个社群公认的逻辑故事，就会担心自己可能失去理解和支持，但是，如果他们知道有一个人永远会欣然地接受他们的思想变化——那个人就是你，那么你就赠予了他们最珍贵的礼物，让他们能够自由地改变想法，同时仍然得到爱和理解。每个人都渴望拥有这样的关系，因为它会带来智慧上的成长和情感上的安全感。

为了让孩子相信自己拥有足够强大的适应能力，我们可以告诉他们，我们自己曾安然度过思维的转变时期，因此他们也一定能做到。让他们看到我们是如何驾驭持续发展的信念的，他们就会相信自己也能不断地成长。要想培养批判性思考者，我们需要思考如何让孩子做好准备，勇敢地应对变化。恐惧会妨碍思考。头脑灵活的孩子愿意去发现论点中的缺陷，批判性思考者会去寻求新信息，同时有足够的勇气将其纳入考虑。

你主动改变过自己的想法吗？选择其中的一次，思考下列问题：

- 你能确定改变的成本吗？
- 你能识别收益吗？

- 你是如何适应这次改变的？
- 你付出了哪些代价？
- 是什么让你相信付出这些代价是值得的？

事实上，每个人都是批判性思考者，因为我们都曾改变过自己的想法。这种改变往往需要付出代价，例如社群地位、抚养孩子的方式、婚姻、喜欢的食物、消费方式、医疗选择、感觉、习惯的改变。放弃不一定是痛苦的，思想家们也为了乐观主义而放弃了悲观的态度！当恐惧被克服时，焦虑便不再如影随形。无论是谁，无论对自己的想法做出了怎样的改变，改变都会伴随着某种后果。只有当我们无法再对眼前的东西视而不见时，我们才会做出改变。

我们的孩子需要知道，改变信仰或观点会让他们在社交媒体上受到关注者的攻击或质疑，但他们是能够经受住这些的。我们可以让他们知道，即使遭到社群成员的排斥，他们也会有自己的一席之地来创造有意义的人生。我们可以帮助孩子学习如何设定界限，寻求社群支持。我们可以让他们知道，正直和坦诚是值得尊重的。当然，不要忘了提醒他们，一个人的价值并不依赖于他人的赞同。

我们要让孩子相信，他们可以依靠自己的父母和老师，哪怕我们认为他们的理解有局限或不完善，我们仍然会和他们站在一起，而不是放弃他们。请允许我直言不讳：永远不要拒绝你的孩子。你应当尊重孩子对真理的追求，否则他们就会盲目地陷入某些立场，甚至藏起那些离经叛道的观念，直到脱离你的控制。

培养孩子的批判性思维时，我们需要保持谦逊的态度。如果一个成年人说："这很有趣，你为什么这么想？"而另一个则话中有话："什么样的脑子才能想出这么个主意？"孩子会敏锐地觉察到二者的不同。保持谦逊的前提是信任，即相信孩子能够接受新观点、抛弃旧观点，然而，我们的预期总是过于悲观，时刻担心孩子可能生出最糟糕的信念或行为。有些时候，孩子必须先在生活中践行某种观念，然后才能知道它是否适合自己。在你 15 岁、22 岁，甚至 35 岁的时候，你的观点就和现在完全一致了吗？你就彻底理解人生及人生中的一切了吗？现在的你是否赞同父母关于金钱和政治的所有观点？像你一样，孩子也会形成自己的观点。不要忘记，批判性思考的目标不是确信，而是了解。要想让孩子充分利用自己强大的头脑，最好的方法是教他们灵活地运用思维和心灵，让他们能够思考，再思考，继续思考，反复思考，不断地思考。我们需要更多有探索精神的人，我们需要一群足够勇敢的人，把培养洞察力放在确保正确之前，我们可以和身边的人一起开始努力。

**批判性思维工具箱**

- **怀疑游戏**：发现他人思维错误。
- **相信游戏**：深入观点的内部进行理解。
- **坦诚的思想交流**：拉近距离、孕育亲密关系的前提条件。

## 致 谢
RAISING CRITICAL THINKERS

一直以来，我对"优质思考"的兴趣都离不开家人的滋养，他们聪明、健谈、各有主见，使我受益匪浅。感谢我的父亲约翰·斯威尼，他是一位从业60年的律师，很早就开始教导我应该用什么来支持自己的论断。我还要向家中的另一位律师、我的儿子雅各布致以特别的感谢，他在泰国曼谷对我的研究进行了核实，并对本书的文稿做了初次审读。

我要向已故的姨妈琼·奥康纳博士专门致以感谢。她早年曾是一名修女，后来在加州大学河滨分校获得了伦理与宗教学博士学位。她向我展示了如何为对话和异见留出空间，同时保留自己的立场。她的理念不仅珍藏在我的心里，也长存于我的思想中。

以下几位来自在线写作课程"勇敢的作家"的同事为我的研究提供了丰富的资源，和我进行了深入的探讨，他们的贡献弥足珍贵：唐·史密斯（Dawn Smith）、柯尔斯滕·梅里曼（Kirsten Merryman）、珍妮·福尔科纳（Jeanne Faulconer）、珍·霍尔曼（Jen Holman）、辛迪·克拉克（Cindy Clark）和斯蒂芬妮·埃尔姆斯（Stephanie Elms）。

特别感谢我的朋友兼同事、泽维尔大学的亚当·克拉克（Adam Clark）博士为第10章内容做出的贡献；宾夕法尼亚州立大学的安德鲁·塔图斯科（Andrew

Tatusko）博士对非对称性互惠的见解；戈尔迪·穆罕默德博士在我深入思考身份问题时给予的全力帮助；语言病理学家丽塔·切瓦斯科在识读领域提供的专业知识；我的写作导师彼得·埃尔伯博士对"相信游戏"的宝贵见解；九型人格专家莱斯利·赫什伯格（Leslie Hershberger）在我理解个体气质在世界观形成中的重要作用时提供的帮助；以及教育家、演说家阿什·布兰丁对电子游戏益处的专业见解。

在此，我还要特别感谢芭芭拉·奥克利博士，我们的多次长谈让这本书的内容丰富程度得到了显著提升。她不仅仔细审读了我的作品，还对我的写作充满信心，对我的想法表现出浓烈的兴趣，我对她提供的所有支持深表感谢。

与我的经纪人丽塔·罗森克兰茨（Rita Rosenkranz）的初期交流为我指明了创作方向，讨论中涌现的各种见解帮助我完善了本书的结构，同时也让我更加坚信这次尝试是有价值的。TarcherPerigee 出版社的编辑乔安娜不仅提供了准确而敏锐的编辑意见，在我最困难的时候给予我鼓励，还提出了引人深思的问题，启发我做到最好。由衷地感谢丽塔和乔安娜选择与我合作。

本书中的许多练习来自"勇敢的作家"在线课程，由采用我们教学计划的家庭首先进行了尝试和检验。感谢每一位参与者！

在所有的研究、思考和写作刚告结束，书稿排版尚未开始时，我发现书中提到的一些观点已经受到了学界领袖们的挑战，这让我觉得非常有趣。我和乔安娜竭尽全力，在书稿付梓前尽可能地进行了修改。这也说明，当你开始研究思考问题时，对思考的种种思考也要经过不断的审视。语言对思维有哪些重要的影响？它如何塑造了我们的想象？对于每一个认真考虑这些问题的人，我深感感激。这项工作永无止境，我们永远无法抵达终点，然而，每个微小的发现都能让我们看到一些新的东西，一些可能被忽视的事物。这不正是批判性思维的目标吗？这是一门在尚未完工的道路上行驶的高超技艺。我要感谢所有与我同行的思考者们，你们愿意根据情况更换挡位、改变方向，为我们的生活带来更多的光明和希望。"同为一种生命，但我们如此不同。"休森说得真是太对了。

# 注 释
RAISING CRITICAL
THINKERS

考虑到环保的因素,也为了节省纸张、降低图书定价,本书编辑制作了电子版的注释。请扫描下方二维码,直达图书详情页,点击"阅读资料包"获取。

## 未来，属于终身学习者

我们正在亲历前所未有的变革——互联网改变了信息传递的方式，指数级技术快速发展并颠覆商业世界，人工智能正在侵占越来越多的人类领地。

面对这些变化，我们需要问自己：未来需要什么样的人才？

答案是，成为终身学习者。终身学习意味着永不停歇地追求全面的知识结构、强大的逻辑思考能力和敏锐的感知力。这是一种能够在不断变化中随时重建、更新认知体系的能力。阅读，无疑是帮助我们提高这种能力的最佳途径。

在充满不确定性的时代，答案并不总是简单地出现在书本之中。"读万卷书"不仅要亲自阅读、广泛阅读，也需要我们深入探索好书的内部世界，让知识不再局限于书本之中。

## 湛庐阅读 App: 与最聪明的人共同进化

我们现在推出全新的湛庐阅读 App，它将成为您在书本之外，践行终身学习的场所。

- 不用考虑"读什么"。这里汇集了湛庐所有纸质书、电子书、有声书和各种阅读服务。
- 可以学习"怎么读"。我们提供包括课程、精读班和讲书在内的全方位阅读解决方案。
- 谁来领读？您能最先了解到作者、译者、专家等大咖的前沿洞见，他们是高质量思想的源泉。
- 与谁共读？您将加入优秀的读者和终身学习者的行列，他们对阅读和学习具有持久的热情和源源不断的动力。

在湛庐阅读 App 首页，编辑为您精选了经典书目和优质音视频内容，每天早、中、晚更新，满足您不间断的阅读需求。

【特别专题】【主题书单】【人物特写】等原创专栏，提供专业、深度的解读和选书参考，回应社会议题，是您了解湛庐近千位重要作者思想的独家渠道。

在每本图书的详情页，您将通过深度导读栏目【专家视点】【深度访谈】和【书评】读懂、读透一本好书。

通过这个不设限的学习平台，您在任何时间、任何地点都能获得有价值的思想，并通过阅读实现终身学习。我们邀您共建一个与最聪明的人共同进化的社区，使其成为先进思想交汇的聚集地，这正是我们的使命和价值所在。

# CHEERS

## 湛庐阅读 App
## 使用指南

**读什么**
- 纸质书
- 电子书
- 有声书

**怎么读**
- 课程
- 精读班
- 讲书
- 测一测
- 参考文献
- 图片资料

**与谁共读**
- 主题书单
- 特别专题
- 人物特写
- 日更专栏
- 编辑推荐

**谁来领读**
- 专家视点
- 深度访谈
- 书评
- 精彩视频

HERE COMES EVERYBODY

下载湛庐阅读 App
一站获取阅读服务

版权所有，侵权必究
本书法律顾问　北京市盈科律师事务所　崔爽律师

Raising Critical Thinkers
Copyright © 2022 by Julie Bogart
All rights reserved including the right of reproduction in whole or in part in any form. This edition published by arrangement with TarcherPerigee, an imprint of Penguin Publishing Group, a division of Penguin Random House LLC.

浙江省版权局图字：11-2024-214

本书中文简体字版经授权在中华人民共和国境内独家出版发行。未经出版者书面许可，不得以任何方式抄袭、复制或节录本书中的任何部分。

图书在版编目（CIP）数据

教出会思考的孩子 /（美）朱莉·博加特著；刘文玲译 . — 杭州：浙江科学技术出版社，2024.8.（2025.1重印）
ISBN 978-7-5739-1351-7

Ⅰ . G782

中国国家版本馆 CIP 数据核字第 2024XA5206 号

| 书　　名 | 教出会思考的孩子 |
|---|---|
| 著　　者 | [美]朱莉·博加特 |
| 译　　者 | 刘文玲 |

| 出版发行 | 浙江科学技术出版社 |
|---|---|
| | 地址：杭州市环城北路 177 号　邮政编码：310006 |
| | 办公室电话：0571-85176593 |
| | 销售部电话：0571-85062597 |
| | E-mail:zkpress@zkpress.com |
| 印　　刷 | 天津中印联印务有限公司 |

| 开　本 | 710mm×965mm　1/16 | 印　张 | 18.25 |
|---|---|---|---|
| 字　数 | 318 千字 | 插　页 | 1 |
| 版　次 | 2024 年 8 月第 1 版 | 印　次 | 2025 年 1 月第 2 次印刷 |
| 书　号 | ISBN 978-7-5739-1351-7 | 定　价 | 109.90 元 |

责任编辑　余春亚　　　　　责任美编　金　晖
责任校对　张　宁　　　　　责任印务　田　文